NORUEGO

VOCABULARIO

ESPAÑOL-NORUEGO

Las palabras más útiles
Para expandir su vocabulario y refinar
sus habilidades lingüísticas

9000 palabras

Vocabulario Español-Noruego - 9000 palabras más usadas

por Andrey Taranov

Los vocabularios de T&P Books buscan ayudar en el aprendizaje, la memorización y la revisión de palabras de idiomas extranjeros. El diccionario se divide por temas, cubriendo toda la esfera de las actividades cotidianas, de negocios, ciencias, cultura, etc.

El proceso de aprendizaje de palabras utilizando los diccionarios temáticos de T&P Books le proporcionará a usted las siguientes ventajas:

- La información del idioma secundario está organizada claramente y predetermina el éxito para las etapas subsiguientes en la memorización de palabras.
- Las palabras derivadas de la misma raíz se agrupan, lo cual permite la memorización de grupos de palabras en vez de palabras aisladas.
- Las unidades pequeñas de palabras facilitan el proceso de reconocimiento de enlaces de asociación que se necesitan para la cohesión del vocabulario.
- De este modo, se puede estimar el número de palabras aprendidas y así también el nivel de conocimiento del idioma.

T&P Books Publishing
www.tpbooks.com

ISBN: 978-1-78492-019-7

Este libro está disponible en formato electrónico o de E-Book también.
Visite www.tpbooks.com o las librerías electrónicas más destacadas en la Red.

VOCABULARIO NORUEGO
palabras más usadas

Los vocabularios de T&P Books buscan ayudar al aprendiz a aprender, memorizar y repasar palabras de idiomas extranjeros. Los vocabularios contienen más de 9000 palabras comúnmente usadas y organizadas de manera temática.

- El vocabulario contiene las palabras corrientes más usadas.
- Se recomienda como ayuda adicional a cualquier curso de idiomas.
- Capta las necesidades de aprendices de nivel principiante y avanzado.
- Es conveniente para uso cotidiano, prácticas de revisión y actividades de auto-evaluación.
- Facilita la evaluación del vocabulario.

Aspectos claves del vocabulario

- Las palabras se organizan según el significado, no según el orden alfabético.
- Las palabras se presentan en tres columnas para facilitar los procesos de repaso y auto-evaluación.
- Los grupos de palabras se dividen en pequeñas secciones para facilitar el proceso de aprendizaje.
- El vocabulario ofrece una transcripción sencilla y conveniente de cada palabra extranjera.

El vocabulario contiene 256 temas que incluyen lo siguiente:

Conceptos básicos, números, colores, meses, estaciones, unidades de medidas, ropa y accesorios, comida y nutrición, restaurantes, familia nuclear, familia extendida, características de personalidad, sentimientos, emociones, enfermedades, la ciudad y el pueblo, exploración del paisaje, compras, finanzas, la casa, el hogar, la oficina, el trabajo en oficina, importación y exportación, promociones, búsqueda de trabajo, deportes, educación, computación, la red, herramientas, la naturaleza, los países, las nacionalidades y más ...

TABLA DE CONTENIDO

GUÍA DE PRONUNCIACIÓN

La letra	Ejemplo noruego	T&P alfabeto fonético	Ejemplo español
Aa	plass	[ɑ], [ɑ:]	altura
Bb	bøtte, albue	[b]	en barco
Cc [1]	centimeter	[s]	salva
Cc [2]	Canada	[k]	charco
Dd	radius	[d]	desierto
Ee	rett	[e:]	sexto
Ee [3]	begå	[ɛ]	mes
Ff	fattig	[f]	golf
Gg [4]	golf	[g]	jugada
Gg [5]	gyllen	[j]	asiento
Gg [6]	regnbue	[ŋ]	manga
Hh	hektar	[h]	mejicano
Ii	kilometer	[ɪ], [i]	hundirse
Kk	konge	[k]	charco
Kk [7]	kirke	[h]	mejicano
Jj	fjerde	[j]	asiento
kj	bikkje	[h]	mejicano
Ll	halvår	[l]	lira
Mm	middag	[m]	nombre
Nn	november	[n]	número
ng	langt	[ŋ]	manga
Oo [8]	honning	[ɔ]	costa
Oo [9]	fot, krone	[u]	mundo
Pp	plomme	[p]	precio
Qq	sequoia	[k]	charco
Rr	sverge	[r]	era, alfombra
Ss	appelsin	[s]	salva
sk [10]	skikk, skyte	[ʃ]	shopping
Tt	stør, torsk	[t]	torre
Uu	brudd	[y]	pluma
Vv	kraftverk	[v]	travieso
Ww	webside	[v]	travieso
Xx	mexicaner	[ks]	taxi
Yy	nytte	[ɪ], [i]	hundirse
Zz [11]	New Zealand	[s]	quetzal
Ææ	vær, stær	[æ]	vencer
Øø	ørn, gjø	[ø]	alemán - Hölle
Åå	gås, værhår	[o:]	domicilio

Comentarios

[1] delante de e, i
[2] en el resto de los casos
[3] Átono
[4] delante de a, o, u, å
[5] delante de i, y
[6] en la combinación gn
[7] delante de i, y
[8] delante de dos consonantes
[9] delante de una consonante
[10] delante de i, y
[11] en palabras prestadas solamente

ABREVIATURAS
usadas en el vocabulario

Abreviatura en español

adj	-	adjetivo
adv	-	adverbio
anim.	-	animado
conj	-	conjunción
etc.	-	etcétera
f	-	sustantivo femenino
f pl	-	femenino plural
fam.	-	uso familiar
fem.	-	femenino
form.	-	uso formal
inanim.	-	inanimado
innum.	-	innumerable
m	-	sustantivo masculino
m pl	-	masculino plural
m, f	-	masculino, femenino
masc.	-	masculino
mat	-	matemáticas
mil.	-	militar
num.	-	numerable
p.ej.	-	por ejemplo
pl	-	plural
pron	-	pronombre
sg	-	singular
v aux	-	verbo auxiliar
vi	-	verbo intransitivo
vi, vt	-	verbo intransitivo, verbo transitivo
vr	-	verbo reflexivo
vt	-	verbo transitivo

Abreviatura en noruego

f	-	sustantivo femenino
f pl	-	femenino plural
m	-	sustantivo masculino
m pl	-	masculino plural
m/f	-	masculino, femenino
m/f pl	-	masculino/femenino plural
m/f/n	-	masculino/femenino/neutro

m/n	-	masculino, neutro
n	-	neutro
n pl	-	género neutro plural
pl	-	plural

CONCEPTOS BÁSICOS

Conceptos básicos. Unidad 1

1. Los pronombres

yo	jeg	['jæj]
tú	du	[dʉ]
él	han	['hɑn]
ella	hun	['hʉn]
ello	det, den	['de], ['den]
nosotros, -as	vi	['vi]
vosotros, -as	dere	['derə]
ellos, ellas	de	['de]

2. Saludos. Salutaciones. Despedidas

¡Hola! (fam.)	Hei!	['hæj]
¡Hola! (form.)	Hallo! God dag!	[hɑ'lʉ], [gʊ 'dɑ]
¡Buenos días!	God morn!	[gʊ 'mɔ:n]
¡Buenas tardes!	God dag!	[gʊ'dɑ]
¡Buenas noches!	God kveld!	[gʊ 'kvɛl]
decir hola	å hilse	[ɔ 'hilsə]
¡Hola! (a un amigo)	Hei!	['hæj]
saludo (m)	hilsen (m)	['hilsən]
saludar (vt)	å hilse	[ɔ 'hilsə]
¿Cómo estáis?	Hvordan står det til?	['vʊ:dɑn stoːr de til]
¿Cómo estás?	Hvordan går det?	['vʊ:dɑn gor de]
¿Qué hay de nuevo?	Hva nytt?	[va 'nʏt]
¡Hasta la vista! (form.)	Ha det bra!	[hɑ de 'brɑ]
¡Hasta la vista! (fam.)	Ha det!	[hɑ 'de]
¡Hasta pronto!	Vi ses!	[vi sɛs]
¡Adiós!	Farvel!	[far'vɛl]
despedirse (vr)	å si farvel	[ɔ 'si far'vɛl]
¡Hasta luego!	Ha det!	[hɑ 'de]
¡Gracias!	Takk!	['tɑk]
¡Muchas gracias!	Tusen takk!	['tʉsen tɑk]
De nada	Bare hyggelig	['bɑrə 'hʏgeli]
No hay de qué	Ikke noe å takke for!	['ikə 'nʊe ɔ 'tɑkə fɔr]
De nada	Ingen årsak!	['iŋən 'oːʂɑk]
¡Disculpa!	Unnskyld, ...	['ʉnˌʂyl ...]
¡Disculpe!	Unnskyld meg, ...	['ʉnˌʂyl me ...]

disculpar (vt)	å unnskylde	[ɔ 'ʉnˌʂylə]
disculparse (vr)	å unnskylde seg	[ɔ 'ʉnˌʂylə sæj]
Mis disculpas	Jeg ber om unnskyldning	[jæj ber ɔm 'ʉnˌʂyldniŋ]
¡Perdóneme!	Unnskyld!	['ʉnˌʂyl]
perdonar (vt)	å tilgi	[ɔ 'tilˌji]
¡No pasa nada!	Ikke noe problem	['ikə 'nʉe prʊ'blem]
por favor	vær så snill	['vær ʂɔ 'snil]

¡No se le olvide!	Ikke glem!	['ikə 'glem]
¡Ciertamente!	Selvfølgelig!	[sɛl'følgəli]
¡Claro que no!	Selvfølgelig ikke!	[sɛl'følgəli 'ikə]
¡De acuerdo!	OK! Enig!	[ɔ'kɛj], ['ɛni]
¡Basta!	Det er nok!	[de ær 'nɔk]

3. Como dirigirse a otras personas

¡Perdóneme!	Unnskyld, ...	['ʉnˌʂyl ...]
señor	Herr	['hær]
señora	Fru	['frʉ]
señorita	Frøken	['frøkən]
joven	unge mann	['ʉŋə ˌmɑn]
niño	guttunge	['gʉtˌʉŋə]
niña	frøken	['frøkən]

4. Números cardinales. Unidad 1

cero	null	['nʉl]
uno	en	['en]
dos	to	['tʉ]
tres	tre	['tre]
cuatro	fire	['fire]

cinco	fem	['fɛm]
seis	seks	['sɛks]
siete	sju	['ʂʉ]
ocho	åtte	['ɔtə]
nueve	ni	['ni]

diez	ti	['ti]
once	elleve	['ɛlvə]
doce	tolv	['tɔl]
trece	tretten	['trɛtən]
catorce	fjorten	['fjɔːʈən]

quince	femten	['fɛmtən]
dieciséis	seksten	['sæjstən]
diecisiete	sytten	['svtən]
dieciocho	atten	['atən]
diecinueve	nitten	['nitən]

| veinte | tjue | ['çʉe] |
| veintiuno | tjueen | ['çʉe en] |

| veintidós | tjueto | ['ɕʉe tʉ] |
| veintitrés | tjuetre | ['ɕʉe tre] |

treinta	tretti	['trɛti]
treinta y uno	trettien	['trɛti en]
treinta y dos	trettito	['trɛti tʉ]
treinta y tres	trettitre	['trɛti tre]

cuarenta	førti	['fœ:ţi]
cuarenta y uno	førtien	['fœ:ţi en]
cuarenta y dos	førtito	['fœ:ţi tʉ]
cuarenta y tres	førtitre	['fœ:ţi tre]

cincuenta	femti	['fɛmti]
cincuenta y uno	femtien	['fɛmti en]
cincuenta y dos	femtito	['fɛmti tʉ]
cincuenta y tres	femtitre	['fɛmti tre]

sesenta	seksti	['sɛksti]
sesenta y uno	sekstien	['sɛksti en]
sesenta y dos	sekstito	['sɛksti tʉ]
sesenta y tres	sekstitre	['sɛksti tre]

setenta	sytti	['sʏti]
setenta y uno	syttien	['sʏti en]
setenta y dos	syttito	['sʏti tʉ]
setenta y tres	syttitre	['sʏti tre]

ochenta	åtti	['ɔti]
ochenta y uno	åttien	['ɔti en]
ochenta y dos	åttito	['ɔti tʉ]
ochenta y tres	åttitre	['ɔti tre]

noventa	nitti	['niti]
noventa y uno	nittien	['niti en]
noventa y dos	nittito	['niti tʉ]
noventa y tres	nittitre	['niti tre]

5. Números cardinales. Unidad 2

cien	hundre	['hʉndrə]
doscientos	to hundre	['tʉ ˌhʉndrə]
trescientos	tre hundre	['tre ˌhʉndrə]
cuatrocientos	fire hundre	['fire ˌhʉndrə]
quinientos	fem hundre	['fɛm ˌhʉndrə]

seiscientos	seks hundre	['sɛks ˌhʉndrə]
setecientos	syv hundre	['sʏv ˌhʉndrə]
ochocientos	åtte hundre	['ɔtə ˌhʉndrə]
novecientos	ni hundre	['ni ˌhʉndrə]

mil	tusen	['tʉsən]
dos mil	to tusen	['tʉ ˌtʉsən]
tres mil	tre tusen	['tre ˌtʉsən]

diez mil	ti tusen	['ti ˌtʉsən]
cien mil	hundre tusen	['hʉndrə ˌtʉsən]
millón (m)	million (m)	[mi'ljun]
mil millones	milliard (m)	[mi'lja:ɖ]

6. Números ordinales

primero (adj)	første	['fœʂtə]
segundo (adj)	annen	['anən]
tercero (adj)	tredje	['trɛdjə]
cuarto (adj)	fjerde	['fjærə]
quinto (adj)	femte	['fɛmtə]

sexto (adj)	sjette	['ʂɛtə]
séptimo (adj)	sjuende	['ʂʉenə]
octavo (adj)	åttende	['ɔtenə]
noveno (adj)	niende	['nienə]
décimo (adj)	tiende	['tienə]

7. Números. Fracciones

fracción (f)	brøk (m)	['brøk]
un medio	en halv	[en 'hɑl]
un tercio	en tredjedel	[en 'trɛdjəˌdel]
un cuarto	en fjerdedel	[en 'fjærəˌdel]

un octavo	en åttendedel	[en 'ɔtenəˌdel]
un décimo	en tiendedel	[en 'tienəˌdel]
dos tercios	to tredjedeler	['tʉ 'trɛdjəˌdelər]
tres cuartos	tre fjerdedeler	['tre 'fjærˌdelər]

8. Números. Operaciones básicas

sustracción (f)	subtraksjon (m)	[sʉbtrɑk'ʂun]
sustraer (vt)	å subtrahere	[ɔ 'sʉbtrɑˌherə]
división (f)	divisjon (m)	[divi'ʂun]
dividir (vt)	å dividere	[ɔ divi'derə]

adición (f)	addisjon (m)	[adi'ʂun]
sumar (totalizar)	å addere	[ɔ a'derə]
adicionar (vt)	å addere	[ɔ a'derə]
multiplicación (f)	multiplikasjon (m)	[mʉltiplikɑ'ʂun]
multiplicar (vt)	å multiplisere	[ɔ mʉltipli'serə]

9. Números. Miscelánea

cifra (f)	siffer (n)	['sifər]
número (m) (~ cardinal)	tall (n)	['tɑl]

numeral (m)	tallord (n)	['tɑlˌuːr]
menos (m)	minus (n)	['minʉs]
más (m)	pluss (n)	['plʉs]
fórmula (f)	formel (m)	['fɔrməl]

cálculo (m)	beregning (m/f)	[be'rɛjniŋ]
contar (vt)	å telle	[ɔ 'tɛlə]
calcular (vt)	å telle opp	[ɔ 'tɛlə ɔp]
comparar (vt)	å sammenlikne	[ɔ 'samənˌliknə]

| ¿Cuánto? (innum.) | Hvor mye? | [vʊr 'mye] |
| ¿Cuánto? (num.) | Hvor mange? | [vʊr 'maŋə] |

suma (f)	sum (m)	['sʉm]
resultado (m)	resultat (n)	[resʉl'tɑt]
resto (m)	rest (m)	['rɛst]

algunos, algunas ...	noen	['nʊən]
poco (innum.)	lite	['litə]
poco (num.)	få, ikke mange	['fɔ], ['ikə ˌmaŋə]
resto (m)	rest (m)	['rɛst]
uno y medio	halvannen	[hɑl'anən]
docena (f)	dusin (n)	[dʉ'sin]

en dos	i 2 halvdeler	[i tʉ hɑl'delər]
en partes iguales	jevnt	['jɛvnt]
mitad (f)	halvdel (m)	['hɑldel]
vez (f)	gang (m)	['gɑŋ]

10. Los verbos más importantes. Unidad 1

abrir (vt)	å åpne	[ɔ 'ɔpnə]
acabar, terminar (vt)	å slutte	[ɔ 'şlʉtə]
aconsejar (vt)	å råde	[ɔ 'rɔːdə]
adivinar (vt)	å gjette	[ɔ 'jɛtə]
advertir (vt)	å varsle	[ɔ 'vaşlə]
alabarse, jactarse (vr)	å prale	[ɔ 'pralə]

almorzar (vi)	å spise lunsj	[ɔ 'spisə ˌlʉnʂ]
alquilar (~ una casa)	å leie	[ɔ 'læjə]
amenazar (vt)	å true	[ɔ 'trʉə]
arrepentirse (vr)	å beklage	[ɔ be'klɑgə]
ayudar (vt)	å hjelpe	[ɔ 'jɛlpə]
bañarse (vr)	å bade	[ɔ 'bɑdə]

bromear (vi)	å spøke	[ɔ 'spøkə]
buscar (vt)	å søke ...	[ɔ 'søkə ...]
caer (vi)	å falle	[ɔ 'falə]
callarse (vr)	å tie	[ɔ 'tie]
cambiar (vt)	å endre	[ɔ 'ɛndrə]
castigar, punir (vt)	å straffe	[ɔ 'strafə]

| cavar (vt) | å grave | [ɔ 'grɑvə] |
| cazar (vi, vt) | å jage | [ɔ 'jɑgə] |

cenar (vi)	å spise middag	[ɔ 'spisə 'mi‚dɑ]
cesar (vt)	å slutte	[ɔ 'ʂlʉtə]
coger (vt)	å fange	[ɔ 'fɑŋə]
comenzar (vt)	å begynne	[ɔ be'jinə]

comparar (vt)	å sammenlikne	[ɔ 'sɑmən‚liknə]
comprender (vt)	å forstå	[ɔ fɔ'ʂtɔ]
confiar (vt)	å stole på	[ɔ 'stʉlə pɔ]
confundir (vt)	å forveksle	[ɔ fɔr'vɛkʂlə]
conocer (~ a alguien)	å kjenne	[ɔ 'çɛnə]
contar (vt) (enumerar)	å telle	[ɔ 'tɛlə]

contar con ...	å regne med ...	[ɔ 'rɛjnə me ...]
continuar (vt)	å fortsette	[ɔ 'fɔrt‚ʂɛtə]
controlar (vt)	å kontrollere	[ɔ kʉntrɔ'lerə]
correr (vi)	å løpe	[ɔ 'løpə]
costar (vt)	å koste	[ɔ 'kɔstə]
crear (vt)	å opprette	[ɔ 'ɔp‚rɛtə]

11. Los verbos más importantes. Unidad 2

dar (vt)	å gi	[ɔ 'ji]
dar una pista	å gi et vink	[ɔ 'ji et 'vink]
decir (vt)	å si	[ɔ 'si]
decorar (para la fiesta)	å pryde	[ɔ 'prydə]

defender (vt)	å forsvare	[ɔ fɔ'ʂvɑrə]
dejar caer	å tappe	[ɔ 'tɑpə]
desayunar (vi)	å spise frokost	[ɔ 'spisə ‚frʉkɔst]
descender (vi)	å gå ned	[ɔ 'gɔ ne]

dirigir (administrar)	å styre, å lede	[ɔ 'styrə], [ɔ 'ledə]
disculpar (vt)	å unnskylde	[ɔ 'ʉn‚ʂylə]
disculparse (vr)	å unnskylde seg	[ɔ 'ʉn‚ʂylə sæj]
discutir (vt)	å diskutere	[ɔ diskʉ'terə]
dudar (vt)	å tvile	[ɔ 'tvilə]

encontrar (hallar)	å finne	[ɔ 'finə]
engañar (vi, vt)	å fuske	[ɔ 'fʉskə]
entrar (vi)	å komme inn	[ɔ 'kɔmə in]
enviar (vt)	å sende	[ɔ 'sɛnə]

equivocarse (vr)	å gjøre feil	[ɔ 'jørə ‚fæjl]
escoger (vt)	å velge	[ɔ 'vɛlgə]
esconder (vt)	å gjemme	[ɔ 'jɛmə]
escribir (vt)	å skrive	[ɔ 'skrivə]
esperar (aguardar)	å vente	[ɔ 'vɛntə]

esperar (tener esperanza)	å håpe	[ɔ 'hoːpə]
estar de acuerdo	å samtykke	[ɔ 'sɑm‚tʏkə]
estudiar (vt)	å studere	[ɔ stʉ'derə]

| exigir (vt) | å kreve | [ɔ 'krevə] |
| existir (vi) | å eksistere | [ɔ ɛksi'sterə] |

explicar (vt)	å forklare	[ɔ fɔr'klɑrə]
faltar (a las clases)	å skulke	[ɔ 'skʉlkə]
firmar (~ el contrato)	å underskrive	[ɔ 'ʉnə͵skrivə]

girar (~ a la izquierda)	å svinge	[ɔ 'sviŋə]
gritar (vi)	å skrike	[ɔ 'skrikə]
guardar (conservar)	å beholde	[ɔ be'hɔlə]
gustar (vi)	å like	[ɔ 'likə]
hablar (vi, vt)	å tale	[ɔ 'tɑlə]

hacer (vt)	å gjøre	[ɔ 'jørə]
informar (vt)	å informere	[ɔ infɔr'merə]
insistir (vi)	å insistere	[ɔ insi'sterə]
insultar (vt)	å fornærme	[ɔ fɔː'nærmə]

interesarse (vr)	å interessere seg	[ɔ intərə'serə sæj]
invitar (vt)	å innby, å invitere	[ɔ 'inby], [ɔ invi'terə]
ir (a pie)	å gå	[ɔ 'gɔ]
jugar (divertirse)	å leke	[ɔ 'lekə]

12. Los verbos más importantes. Unidad 3

leer (vi, vt)	å lese	[ɔ 'lesə]
liberar (ciudad, etc.)	å befri	[ɔ be'fri]
llamar (por ayuda)	å tilkalle	[ɔ 'til͵kɑlə]
llegar (vi)	å ankomme	[ɔ 'ɑn͵kɔmə]
llorar (vi)	å gråte	[ɔ 'groːtə]

matar (vt)	å døde, å myrde	[ɔ 'dødə], [ɔ 'mʏːdə]
mencionar (vt)	å omtale, å nevne	[ɔ 'ɔm͵tɑlə], [ɔ 'nɛvnə]
mostrar (vt)	å vise	[ɔ 'visə]
nadar (vi)	å svømme	[ɔ 'svœmə]

negarse (vr)	å vegre seg	[ɔ 'vɛgrə sæj]
objetar (vt)	å innvende	[ɔ 'in͵vɛnə]
observar (vt)	å observere	[ɔ ɔbsɛr'verə]
oír (vt)	å høre	[ɔ 'hørə]

olvidar (vt)	å glemme	[ɔ 'glemə]
orar (vi)	å be	[ɔ 'be]
ordenar (mil.)	å beordre	[ɔ be'ɔrdrə]
pagar (vi, vt)	å betale	[ɔ be'tɑlə]
pararse (vr)	å stoppe	[ɔ 'stɔpə]

participar (vi)	å delta	[ɔ 'dɛltɑ]
pedir (ayuda, etc.)	å be	[ɔ 'be]
pedir (en restaurante)	å bestille	[ɔ be'stilə]
pensar (vi, vt)	å tenke	[ɔ 'tɛnkə]

percibir (ver)	å bemerke	[ɔ be'mærkə]
perdonar (vt)	å tilgi	[ɔ 'til͵ji]
permitir (vt)	å tillate	[ɔ 'ti͵lɑtə]
pertenecer a ...	å tilhøre ...	[ɔ 'til͵hørə ...]
planear (vt)	å planlegge	[ɔ 'plɑn͵legə]

poder (v aux)	å kunne	[ɔ 'kʉnə]
poseer (vt)	å besidde, å eie	[ɔ bɛ'sidə], [ɔ 'æje]
preferir (vt)	å foretrekke	[ɔ 'forə‚trɛkə]
preguntar (vt)	å spørre	[ɔ 'spøre]

preparar (la cena)	å lage	[ɔ 'lɑgə]
prever (vt)	å forutse	[ɔ 'forʉt‚sə]
probar, tentar (vt)	å prøve	[ɔ 'prøvə]
prometer (vt)	å love	[ɔ 'lɔvə]
pronunciar (vt)	å uttale	[ɔ 'ʉt‚tɑlə]

proponer (vt)	å foreslå	[ɔ 'forə‚ʂlɔ]
quebrar (vt)	å bryte	[ɔ 'brytə]
quejarse (vr)	å klage	[ɔ 'klɑgə]
querer (amar)	å elske	[ɔ 'ɛlskə]
querer (desear)	å ville	[ɔ 'vilə]

13. Los verbos más importantes. Unidad 4

recomendar (vt)	å anbefale	[ɔ 'ɑnbe‚fɑlə]
regañar, reprender (vt)	å skjelle	[ɔ 'ʂɛːlə]
reírse (vr)	å le, å skratte	[ɔ 'le], [ɔ 'skrɑtə]
repetir (vt)	å gjenta	[ɔ 'jɛntɑ]
reservar (~ una mesa)	å reservere	[ɔ resɛr'verə]
responder (vi, vt)	å svare	[ɔ 'svɑrə]

robar (vt)	å stjele	[ɔ 'stjelə]
saber (~ algo mas)	å vite	[ɔ 'vitə]
salir (vi)	å gå ut	[ɔ 'gɔ ʉt]
salvar (vt)	å redde	[ɔ 'rɛdə]
seguir ...	å følge etter ...	[ɔ 'følə 'ɛtər ...]
sentarse (vr)	å sette seg	[ɔ 'sɛtə sæj]

ser necesario	å være behøv	[ɔ 'værə be'høv]
ser, estar (vi)	å være	[ɔ 'værə]
significar (vt)	å bety	[ɔ 'bety]
sonreír (vi)	å smile	[ɔ 'smilə]
sorprenderse (vr)	å bli forundret	[ɔ 'bli fɔ'rʉndrət]

subestimar (vt)	å undervurdere	[ɔ 'ʉnərvʉː‚ɖerə]
tener (vt)	å ha	[ɔ 'hɑ]
tener hambre	å være sulten	[ɔ 'værə 'sʉltən]
tener miedo	å frykte	[ɔ 'frʏktə]

tener prisa	å skynde seg	[ɔ 'ʂynə sæj]
tener sed	å være tørst	[ɔ 'værə 'tœʂt]
tirar, disparar (vi)	å skyte	[ɔ 'ʂytə]
tocar (con las manos)	å røre	[ɔ 'rørə]
tomar (vt)	å ta	[ɔ 'tɑ]
tomar nota	å skrive ned	[ɔ 'skrivə ne]

trabajar (vi)	å arbeide	[ɔ 'ɑr‚bæjdə]
traducir (vt)	å oversette	[ɔ 'ɔvə‚ʂɛtə]
unir (vt)	å forene	[ɔ fɔ'renə]

vender (vt)	å selge	[ɔ 'sɛlə]
ver (vt)	å se	[ɔ 'se]
volar (pájaro, avión)	å fly	[ɔ 'fly]

14. Los colores

color (m)	farge (m)	['fargə]
matiz (m)	nyanse (m)	[ny'anse]
tono (m)	fargetone (m)	['fargə,tʉnə]
arco (m) iris	regnbue (m)	['ræjn,bʉ:ə]
blanco (adj)	hvit	['vit]
negro (adj)	svart	['sva:ʈ]
gris (adj)	grå	['grɔ]
verde (adj)	grønn	['grœn]
amarillo (adj)	gul	['gʉl]
rojo (adj)	rød	['rø]
azul (adj)	blå	['blɔ]
azul claro (adj)	lyseblå	['lysə,blɔ]
rosa (adj)	rosa	['rɔsa]
naranja (adj)	oransje	[ɔ'ranʂɛ]
violeta (adj)	fiolett	[fiʉ'lət]
marrón (adj)	brun	['brʉn]
dorado (adj)	gullgul	['gʉl]
argentado (adj)	sølv-	['søl-]
beige (adj)	beige	['bɛ:ʂ]
crema (adj)	kremfarget	['krɛm,fargət]
turquesa (adj)	turkis	[tʉr'kis]
rojo cereza (adj)	kirsebærrød	['çiʂəbær,rød]
lila (adj)	lilla	['lila]
carmesí (adj)	karminrød	['karmʉ'sin,rød]
claro (adj)	lys	['lys]
oscuro (adj)	mørk	['mœrk]
vivo (adj)	klar	['klar]
de color (lápiz ~)	farge-	['fargə-]
en colores (película ~)	farge-	['fargə-]
blanco y negro (adj)	svart-hvit	['sva:ʈ vit]
unicolor (adj)	ensfarget	['ɛns,farget]
multicolor (adj)	mangefarget	['maŋə,farget]

15. Las preguntas

¿Quién?	Hvem?	['vɛm]
¿Qué?	Hva?	['va]
¿Dónde?	Hvor?	['vʉr]
¿Adónde?	Hvorhen?	['vʉrhen]

¿De dónde?	Hvorfra?	['vʊrfrɑ]
¿Cuándo?	Når?	[nɔr]
¿Para qué?	Hvorfor?	['vʊrfʊr]
¿Por qué?	Hvorfor?	['vʊrfʊr]

¿Por qué razón?	Hvorfor?	['vʊrfʊr]
¿Cómo?	Hvordan?	['vʊːdɑn]
¿Qué ...? (~ color)	Hvilken?	['vilkən]
¿Cuál?	Hvilken?	['vilkən]

¿A quién?	Til hvem?	[til 'vɛm]
¿De quién? (~ hablan ...)	Om hvem?	[ɔm 'vɛm]
¿De qué?	Om hva?	[ɔm 'vɑ]
¿Con quién?	Med hvem?	[me 'vɛm]

¿Cuánto? (innum.)	Hvor mye?	[vʊr 'mye]
¿Cuánto? (num.)	Hvor mange?	[vʊr 'mɑŋə]
¿De quién? (~ es este ...)	Hvis?	['vis]

16. Las preposiciones

con ... (~ algn)	med	[me]
sin ... (~ azúcar)	uten	['ʉtən]
a ... (p.ej. voy a México)	til	['til]
de ... (hablar ~)	om	['ɔm]
antes de ...	før	['før]
delante de ...	foran, framfor	['fɔrɑn], ['frɑmfɔr]

debajo	under	['ʉnər]
sobre ..., encima de ...	over	['ɔvər]
en, sobre (~ la mesa)	på	['pɔ]
de (origen)	fra	['frɑ]
de (fabricado de)	av	[ɑː]

| dentro de ... | om | ['ɔm] |
| encima de ... | over | ['ɔvər] |

17. Las palabras útiles. Los adverbios. Unidad 1

¿Dónde?	Hvor?	['vʊr]
aquí (adv)	her	['hɛr]
allí (adv)	der	['dɛr]

| en alguna parte | et sted | [et 'sted] |
| en ninguna parte | ingensteds | ['iŋən‚stɛts] |

| junto a ... | ved | ['ve] |
| junto a la ventana | ved vinduet | [ve 'vindʉə] |

¿A dónde?	Hvorhen?	['vʊrhen]
aquí (venga ~)	hit	['hit]
allí (vendré ~)	dit	['dit]

| de aquí (adv) | herfra | ['hɛr,frɑ] |
| de allí (adv) | derfra | ['dɛr,frɑ] |

| cerca (no lejos) | nær | ['nær] |
| lejos (adv) | langt | ['lɑŋt] |

cerca de ...	nær	['nær]
al lado (de ...)	i nærheten	[i 'nær,hetən]
no lejos (adv)	ikke langt	['ikə 'lɑŋt]

izquierdo (adj)	venstre	['vɛnstrə]
a la izquierda (situado ~)	til venstre	[til 'vɛnstrə]
a la izquierda (girar ~)	til venstre	[til 'vɛnstrə]

derecho (adj)	høyre	['højrə]
a la derecha (situado ~)	til høyre	[til 'højrə]
a la derecha (girar)	til høyre	[til 'højrə]

delante (yo voy ~)	foran	['fɔrɑn]
delantero (adj)	fremre	['frɛmrə]
adelante (movimiento)	fram	['frɑm]

detrás de ...	bakom	['bɑkɔm]
desde atrás	bakfra	['bɑk,frɑ]
atrás (da un paso ~)	tilbake	[til'bɑkə]

| centro (m), medio (m) | midt (m) | ['mit] |
| en medio (adv) | i midten | [i 'mitən] |

de lado (adv)	fra siden	[frɑ 'sidən]
en todas partes	overalt	[ɔvər'ɑlt]
alrededor (adv)	rundt omkring	['rʉnt ɔm'kriŋ]

de dentro (adv)	innefra	['inə,frɑ]
a alguna parte	et sted	[et 'sted]
todo derecho (adv)	rett, direkte	['rɛt], ['di'rɛktə]
atrás (muévelo para ~)	tilbake	[til'bɑkə]

| de alguna parte (adv) | et eller annet steds fra | [et 'elər ,ɑːnt 'stɛts frɑ] |
| no se sabe de dónde | et eller annet steds fra | [et 'elər ,ɑːnt 'stɛts frɑ] |

primero (adv)	for det første	[fɔr de 'fœʂtə]
segundo (adv)	for det annet	[fɔr de 'ɑːnt]
tercero (adv)	for det tredje	[fɔr de 'trɛdje]

de súbito (adv)	plutselig	['plʉtseli]
al principio (adv)	i begynnelsen	[i be'jinəlsən]
por primera vez	for første gang	[fɔr 'fœʂtə ,gɑŋ]
mucho tiempo antes ...	lenge før ...	['leŋə 'før ...]
de nuevo (adv)	på nytt	[pɔ 'nʏt]
para siempre (adv)	for godt	[fɔr 'gɔt]

jamás, nunca (adv)	aldri	['ɑldri]
de nuevo (adv)	igjen	[i'jɛn]
ahora (adv)	nå	['nɔ]
frecuentemente (adv)	ofte	['ɔftə]

25

entonces (adv)	da	['da]
urgentemente (adv)	omgående	['ɔm‚gɔ:nə]
usualmente (adv)	vanligvis	['vanli‚vis]

a propósito, ...	forresten, ...	[fɔ'rɛstən ...]
es probable	mulig, kanskje	['mʉli], ['kanşə]
probablemente (adv)	sannsynligvis	[san'sʏnli‚vis]
tal vez	kanskje	['kanşə]
además ...	dessuten, ...	[des'ʉtən ...]
por eso ...	derfor ...	['dɛrfɔr ...]
a pesar de ...	på tross av ...	['pɔ 'trɔs a: ...]
gracias a ...	takket være ...	['takət ‚værə ...]

qué (pron)	hva	['va]
que (conj)	at	[at]
algo (~ le ha pasado)	noe	['nʉe]
algo (~ así)	noe	['nʉe]
nada (f)	ingenting	['iŋəntiŋ]

quien	hvem	['vɛm]
alguien (viene ~)	noen	['nʉən]
alguien (¿ha llamado ~?)	noen	['nʉən]

nadie	ingen	['iŋən]
a ninguna parte	ingensteds	['iŋən‚stɛts]
de nadie	ingens	['iŋəns]
de alguien	noens	['nʉəns]

tan, tanto (adv)	så	['sɔ:]
también (~ habla francés)	også	['ɔsɔ]
también (p.ej. Yo ~)	også	['ɔsɔ]

18. Las palabras útiles. Los adverbios. Unidad 2

¿Por qué?	Hvorfor?	['vʊrfʊr]
no se sabe porqué	av en eller annen grunn	[a: en elər 'anən ‚grʉn]
porque ...	fordi ...	[fɔ'di ...]
por cualquier razón (adv)	av en eller annen grunn	[a: en elər 'anən ‚grʉn]

y (p.ej. uno y medio)	og	['ɔ]
o (p.ej. té o café)	eller	['elər]
pero (p.ej. me gusta, ~)	men	['men]
para (p.ej. es para ti)	for, til	[fɔr], [til]

demasiado (adv)	for, altfor	['fɔr], ['altfɔr]
sólo, solamente (adv)	bare	['barə]
exactamente (adv)	presis, eksakt	[prɛ'sis], [ɛk'sakt]
unos ...,	cirka	['sirka]
cerca de ... (~ 10 kg)		

aproximadamente	omtrent	[ɔm'trɛnt]
aproximado (adj)	omtrentlig	[ɔm'trɛntli]
casi (adv)	nesten	['nɛstən]
resto (m)	rest (m)	['rɛst]

el otro (adj)	den annen	[den 'anən]
otro (p.ej. el otro día)	andre	['andrə]
cada (adj)	hver	['vɛr]
cualquier (adj)	hvilken som helst	['vilkən sɔm 'hɛlst]
mucho (adv)	mye	['mye]
muchos (mucha gente)	mange	['maŋə]
todos	alle	['alə]

a cambio de ...	til gjengjeld for ...	[til 'jɛnjɛl for ...]
en cambio (adv)	istedenfor	[i'steden‚for]
a mano (hecho ~)	for hånd	[for 'hɔn]
poco probable	neppe	['nepə]

probablemente	sannsynligvis	[sɑn'sʏnli‚vis]
a propósito (adv)	med vilje	[me 'vilje]
por accidente (adv)	tilfeldigvis	[til'fɛldivis]

muy (adv)	meget	['meget]
por ejemplo (adv)	for eksempel	[for ɛk'sɛmpəl]
entre (~ nosotros)	mellom	['mɛlɔm]
entre (~ otras cosas)	blant	['blant]
tanto (~ gente)	så mye	['sɔ: mye]
especialmente (adv)	særlig	['sæː‚[i]

Conceptos básicos. Unidad 2

19. Los opuestos

rico (adj)	rik	['rik]
pobre (adj)	fattig	['fɑti]
enfermo (adj)	syk	['syk]
sano (adj)	frisk	['frisk]
grande (adj)	stor	['stʊr]
pequeño (adj)	liten	['litən]
rápidamente (adv)	fort	['fʊːʈ]
lentamente (adv)	langsomt	['lɑŋsɔmt]
rápido (adj)	hurtig	['høːʈi]
lento (adj)	langsom	['lɑŋsɔm]
alegre (adj)	glad	['glɑ]
triste (adj)	sørgmodig	[sørˈmʊdi]
juntos (adv)	sammen	['sɑmən]
separadamente	separat	[sepɑˈrɑt]
en voz alta	høyt	['højt]
en silencio	for seg selv	[fɔr sæj 'sɛl]
alto (adj)	høy	['høj]
bajo (adj)	lav	['lɑv]
profundo (adj)	dyp	['dyp]
poco profundo (adj)	grunn	['grʉn]
sí	ja	['ja]
no	nei	['næj]
lejano (adj)	fjern	['fjæːn]
cercano (adj)	nær	['nær]
lejos (adv)	langt	['lɑŋt]
cerco (adv)	i nærheten	[i 'nærˌhetən]
largo (adj)	lang	['lɑŋ]
corto (adj)	kort	['kʊːʈ]
bueno (de buen corazón)	god	['gʊ]
malvado (adj)	ond	['ʊn]

| casado (adj) | gift | ['jift] |
| soltero (adj) | ugift | [ʉːˈjift] |

| prohibir (vt) | å forby | [ɔ forˈby] |
| permitir (vt) | å tillate | [ɔ ˈtiˌlatə] |

| fin (m) | slutt (m) | [ˈslʉt] |
| principio (m) | begynnelse (m) | [beˈjinəlsə] |

| izquierdo (adj) | venstre | [ˈvɛnstrə] |
| derecho (adj) | høyre | [ˈhøjrə] |

| primero (adj) | første | [ˈfœʂtə] |
| último (adj) | sist | [ˈsist] |

| crimen (m) | forbrytelse (m) | [forˈbrytəlsə] |
| castigo (m) | straff (m) | [ˈstraf] |

| ordenar (vt) | å beordre | [ɔ beˈɔrdrə] |
| obedecer (vi, vt) | å underordne seg | [ɔ ˈʉnərˌɔrdnə sæj] |

| recto (adj) | rett | [ˈrɛt] |
| curvo (adj) | kroket | [ˈkrɔkət] |

| paraíso (m) | paradis (n) | [ˈparɑˌdis] |
| infierno (m) | helvete (n) | [ˈhɛlvetə] |

| nacer (vi) | å fødes | [ɔ ˈfødə] |
| morir (vi) | å dø | [ɔ ˈdø] |

| fuerte (adj) | sterk | [ˈstærk] |
| débil (adj) | svak | [ˈsvak] |

| viejo (adj) | gammel | [ˈgaməl] |
| joven (adj) | ung | [ˈʉŋ] |

| viejo (adj) | gammel | [ˈgaməl] |
| nuevo (adj) | ny | [ˈny] |

| duro (adj) | hard | [ˈhar] |
| blando (adj) | bløt | [ˈbløt] |

| tibio (adj) | varm | [ˈvarm] |
| frío (adj) | kald | [ˈkal] |

| gordo (adj) | tykk | [ˈtʏk] |
| delgado (adj) | tynn | [ˈtʏn] |

| estrecho (adj) | smal | [ˈsmal] |
| ancho (adj) | bred | [ˈbre] |

| bueno (adj) | bra | [ˈbra] |
| malo (adj) | dårlig | [ˈdoːli] |

| valiente (adj) | tapper | [ˈtapər] |
| cobarde (adj) | feig | [ˈfæjg] |

20. Los días de la semana

lunes (m)	mandag (m)	['mɑnˌdɑ]
martes (m)	tirsdag (m)	['tiʂˌdɑ]
miércoles (m)	onsdag (m)	['ʊnsˌdɑ]
jueves (m)	torsdag (m)	['tɔʂˌdɑ]
viernes (m)	fredag (m)	['frɛˌdɑ]
sábado (m)	lørdag (m)	['lørˌdɑ]
domingo (m)	søndag (m)	['sønˌdɑ]
hoy (adv)	i dag	[i 'dɑ]
mañana (adv)	i morgen	[i 'mɔːən]
pasado mañana	i overmorgen	[i 'ɔvərˌmɔːən]
ayer (adv)	i går	[i 'gɔr]
anteayer (adv)	i forgårs	[i 'fɔrˌgɔʂ]
día (m)	dag (m)	['dɑ]
día (m) de trabajo	arbeidsdag (m)	['ɑrbæjdsˌdɑ]
día (m) de fiesta	festdag (m)	['fɛstˌdɑ]
día (m) de descanso	fridag (m)	['friˌdɑ]
fin (m) de semana	ukeslutt (m), helg (f)	['ʉkəˌslʉt], ['hɛlg]
todo el día	hele dagen	['helə 'dɑgən]
al día siguiente	neste dag	['nɛstə ˌdɑ]
dos días atrás	for to dager siden	[fɔr tʉ 'dɑgər ˌsidən]
en vísperas (adv)	dagen før	['dɑgən 'før]
diario (adj)	daglig	['dɑgli]
cada día (adv)	hver dag	['vɛr dɑ]
semana (f)	uke (m/f)	['ʉkə]
semana (f) pasada	siste uke	['sistə 'ʉkə]
semana (f) que viene	i neste uke	[i 'nɛstə 'ʉkə]
semanal (adj)	ukentlig	['ʉkəntli]
cada semana (adv)	hver uke	['vɛr 'ʉkə]
2 veces por semana	to ganger per uke	['tʉ 'gɑŋər per 'ʉkə]
todos los martes	hver tirsdag	['vɛr 'tiʂdɑ]

21. Las horas. El día y la noche

mañana (f)	morgen (m)	['mɔːən]
por la mañana	om morgenen	[ɔm 'mɔːenən]
mediodía (m)	middag (m)	['miˌdɑ]
por la tarde	om ettermiddagen	[ɔm 'ɛtərˌmidagən]
noche (f)	kveld (m)	['kvɛl]
por la noche	om kvelden	[ɔm 'kvɛlən]
noche (f) (p.ej. 2:00 a.m.)	natt (m/f)	['nɑt]
por la noche	om natta	[ɔm 'nɑta]
medianoche (f)	midnatt (m/f)	['midˌnɑt]
segundo (m)	sekund (m/n)	[se'kʉn]
minuto (m)	minutt (n)	[mi'nʉt]
hora (f)	time (m)	['timə]

media hora (f)	halvtime (m)	['hɑl̩time]
cuarto (m) de hora	kvarter (n)	[kvɑːter]
quince minutos	femten minutter	['fɛmtən mi'nʉtər]
veinticuatro horas	døgn (n)	['døjn]
salida (f) del sol	soloppgang (m)	['sʉlɔp̩gɑŋ]
amanecer (m)	daggry (n)	['dɑg̩gry]
madrugada (f)	tidlig morgen (m)	['tili 'mɔːən]
puesta (f) del sol	solnedgang (m)	['sʉlned̩gɑŋ]
de madrugada	tidlig om morgenen	['tili ɔm 'mɔːenən]
esta mañana	i morges	[i 'mɔrəs]
mañana por la mañana	i morgen tidlig	[i 'mɔːən 'tili]
esta tarde	i formiddag	[i 'fɔrmi̩dɑ]
por la tarde	om ettermiddagen	[ɔm 'ɛtər̩midɑgən]
mañana por la tarde	i morgen ettermiddag	[i 'mɔːən 'ɛtər̩midɑ]
esta noche (p.ej. 8:00 p.m.)	i kveld	[i 'kvɛl]
mañana por la noche	i morgen kveld	[i 'mɔːən ̩kvɛl]
a las tres en punto	presis klokka tre	[prɛ'sis 'klɔkɑ tre]
a eso de las cuatro	ved fire-tiden	[ve 'fire ̩tidən]
para las doce	innen klokken tolv	['inən 'klɔkən tɔl]
dentro de veinte minutos	om tjue minutter	[ɔm 'çʉe mi'nʉtər]
dentro de una hora	om en time	[ɔm en 'time]
a tiempo (adv)	i tide	[i 'tidə]
... menos cuarto	kvart på ...	['kvɑːt pɔ ...]
durante una hora	innen en time	['inən en 'time]
cada quince minutos	hvert kvarter	['vɛːt̩ kvɑː'ter]
día y noche	døgnet rundt	['døjne ̩rʉnt]

22. Los meses. Las estaciones

enero (m)	januar (m)	['jɑnʉ̩ɑr]
febrero (m)	februar (m)	['febrʉ̩ɑr]
marzo (m)	mars (m)	['mɑʂ]
abril (m)	april (m)	[ɑ'pril]
mayo (m)	mai (m)	['mɑj]
junio (m)	juni (m)	['jʉni]
julio (m)	juli (m)	['jʉli]
agosto (m)	august (m)	[aʉ'gʉst]
septiembre (m)	september (m)	[sep'tɛmbər]
octubre (m)	oktober (m)	[ɔk'tʉbər]
noviembre (m)	november (m)	[nʉ'vɛmbər]
diciembre (m)	desember (m)	[de'sɛmbər]
primavera (f)	vår (m)	['vɔːr]
en primavera	om våren	[ɔm 'voːrən]
de primavera (adj)	vår-, vårlig	['vɔːr-], ['vɔːli]
verano (m)	sommer (m)	['sɔmər]

| en verano | om sommeren | [ɔm 'sɔmerən] |
| de verano (adj) | sommer- | ['sɔmər-] |

otoño (m)	høst (m)	['høst]
en otoño	om høsten	[ɔm 'høstən]
de otoño (adj)	høst-, høstlig	['høst-], ['høstli]

invierno (m)	vinter (m)	['vintər]
en invierno	om vinteren	[ɔm 'vinterən]
de invierno (adj)	vinter-	['vintər-]
mes (m)	måned (m)	['moːnət]
este mes	denne måneden	['dɛnə 'moːnedən]
al mes siguiente	neste måned	['nɛstə 'moːnət]
el mes pasado	forrige måned	['foriə ˌmoːnət]

hace un mes	for en måned siden	[for en 'moːnət ˌsidən]
dentro de un mes	om en måned	[ɔm en 'moːnət]
dentro de dos meses	om to måneder	[ɔm 'tʉ 'moːnedər]
todo el mes	en hel måned	[en 'hel 'moːnət]
todo un mes	hele måned	['helə 'moːnət]

mensual (adj)	månedlig	['moːnədli]
mensualmente (adv)	månedligt	['moːnedlət]
cada mes	hver måned	[ˌvɛr 'moːnət]
dos veces por mes	to ganger per måned	['tʉ 'gaŋər per 'moːnət]

año (m)	år (n)	['ɔr]
este año	i år	[i 'oːr]
el próximo año	neste år	['nɛstə ˌoːr]
el año pasado	i fjor	[i 'fjɔr]
hace un año	for et år siden	[for et 'oːr ˌsidən]
dentro de un año	om et år	[ɔm et 'oːr]
dentro de dos años	om to år	[ɔm 'tʉ 'oːr]
todo el año	hele året	['helə 'oːre]
todo un año	hele året	['helə 'oːre]

cada año	hvert år	['vɛːt̩ 'oːr]
anual (adj)	årlig	['oːli]
anualmente (adv)	årlig, hvert år	['oːli], ['vɛːt̩ 'ɔr]
cuatro veces por año	fire ganger per år	['fire 'gaŋer per 'oːr]

fecha (f) (la ~ de hoy es ...)	dato (m)	['datʉ]
fecha (f) (~ de entrega)	dato (m)	['datʉ]
calendario (m)	kalender (m)	[ka'lendər]

medio año (m)	halvår (n)	['halˌoːr]
seis meses	halvår (n)	['halˌoːr]
estación (f)	årstid (m/f)	['oːʂˌtid]
siglo (m)	århundre (n)	['ɔrˌhʉndrə]

23. La hora. Miscelánea

| tiempo (m) | tid (m/f) | ['tid] |
| momento (m) | øyeblikk (n) | ['øjəˌblik] |

instante (m)	øyeblikk (n)	['øjə͵blik]
instantáneo (adj)	øyeblikkelig	['øjə͵blikəli]
lapso (m) de tiempo	tidsavsnitt (n)	['tids͵afsnit]
vida (f)	liv (n)	['liv]
eternidad (f)	evighet (m)	['ɛvi͵het]

época (f)	epoke (m)	[ɛ'pʊkə]
era (f)	æra (m)	['ærɑ]
ciclo (m)	syklus (m)	['syklʉs]
periodo (m)	periode (m)	[pæri'ʊdə]
plazo (m) (~ de tres meses)	sikt (m)	['sikt]

futuro (m)	framtid (m/f)	['frɑm͵tid]
futuro (adj)	framtidig, fremtidig	['frɑm͵tidi], ['frɛm͵tidi]
la próxima vez	neste gang	['nɛstə ͵gɑŋ]
pasado (m)	fortid (m/f)	['foː͵tid]
pasado (adj)	forrige	['foriə]
la última vez	siste gang	['sistə ͵gɑŋ]
más tarde (adv)	senere	['senerə]
después	etterpå	['ɛtər͵pɔ]
actualmente (adv)	for nærværende	[fɔr 'nær͵værnə]
ahora (adv)	nå	['nɔ]
inmediatamente	umiddelbart	['ʉmidəl͵bɑːt]
pronto (adv)	snart	['snɑːt]
de antemano (adv)	på forhånd	[pɔ 'foːr͵hɔn]

hace mucho tiempo	for lenge siden	[fɔr 'leŋə ͵sidən]
hace poco (adv)	nylig	['nyli]
destino (m)	skjebne (m)	['ʂɛbnə]
recuerdos (m pl)	minner (n pl)	['minər]
archivo (m)	arkiv (n)	[ɑr'kiv]
durante ...	under ...	['ʉnər ...]
mucho tiempo (adv)	lenge	['leŋə]
poco tiempo (adv)	ikke lenge	['ikə 'leŋə]
temprano (adv)	tidlig	['tili]
tarde (adv)	sent	['sɛnt]

para siempre (adv)	for alltid	[fɔr 'ɑl͵tid]
comenzar (vt)	å begynne	[ɔ be'jinə]
aplazar (vt)	å utsette	[ɔ 'ʉt͵sɛtə]

simultáneamente	samtidig	['sɑm͵tidi]
permanentemente	alltid, stadig	['ɑl͵tid], ['stɑdi]
constante (ruido, etc.)	konstant	[kʊn'stɑnt]
temporal (adj)	midlertidig, temporær	['midlə͵tidi], ['tɛmpɔ͵rær]

a veces (adv)	av og til	['ɑv ɔ ͵til]
raramente (adv)	sjelden	['ʂɛlən]
frecuentemente	ofte	['ɔftə]

24. Las líneas y las formas

cuadrado (m)	kvadrat (n)	[kvɑ'drɑt]
cuadrado (adj)	kvadratisk	[kvɑ'drɑtisk]

círculo (m)	sirkel (m)	['sirkəl]
redondo (adj)	rund	['rʉn]
triángulo (m)	trekant (m)	['tre͵kɑnt]
triangular (adj)	trekantet	['tre͵kɑntət]

óvalo (m)	oval (m)	[ʊ'vɑl]
oval (adj)	oval	[ʊ'vɑl]
rectángulo (m)	rektangel (n)	['rɛk͵tɑŋəl]
rectangular (adj)	rettvinklet	['rɛt͵vinklət]

pirámide (f)	pyramide (m)	[pyrɑ'midə]
rombo (m)	rombe (m)	['rʉmbə]
trapecio (m)	trapes (m/n)	[trɑ'pes]
cubo (m)	kube, terning (m)	['kʉbə], ['tæ:n̩iŋ]
prisma (m)	prisme (n)	['prismə]

circunferencia (f)	omkrets (m)	['ɔm͵krɛts]
esfera (f)	sfære (m)	['sfæərə]
globo (m)	kule (m/f)	['kʉ:lə]
diámetro (m)	diameter (m)	['diɑ͵metər]
radio (m)	radius (m)	['rɑdiʉs]
perímetro (m)	perimeter (n)	[peri'metər]
centro (m)	midtpunkt (n)	['mit͵pʉnkt]

horizontal (adj)	horisontal	[hʉrisɔn'tɑl]
vertical (adj)	loddrett, lodd-	['lɔd͵rɛt], ['lɔd-]
paralela (f)	parallell (m)	[pɑrɑ'lel]
paralelo (adj)	parallell	[pɑrɑ'lel]

línea (f)	linje (m)	['linjə]
trazo (m)	strek (m)	['strek]
recta (f)	rett linje (m/f)	['rɛt 'linjə]
curva (f)	kurve (m)	['kʉrvə]
fino (la ~a línea)	tynn	['tyn]
contorno (m)	kontur (m)	[kʉn'tʉr]

intersección (f)	skjæringspunkt (n)	['ʂæriŋs͵pʉnkt]
ángulo (m) recto	rett vinkel (m)	['rɛt 'vinkəl]
segmento (m)	segment (n)	[seg'mɛnt]
sector (m)	sektor (m)	['sɛktʉr]
lado (m)	side (m/f)	['sidə]
ángulo (m)	vinkel (m)	['vinkəl]

25. Las unidades de medida

peso (m)	vekt (m)	['vɛkt]
longitud (f)	lengde (m/f)	['leŋdə]
anchura (f)	bredde (m)	['brɛdə]
altura (f)	høyde (m)	['højdə]
profundidad (f)	dybde (m)	['dybdə]
volumen (m)	volum (n)	[vɔ'lʉm]
área (f)	areal (n)	[͵ɑre'ɑl]
gramo (m)	gram (n)	['grɑm]
miligramo (m)	milligram (n)	['mili͵grɑm]

kilogramo (m)	kilogram (n)	['çilu‚gram]
tonelada (f)	tonn (m/n)	['ton]
libra (f)	pund (n)	['pʉn]
onza (f)	unse (m)	['ʉnsə]

metro (m)	meter (m)	['metər]
milímetro (m)	millimeter (m)	['mili‚metər]
centímetro (m)	centimeter (m)	['sɛnti‚metər]
kilómetro (m)	kilometer (m)	['çilu‚metər]
milla (f)	mil (m/f)	['mil]

pulgada (f)	tomme (m)	['tɔmə]
pie (m)	fot (m)	['fʊt]
yarda (f)	yard (m)	['ja:rd]

| metro (m) cuadrado | kvadratmeter (m) | [kva'drat‚metər] |
| hectárea (f) | hektar (n) | ['hɛktar] |

litro (m)	liter (m)	['litər]
grado (m)	grad (m)	['grad]
voltio (m)	volt (m)	['vɔlt]
amperio (m)	ampere (m)	[am'pɛr]
caballo (m) de fuerza	hestekraft (m/f)	['hɛstə‚kraft]

cantidad (f)	mengde (m)	['mɛŋdə]
un poco de ...	få ...	['fɔ ...]
mitad (f)	halvdel (m)	['haldel]
docena (f)	dusin (n)	[dʉ'sin]
pieza (f)	stykke (n)	['stʏkə]

| dimensión (f) | størrelse (m) | ['stœrəlsə] |
| escala (f) (del mapa) | målestokk (m) | ['mo:lə‚stɔk] |

mínimo (adj)	minimal	[mini'mal]
el más pequeño (adj)	minste	['minstə]
medio (adj)	middel-	['midəl-]
máximo (adj)	maksimal	[maksi'mal]
el más grande (adj)	største	['stœʂtə]

26. Contenedores

tarro (m) de vidrio	glaskrukke (m/f)	['glas‚krʉkə]
lata (f)	boks (m)	['bɔks]
cubo (m)	bøtte (m/f)	['bœtə]
barril (m)	tønne (m)	['tœnə]

palangana (f)	vaskefat (n)	['vaskə‚fat]
tanque (m)	tank (m)	['tank]
petaca (f) (de alcohol)	lommelerke (m/f)	['lʊmə‚lærkə]
bidón (m) de gasolina	bensinkanne (m/f)	[bɛn'sin‚kanə]
cisterna (f)	tank (m)	['tank]

| taza (f) (mug de cerámica) | krus (n) | ['krʉs] |
| taza (f) (~ de café) | kopp (m) | ['kɔp] |

platillo (m)	tefat (n)	['teˌfɑt]
vaso (m) (~ de agua)	glass (n)	['glɑs]
copa (f) (~ de vino)	vinglass (n)	['vinˌglɑs]
olla (f)	gryte (m/f)	['grytə]

| botella (f) | flaske (m) | ['flɑskə] |
| cuello (m) de botella | flaskehals (m) | ['flɑskəˌhɑls] |

garrafa (f)	karaffel (m)	[kɑ'rɑfəl]
jarro (m) (~ de agua)	mugge (m/f)	['mʉgə]
recipiente (m)	beholder (m)	[be'hɔlər]
tarro (m)	pott, potte (m)	['pɔt], ['pɔtə]
florero (m)	vase (m)	['vɑsə]

frasco (m) (~ de perfume)	flakong (m)	[flɑ'kɔŋ]
frasquito (m)	flaske (m/f)	['flɑskə]
tubo (m)	tube (m)	['tʉbə]

saco (m) (~ de azúcar)	sekk (m)	['sɛk]
bolsa (f) (~ plástica)	pose (m)	['pʉsə]
paquete (m) (~ de cigarrillos)	pakke (m/f)	['pɑkə]

caja (f)	eske (m/f)	['ɛskə]
cajón (m) (~ de madera)	kasse (m/f)	['kɑsə]
cesta (f)	kurv (m)	['kʉrv]

27. Materiales

material (m)	materiale (n)	[materi'ɑlə]
madera (f)	tre (n)	['trɛ]
de madera (adj)	tre-, av tre	['trɛ-], [ɑ: 'trɛ]

| vidrio (m) | glass (n) | ['glɑs] |
| de vidrio (adj) | glass- | ['glɑs-] |

| piedra (f) | stein (m) | ['stæjn] |
| de piedra (adj) | stein- | ['stæjn-] |

| plástico (m) | plast (m) | ['plɑst] |
| de plástico (adj) | plast- | ['plɑst-] |

| goma (f) | gummi (m) | ['gʉmi] |
| de goma (adj) | gummi- | ['gʉmi-] |

| tela (f) | tøy (n) | ['tøj] |
| de tela (adj) | tøy- | ['tøj-] |

| papel (m) | papir (n) | [pɑ'pir] |
| de papel (adj) | papir- | [pɑ'pir-] |

cartón (m)	papp, kartong (m)	['pɑp], [kɑ:'ʈɔŋ]
de cartón (adj)	papp-, kartong-	['pɑp-], [kɑ:'ʈɔŋ-]
polietileno (m)	polyetylen (n)	['pʉlyɛtyˌlen]
celofán (m)	cellofan (m)	[sɛlu'fɑn]

| linóleo (m) | linoleum (m) | [li'nɔleum] |
| contrachapado (m) | kryssfiner (m) | ['krʏsfiˌnɛr] |

porcelana (f)	porselen (n)	[pɔʂə'len]
de porcelana (adj)	porselens-	[pɔʂə'lens-]
arcilla (f), barro (m)	leir (n)	['læjr]
de barro (adj)	leir-	['læjr-]
cerámica (f)	keramikk (m)	[çera'mik]
de cerámica (adj)	keramisk	[çe'ramisk]

28. Los metales

metal (m)	metall (n)	[me'tal]
metálico (adj)	metall-	[me'tal-]
aleación (f)	legering (m/f)	[le'geriŋ]

oro (m)	gull (n)	['gʉl]
de oro (adj)	av gull, gull-	[ɑ: 'gʉl], ['gʉl-]
plata (f)	sølv (n)	['søl]
de plata (adj)	sølv-, av sølv	['søl-], [ɑ: 'søl]

hierro (m)	jern (n)	['jæ:ɳ]
de hierro (adj)	jern-	['jæ:ɳ-]
acero (m)	stål (n)	['stɔl]
de acero (adj)	stål-	['stɔl-]
cobre (m)	kobber (n)	['kɔbər]
de cobre (adj)	kobber-	['kɔbər-]

aluminio (m)	aluminium (n)	[ɑlu'minium]
de aluminio (adj)	aluminium-	[ɑlu'minium-]
bronce (m)	bronse (m)	['brɔnsə]
de bronce (adj)	bronse-	['brɔnsə-]

latón (m)	messing (m)	['mɛsiŋ]
níquel (m)	nikkel (m)	['nikəl]
platino (m)	platina (m/n)	['platinɑ]
mercurio (m)	kvikksølv (n)	['kvikˌsøl]
estaño (m)	tinn (n)	['tin]
plomo (m)	bly (n)	['bly]
zinc (m)	sink (m/n)	['sink]

EL SER HUMANO

El ser humano. El cuerpo

29. El ser humano. Conceptos básicos

ser (m) humano	menneske (n)	['mɛnəskə]
hombre (m) (varón)	mann (m)	['man]
mujer (f)	kvinne (m/f)	['kvinə]
niño -a (m, f)	barn (n)	['bɑːɳ]
niña (f)	jente (m/f)	['jɛntə]
niño (m)	gutt (m)	['gʉt]
adolescente (m)	tenåring (m)	['tɛnoːriŋ]
viejo, anciano (m)	eldre mann (m)	['ɛldrə ˌman]
vieja, anciana (f)	eldre kvinne (m/f)	['ɛldrə ˌkvinə]

30. La anatomía humana

organismo (m)	organisme (m)	[ɔrgɑ'nismə]
corazón (m)	hjerte (n)	['jæːʈə]
sangre (f)	blod (n)	['blʉ]
arteria (f)	arterie (m)	[ɑːˈʈeriə]
vena (f)	vene (m)	['veːnə]
cerebro (m)	hjerne (m)	['jæːɳə]
nervio (m)	nerve (m)	['nærvə]
nervios (m pl)	nerver (m pl)	['nærvər]
vértebra (f)	ryggvirvel (m)	['rʏgˌvirvəl]
columna (f) vertebral	ryggrad (m)	['rʏgˌrad]
estómago (m)	magesekk (m)	['mɑgəˌsɛk]
intestinos (m pl)	innvoller, tarmer (m pl)	['inˌvɔlər], ['tarmər]
intestino (m)	tarm (m)	['tarm]
hígado (m)	lever (m)	['levər]
riñón (m)	nyre (m/n)	['nyrə]
hueso (m)	bein (n)	['bæjn]
esqueleto (m)	skjelett (n)	[ʂe'let]
costilla (f)	ribbein (n)	['ribˌbæjn]
cráneo (m)	hodeskalle (m)	['hʉdəˌskɑlə]
músculo (m)	muskel (m)	['mʉskəl]
bíceps (m)	biceps (m)	['bisɛps]
tríceps (m)	triceps (m)	['trisɛps]
tendón (m)	sene (m/f)	['seːnə]
articulación (f)	ledd (n)	['led]

pulmones (m pl)	lunger (m pl)	['lɵŋər]
genitales (m pl)	kjønnsorganer (ʌ pl)	['çœnsˌɔr'ganər]
piel (f)	hud (m/f)	['hɵd]

31. La cabeza

cabeza (f)	hode (n)	['hɵdə]
cara (f)	ansikt (n)	['ansikt]
nariz (f)	nese (m/f)	['nese]
boca (f)	munn (m)	['mɵn]

ojo (m)	øye (n)	['øjə]
ojos (m pl)	øyne (n pl)	['øjnə]
pupila (f)	pupill (m)	[pɵ'pil]
ceja (f)	øyenbryn (n)	['øjənˌbryn]
pestaña (f)	øyenvipp (m)	['øjənˌvip]
párpado (m)	øyelokk (m)	['øjəˌlɔk]

lengua (f)	tunge (m/f)	['tɵŋə]
diente (m)	tann (m/f)	['tan]
labios (m pl)	lepper (m/f pl)	['lepər]
pómulos (m pl)	kinnbein (n pl)	['çinˌbæjn]
encía (f)	tannkjøtt (n)	['tanˌçœt]
paladar (m)	gane (m)	['ganə]

ventanas (f pl)	nesebor (n pl)	['neseˌbɵr]
mentón (m)	hake (m/f)	['hakə]
mandíbula (f)	kjeve (m)	['çɛvə]
mejilla (f)	kinn (n)	['çin]

frente (f)	panne (m/f)	['panə]
sien (f)	tinning (m)	['tiniŋ]
oreja (f)	øre (n)	['ørə]
nuca (f)	bakhode (n)	['bakˌhodə]
cuello (m)	hals (m)	['hals]
garganta (f)	strupe, hals (m)	['strɵpə], ['hals]

pelo, cabello (m)	hår (n pl)	['hɔr]
peinado (m)	frisyre (m)	[fri'syrə]
corte (m) de pelo	hårfasong (m)	['hoːrfaˌsɔŋ]
peluca (f)	parykk (m)	[pa'rʏk]

bigote (m)	mustasje (m)	[mɵ'staʂə]
barba (f)	skjegg (n)	['ʂɛg]
tener (~ la barba)	å ha	[ɔ 'ha]
trenza (f)	flette (m/f)	['fletə]
patillas (f pl)	bakkenbarter (pl)	['bakənˌbaːtər]

pelirrojo (adj)	rødhåret	['røˌhoːrət]
gris, canoso (adj)	grå	['grɔ]
calvo (adj)	skallet	['skalət]
calva (f)	skallet flekk (m)	['skalət ˌflek]
cola (f) de caballo	hestehale (m)	['hɛstəˌhalə]
flequillo (m)	pannelugg (m)	['panəˌlɵg]

32. El cuerpo

mano (f)	hånd (m/f)	['hon]
brazo (m)	arm (m)	['ɑrm]
dedo (m)	finger (m)	['fiŋər]
dedo (m) del pie	tå (m/f)	['to]
dedo (m) pulgar	tommel (m)	['toməl]
dedo (m) meñique	lillefinger (m)	['lilə,fiŋər]
uña (f)	negl (m)	['nɛjl]
puño (m)	knyttneve (m)	['knʏt,nevə]
palma (f)	håndflate (m/f)	['hon,flɑtə]
muñeca (f)	håndledd (n)	['hon,led]
antebrazo (m)	underarm (m)	['ʉnər,ɑrm]
codo (m)	albue (m)	['ɑl,bʉə]
hombro (m)	skulder (m)	['skʉldər]
pierna (f)	bein (n)	['bæjn]
planta (f)	fot (m)	['fʊt]
rodilla (f)	kne (n)	['knɛ]
pantorrilla (f)	legg (m)	['leg]
cadera (f)	hofte (m)	['hoftə]
talón (m)	hæl (m)	['hæl]
cuerpo (m)	kropp (m)	['krop]
vientre (m)	mage (m)	['mɑgə]
pecho (m)	bryst (n)	['brʏst]
seno (m)	bryst (n)	['brʏst]
lado (m), costado (m)	side (m/f)	['sidə]
espalda (f)	rygg (m)	['rʏg]
zona (f) lumbar	korsrygg (m)	['koːʂ,rʏg]
cintura (f), talle (m)	liv (n), midje (m/f)	['liv], ['midjə]
ombligo (m)	navle (m)	['nɑvlə]
nalgas (f pl)	rumpeballer (m pl)	['rʉmpə,bɑlər]
trasero (m)	bak (m)	['bɑk]
lunar (m)	føflekk (m)	['fø,flek]
marca (f) de nacimiento	fødselsmerke (n)	['føtsəls,mærke]
tatuaje (m)	tatovering (m/f)	[tatʉ'vɛriŋ]
cicatriz (f)	arr (n)	['ɑr]

La ropa y los accesorios

33. La ropa exterior. Los abrigos

ropa (f)	klær (n)	['klær]
ropa (f) de calle	yttertøy (n)	['ytə,tøj]
ropa (f) de invierno	vinterklær (n pl)	['vintər,klær]
abrigo (m)	frakk (m), kåpe (m/f)	['frɑk], ['ko:pə]
abrigo (m) de piel	pels (m), pelskåpe (m/f)	['pɛls], ['pɛls,ko:pə]
abrigo (m) corto de piel	pelsjakke (m/f)	['pɛls,jakə]
chaqueta (f) plumón	dunjakke (m/f)	['dʉn,jakə]
cazadora (f)	jakke (m/f)	['jakə]
impermeable (m)	regnfrakk (m)	['ræjn,frɑk]
impermeable (adj)	vanntett	['van,tɛt]

34. Ropa de hombre y mujer

camisa (f)	skjorte (m/f)	['ʂœ:ʈə]
pantalones (m pl)	bukse (m)	['bʉksə]
jeans, vaqueros (m pl)	jeans (m)	['dʒins]
chaqueta (f), saco (m)	dressjakke (m/f)	['drɛs,jakə]
traje (m)	dress (m)	['drɛs]
vestido (m)	kjole (m)	['çulə]
falda (f)	skjørt (n)	['ʂø:ʈ]
blusa (f)	bluse (m)	['blʉsə]
rebeca (f), chaqueta (f) de punto	strikket trøye (m/f)	['strikə 'trøjə]
chaqueta (f)	blazer (m)	['blæsər]
camiseta (f) (T-shirt)	T-skjorte (m/f)	['te,ʂœ:ʈə]
pantalones (m pl) cortos	shorts (m)	['ʂɔ:ʈs]
traje (m) deportivo	treningsdrakt (m/f)	['treniŋs,drakt]
bata (f) de baño	badekåpe (m/f)	['bɑdə,ko:pə]
pijama (m)	pyjamas (m)	[py'ʂamas]
suéter (m)	sweater (m)	['svɛtər]
pulóver (m)	pullover (m)	[pʉ'lɔvər]
chaleco (m)	vest (m)	['vɛst]
frac (m)	livkjole (m)	['liv,çulə]
esmoquin (m)	smoking (m)	['smɔkiŋ]
uniforme (m)	uniform (m)	[ʉni'fɔrm]
ropa (f) de trabajo	arbeidsklær (n pl)	['arbæjds,klær]
mono (m)	kjeledress, overall (m)	['çelə,drɛs], ['ɔvɛr,ɔl]
bata (f) (p. ej. ~ blanca)	kittel (m)	['çitəl]

35. La ropa. La ropa interior

ropa (f) interior	undertøy (n)	['ʉnə‚tøj]
bóxer (m)	underbukse (m/f)	['ʉnər‚bʉksə]
bragas (f pl)	truse (m/f)	['trʉsə]
camiseta (f) interior	undertrøye (m/f)	['ʉnə‚trøjə]
calcetines (m pl)	sokker (m pl)	['sɔkər]
camisón (m)	nattkjole (m)	['nat‚çʉlə]
sostén (m)	behå (m)	['be‚hɔ]
calcetines (m pl) altos	knestrømper (m/f pl)	['knɛ‚strømpər]
pantimedias (f pl)	strømpebukse (m/f)	['strømpə‚bʉksə]
medias (f pl)	strømper (m/f pl)	['strømpər]
traje (m) de baño	badedrakt (m/f)	['badə‚drakt]

36. Gorras

gorro (m)	hatt (m)	['hat]
sombrero (m) de fieltro	hatt (m)	['hat]
gorra (f) de béisbol	baseball cap (m)	['bɛjsbɔl kɛp]
gorra (f) plana	sikspens (m)	['sikspens]
boina (f)	alpelue, baskerlue (m/f)	['alpə‚lʉə], ['baskə‚lʉə]
capuchón (m)	hette (m/f)	['hɛtə]
panamá (m)	panamahatt (m)	['panama‚hat]
gorro (m) de punto	strikket lue (m/f)	['strikə‚lʉə]
pañuelo (m)	skaut (n)	['skaʉt]
sombrero (m) de mujer	hatt (m)	['hat]
casco (m) (~ protector)	hjelm (m)	['jɛlm]
gorro (m) de campaña	båtlue (m/f)	['bot‚lʉə]
casco (m) (~ de moto)	hjelm (m)	['jɛlm]
bombín (m)	bowlerhatt, skalk (m)	['bɔʉler‚hat], ['skalk]
sombrero (m) de copa	flosshatt (m)	['flɔs‚hat]

37. El calzado

calzado (m)	skotøy (n)	['skʉtøj]
botas (f pl)	skor (m pl)	['skʉr]
zapatos (m pl) (~ de tacón bajo)	pumps (m pl)	['pʉmps]
botas (f pl) altas	støvler (m pl)	['støvlər]
zapatillas (f pl)	tøfler (m pl)	['tøflər]
tenis (m pl)	tennissko (m pl)	['tɛnis‚skʉ]
zapatillas (f pl) de lona	canvas sko (m pl)	['kanvas ‚skʉ]
sandalias (f pl)	sandaler (m pl)	[san'dalər]
zapatero (m)	skomaker (m)	['skʉ‚makər]
tacón (m)	hæl (m)	['hæl]

par (m)	par (n)	['pɑr]
cordón (m)	skolisse (m/f)	['skʊˌlisə]
encordonar (vt)	å snøre	[ɔ 'snørə]
calzador (m)	skohorn (n)	['skʊˌhʊːŋ]
betún (m)	skokrem (m)	['skʊˌkrɛm]

38. Los textiles. Las telas

algodón (m)	bomull (m/f)	['bʊˌmʉl]
de algodón (adj)	bomulls-	['bʊˌmʉls-]
lino (m)	lin (n)	['lin]
de lino (adj)	lin-	['lin-]

seda (f)	silke (m)	['silkə]
de seda (adj)	silke-	['silkə-]
lana (f)	ull (m/f)	['ʉl]
de lana (adj)	ull-, av ull	['ʉl-], ['ɑː ʉl]

terciopelo (m)	fløyel (m)	['fløjəl]
gamuza (f)	semsket skinn (n)	['sɛmsket ˌʂin]
pana (f)	kordfløyel (m/n)	['kɔːdˌfløjəl]

nilón (m)	nylon (n)	['nyˌlɔn]
de nilón (adj)	nylon-	['nyˌlɔn-]
poliéster (m)	polyester (m)	[pʊly'ɛstər]
de poliéster (adj)	polyester-	[pʊly'ɛstər-]

piel (f) (cuero)	lær, skinn (n)	['lær], ['ʂin]
de piel (de cuero)	lær-, av lær	['lær-], ['ɑː lær]
piel (f) (~ de zorro, etc.)	pels (m)	['pɛls]
de piel (abrigo ~)	pels-	['pɛls-]

39. Accesorios personales

guantes (m pl)	hansker (m pl)	['hɑnskər]
manoplas (f pl)	votter (m pl)	['vɔtər]
bufanda (f)	skjerf (n)	['ʂærf]

gafas (f pl)	briller (m pl)	['brilər]
montura (f)	innfatning (m/f)	['inˌfɑtniŋ]
paraguas (m)	paraply (m)	[pɑrɑ'ply]
bastón (m)	stokk (m)	['stɔk]
cepillo (m) de pelo	hårbørste (m)	['hɔrˌbœʂtə]
abanico (m)	vifte (m/f)	['viftə]

corbata (f)	slips (n)	['slips]
pajarita (f)	sløyfe (m/f)	['sløjfə]
tirantes (m pl)	bukseseler (m pl)	['bʉksə'selər]
moquero (m)	lommetørkle (n)	['lʊməˌtœrklə]

| peine (m) | kam (m) | ['kɑm] |
| pasador (m) de pelo | hårspenne (m/f/n) | ['hɔːrˌspɛnə] |

| horquilla (f) | hårnål (m/f) | ['ho:r‚nol] |
| hebilla (f) | spenne (m/f/n) | ['spɛnə] |

| cinturón (m) | belte (m) | ['bɛltə] |
| correa (f) (de bolso) | skulderreim, rem (m/f) | ['skʉldə‚ræjm], ['rem] |

bolsa (f)	veske (m/f)	['vɛskə]
bolso (m)	håndveske (m/f)	['hɔn‚vɛskə]
mochila (f)	ryggsekk (m)	['rʏɡ‚sɛk]

40. La ropa. Miscelánea

moda (f)	mote (m)	['mʉtə]
de moda (adj)	moteriktig	['mʉtə‚rikti]
diseñador (m) de moda	moteskaper (m)	['mʉtə‚skɑpər]

cuello (m)	krage (m)	['krɑɡə]
bolsillo (m)	lomme (m/f)	['lʊmə]
de bolsillo (adj)	lomme-	['lʊmə-]
manga (f)	erme (n)	['ærmə]
presilla (f)	hempe (m)	['hɛmpə]
bragueta (f)	gylf, buksesmekk (m)	['ɡʏlf], ['bʉksə‚smɛk]

cremallera (f)	glidelås (m/n)	['ɡlidə‚lɔs]
cierre (m)	hekte (m/f), knepping (m)	['hɛktə], ['knɛpiŋ]
botón (m)	knapp (m)	['knɑp]
ojal (m)	klapphull (n)	['klɑp‚hʉl]
saltar (un botón)	å falle av	[ɔ 'falə ɑ:]

coser (vi, vt)	å sy	[ɔ 'sy]
bordar (vt)	å brodere	[ɔ brʊ'derə]
bordado (m)	broderi (n)	[brʊde'ri]
aguja (f)	synål (m/f)	['sy‚nɔl]
hilo (m)	tråd (m)	['trɔ]
costura (f)	søm (m)	['søm]

ensuciarse (vr)	å skitne seg til	[ɔ 'ʂitnə sæj til]
mancha (f)	flekk (m)	['flek]
arrugarse (vr)	å bli skrukkete	[ɔ 'bli 'skrʉketə]
rasgar (vt)	å rive	[ɔ 'rivə]
polilla (f)	møll (m/n)	['møl]

41. Productos personales. Cosméticos

pasta (f) de dientes	tannpasta (m)	['tɑn‚pɑstɑ]
cepillo (m) de dientes	tannbørste (m)	['tɑn‚bœʂtə]
limpiarse los dientes	å pusse tennene	[ɔ 'pʉsə 'tɛnənə]

maquinilla (f) de afeitar	høvel (m)	['høvəl]
crema (f) de afeitar	barberkrem (m)	[bɑr'bɛr‚krɛm]
afeitarse (vr)	å barbere seg	[ɔ bɑr'berə sæj]
jabón (m)	såpe (m/f)	['so:pə]

champú (m)	sjampo (m)	['ʂamˌpʉ]
tijeras (f pl)	saks (m/f)	['saks]
lima (f) de uñas	neglefil (m/f)	['nɛjləˌfil]
cortaúñas (m pl)	negleklipper (m)	['nɛjləˌklipər]
pinzas (f pl)	pinsett (m)	[pin'sɛt]

cosméticos (m pl)	kosmetikk (m)	[kʉsme'tik]
mascarilla (f)	ansiktsmaske (m/f)	['ansiktsˌmaskə]
manicura (f)	manikyr (m)	[mani'kyr]
hacer la manicura	å få manikyr	[ɔ 'fɔ mani'kyr]
pedicura (f)	pedikyr (m)	[pedi'kyr]

bolsa (f) de maquillaje	sminkeveske (m/f)	['sminkəˌvɛskə]
polvos (m pl)	pudder (n)	['pʉdər]
polvera (f)	pudderdåse (m)	['pʉdərˌdoːsə]
colorete (m), rubor (m)	rouge (m)	['ruːʂ]

perfume (m)	parfyme (m)	[par'fymə]
agua (f) de tocador	eau de toilette (m)	['ɔ də twa'let]
loción (f)	lotion (m)	['loʉʂɛn]
agua (f) de Colonia	eau de cologne (m)	['ɔː də kɔ'lɔŋ]

sombra (f) de ojos	øyeskygge (m)	['øjəˌsygə]
lápiz (m) de ojos	eyeliner (m)	['aːjˌlɑjnər]
rímel (m)	maskara (m)	[ma'skara]

pintalabios (m)	leppestift (m)	['lepəˌstift]
esmalte (m) de uñas	neglelakk (m)	['nɛjləˌlak]
fijador (m) para el pelo	hårlakk (m)	['hoːrˌlak]
desodorante (m)	deodorant (m)	[deudʉ'rant]

crema (f)	krem (m)	['krɛm]
crema (f) de belleza	ansiktskrem (m)	['ansiktsˌkrɛm]
crema (f) de manos	håndkrem (m)	['hɔnˌkrɛm]
crema (f) antiarrugas	antirynkekrem (m)	[anti'rʏnkəˌkrɛm]
crema (f) de día	dagkrem (m)	['dagˌkrɛm]
crema (f) de noche	nattkrem (m)	['natˌkrɛm]
de día (adj)	dag-	['dag-]
de noche (adj)	natt-	['nat-]

tampón (m)	tampong (m)	[tam'pɔŋ]
papel (m) higiénico	toalettpapir (n)	[tʉa'let pa'pir]
secador (m) de pelo	hårføner (m)	['hoːrˌfønər]

42. Las joyas

joyas (f pl)	smykker (n pl)	['smʏkər]
precioso (adj)	edel-	['ɛdəl-]
contraste (m)	stempel (n)	['stɛmpəl]

anillo (m)	ring (m)	['riŋ]
anillo (m) de boda	giftering (m)	['jiftəˌriŋ]
pulsera (f)	armbånd (n)	['armˌbɔn]
pendientes (m pl)	øreringer (m pl)	['ørəˌriŋər]

collar (m) (~ de perlas)	halssmykke (n)	['hals‚smʏkə]
corona (f)	krone (m/f)	['krʊnə]
collar (m) de abalorios	perlekjede (m/n)	['pærlə‚çɛ:də]

diamante (m)	diamant (m)	[dia'mant]
esmeralda (f)	smaragd (m)	[sma'ragd]
rubí (m)	rubin (m)	[rʉ'bin]
zafiro (m)	safir (m)	[sa'fir]
perla (f)	perler (m pl)	['pærlər]
ámbar (m)	rav (n)	['rav]

43. Los relojes

reloj (m)	armbåndsur (n)	['armbɔns‚ʉr]
esfera (f)	urskive (m/f)	['ʉ:‚sivə]
aguja (f)	viser (m)	['visər]
pulsera (f)	armbånd (n)	['arm‚bɔn]
correa (f) (del reloj)	rem (m/f)	['rem]

pila (f)	batteri (n)	[batɛ'ri]
descargarse (vr)	å bli utladet	[ɔ 'bli 'ʉt‚ladət]
cambiar la pila	å skifte batteriene	[ɔ 'siftə batɛ'riene]
adelantarse (vr)	å gå for fort	[ɔ 'gɔ fɔ 'fo:t]
retrasarse (vr)	å gå for sakte	[ɔ 'gɔ fɔ 'saktə]

reloj (m) de pared	veggur (n)	['vɛg‚ʉr]
reloj (m) de arena	timeglass (n)	['timə‚glas]
reloj (m) de sol	solur (n)	['sʊl‚ʉr]
despertador (m)	vekkerklokka (m/f)	['vɛkər‚klɔka]
relojero (m)	urmaker (m)	['ʉr‚makər]
reparar (vt)	å reparere	[ɔ repa'rerə]

La comida y la nutrición

carne (f)	kjøtt (n)	['çœt]
gallina (f)	høne (m/f)	['hønə]
pollo (m)	kylling (m)	['çyliŋ]
pato (m)	and (m/f)	['an]
ganso (m)	gås (m/f)	['gɔs]
caza (f) menor	vilt (n)	['vilt]
pava (f)	kalkun (m)	[kal'kʉn]

carne (f) de cerdo	svinekjøtt (n)	['svinə‚çœt]
carne (f) de ternera	kalvekjøtt (n)	['kalvə‚çœt]
carne (f) de carnero	fårekjøtt (n)	['fo:rə‚çœt]
carne (f) de vaca	oksekjøtt (n)	['ɔksə‚çœt]
conejo (m)	kanin (m)	[ka'nin]

salchichón (m)	pølse (m/f)	['pølsə]
salchicha (f)	wienerpølse (m/f)	['vinər‚pølsə]
beicon (m)	bacon (n)	['bɛjkən]
jamón (m)	skinke (m)	['ʂiŋkə]
jamón (m) fresco	skinke (m)	['ʂiŋkə]

paté (m)	pate, paté (m)	[pa'te]
hígado (m)	lever (m)	['levər]
carne (f) picada	kjøttfarse (m)	['çœt‚faʂə]
lengua (f)	tunge (m/f)	['tʉŋə]

huevo (m)	egg (n)	['ɛg]
huevos (m pl)	egg (n pl)	['ɛg]
clara (f)	eggehvite (m)	['ɛgə‚vitə]
yema (f)	plomme (m/f)	['plʊmə]

pescado (m)	fisk (m)	['fisk]
mariscos (m pl)	sjømat (m)	['ʂø‚mat]
crustáceos (m pl)	krepsdyr (n pl)	['krɛps‚dyr]
caviar (m)	kaviar (m)	['kavi‚ar]

cangrejo (m) de mar	krabbe (m)	['krabə]
camarón (m)	reke (m/f)	['rekə]
ostra (f)	østers (m)	['østəʂ]
langosta (f)	langust (m)	[laŋ'gʉst]
pulpo (m)	blekksprut (m)	['blek‚sprʊt]
calamar (m)	blekksprut (m)	['blek‚sprʉt]

esturión (m)	stør (m)	['stør]
salmón (m)	laks (m)	['laks]
fletán (m)	kveite (m/f)	['kvæjtə]
bacalao (m)	torsk (m)	['tɔʂk]

caballa (f)	makrell (m)	[maˈkrɛl]
atún (m)	tunfisk (m)	[ˈtʉnˌfisk]
anguila (f)	ål (m)	[ˈɔl]

trucha (f)	ørret (m)	[ˈøret]
sardina (f)	sardin (m)	[sɑːˈdin]
lucio (m)	gjedde (m/f)	[ˈjɛdə]
arenque (m)	sild (m/f)	[ˈsil]

pan (m)	brød (n)	[ˈbrø]
queso (m)	ost (m)	[ˈʊst]
azúcar (m)	sukker (n)	[ˈsʉkər]
sal (f)	salt (n)	[ˈsɑlt]

arroz (m)	ris (m)	[ˈris]
macarrones (m pl)	pasta, makaroni (m)	[ˈpɑstɑ], [mɑkɑˈrʊni]
tallarines (m pl)	nudler (m pl)	[ˈnʉdlər]

mantequilla (f)	smør (n)	[ˈsmør]
aceite (m) vegetal	vegetabilsk olje (m)	[vegetɑˈbilsk ˌɔljə]
aceite (m) de girasol	solsikkeolje (m)	[ˈsʊlsikəˌɔljə]
margarina (f)	margarin (m)	[mɑrgɑˈrin]

| olivas, aceitunas (f pl) | olivener (m pl) | [ʊˈlivenər] |
| aceite (m) de oliva | olivenolje (m) | [ʊˈlivənˌɔljə] |

leche (f)	melk (m/f)	[ˈmɛlk]
leche (f) condensada	kondensert melk (m/f)	[kʊndənˈseːʈ ˌmɛlk]
yogur (m)	jogurt (m)	[ˈjɔgʉːʈ]
nata (f) agria	rømme, syrnet fløte (m)	[ˈrœmə], [ˈsyːŋet ˈfløtə]
nata (f) líquida	fløte (m)	[ˈfløtə]

| mayonesa (f) | majones (m) | [mɑjɔˈnɛs] |
| crema (f) de mantequilla | krem (m) | [ˈkrɛm] |

cereales (m pl) integrales	gryn (n)	[ˈgryn]
harina (f)	mel (n)	[ˈmel]
conservas (f pl)	hermetikk (m)	[hɛrmeˈtik]

copos (m pl) de maíz	cornflakes (m)	[ˈkɔːɳˌflejks]
miel (f)	honning (m)	[ˈhɔniŋ]
confitura (f)	syltetøy (n)	[ˈsyltəˌtøj]
chicle (m)	tyggegummi (m)	[ˈtygəˌgʉmi]

45. Las bebidas

agua (f)	vann (n)	[ˈvɑn]
agua (f) potable	drikkevann (n)	[ˈdrikəˌvɑn]
agua (f) mineral	mineralvann (n)	[minəˈrɑlˌvɑn]

sin gas	uten kullsyre	[ˈʉtən kʉlˈsyrə]
gaseoso (adj)	kullsyret	[kʉlˈsyrət]
con gas	med kullsyre	[me kʉlˈsyrə]
hielo (m)	is (m)	[ˈis]

con hielo	med is	[me 'is]
sin alcohol	alkoholfri	['alkʊhʊlˌfri]
bebida (f) sin alcohol	alkoholfri drikk (m)	['alkʊhʊlˌfri drik]
refresco (m)	leskedrikk (m)	['leskəˌdrik]
limonada (f)	limonade (m)	[limɔ'nadə]

bebidas (f pl) alcohólicas	rusdrikker (m pl)	['rʉsˌdrikər]
vino (m)	vin (m)	['vin]
vino (m) blanco	hvitvin (m)	['vitˌvin]
vino (m) tinto	rødvin (m)	['røˌvin]

licor (m)	likør (m)	[li'kør]
champaña (f)	champagne (m)	[ʂam'panjə]
vermú (m)	vermut (m)	['værmʉt]

whisky (m)	whisky (m)	['viski]
vodka (m)	vodka (m)	['vɔdka]
ginebra (f)	gin (m)	['dʒin]
coñac (m)	konjakk (m)	['kʊnjak]
ron (m)	rom (m)	['rʊm]

café (m)	kaffe (m)	['kafə]
café (m) solo	svart kaffe (m)	['svaːʈ 'kafə]
café (m) con leche	kaffe (m) med melk	['kafə me 'mɛlk]
capuchino (m)	cappuccino (m)	[kapʉ'tʃinɔ]
café (m) soluble	pulverkaffe (m)	['pʉlvərˌkafə]

leche (f)	melk (m/f)	['mɛlk]
cóctel (m)	cocktail (m)	['kokˌtɛjl]
batido (m)	milkshake (m)	['milkˌʂɛjk]

zumo (m), jugo (m)	jus, juice (m)	['dʒʉs]
jugo (m) de tomate	tomatjuice (m)	[tʉ'matˌdʒʉs]
zumo (m) de naranja	appelsinjuice (m)	[apel'sinˌdʒʉs]
zumo (m) fresco	nypresset juice (m)	['nyˌprɛsə 'dʒʉs]

cerveza (f)	øl (m/n)	['øl]
cerveza (f) rubia	lettøl (n)	['letˌøl]
cerveza (f) negra	mørkt øl (n)	['mœrktˌøl]

té (m)	te (m)	['te]
té (m) negro	svart te (m)	['svaːʈ ˌte]
té (m) verde	grønn te (m)	['grœn ˌte]

46. Las verduras

| legumbres (f pl) | grønnsaker (m pl) | ['grœnˌsakər] |
| verduras (f pl) | grønnsaker (m pl) | ['grœnˌsakər] |

tomate (m)	tomat (m)	[tʉ'mat]
pepino (m)	agurk (m)	[a'gʉrk]
zanahoria (f)	gulrot (m/f)	['gʉlˌrʊt]
patata (f)	potet (m/f)	[pʉ'tet]
cebolla (f)	løk (m)	['løk]

49

ajo (m)	hvitløk (m)	['vit‚løk]
col (f)	kål (m)	['kɔl]
coliflor (f)	blomkål (m)	['blɔm‚kɔl]
col (f) de Bruselas	rosenkål (m)	['rʊsən‚kɔl]
brócoli (m)	brokkoli (m)	['brɔkɔli]

remolacha (f)	rødbete (m/f)	['rø‚betə]
berenjena (f)	aubergine (m)	[ɔbɛr'ʂin]
calabacín (m)	squash (m)	['skvɔʂ]
calabaza (f)	gresskar (n)	['grɛskar]
nabo (m)	nepe (m/f)	['nepə]

perejil (m)	persille (m/f)	[pæ'ʂilə]
eneldo (m)	dill (m)	['dil]
lechuga (f)	salat (m)	[sɑ'lɑt]
apio (m)	selleri (m/n)	[sɛle‚ri]
espárrago (m)	asparges (m)	[ɑ'spɑrʂəs]
espinaca (f)	spinat (m)	[spi'nɑt]

guisante (m)	erter (m pl)	['æ:ʈər]
habas (f pl)	bønner (m/f pl)	['bœnər]
maíz (m)	mais (m)	['mais]
fréjol (m)	bønne (m/f)	['bœnə]

pimiento (m) dulce	pepper (m)	['pɛpər]
rábano (m)	reddik (m)	['rɛdik]
alcachofa (f)	artisjokk (m)	[‚ɑːʈi'ʂɔk]

47. Las frutas. Las nueces

fruto (m)	frukt (m/f)	['frʉkt]
manzana (f)	eple (n)	['ɛplə]
pera (f)	pære (m/f)	['pærə]
limón (m)	sitron (m)	[si'trʊn]
naranja (f)	appelsin (m)	[ɑpel'sin]
fresa (f)	jordbær (n)	['juːr‚bær]

mandarina (f)	mandarin (m)	[mɑndɑ'rin]
ciruela (f)	plomme (m/f)	['plʊmə]
melocotón (m)	fersken (m)	['fæʂkən]
albaricoque (m)	aprikos (m)	[ɑpri'kʊs]
frambuesa (f)	bringebær (n)	['briŋə‚bær]
piña (f)	ananas (m)	['ɑnɑnɑs]

banana (f)	banan (m)	[bɑ'nɑn]
sandía (f)	vannmelon (m)	['vɑnme‚lʊn]
uva (f)	drue (m)	['drʉə]
guinda (f)	kirsebær (n)	['çiʂə‚bær]
cereza (f)	morell (m)	[mʊ'rɛl]
melón (m)	melon (m)	[me'lun]

pomelo (m)	grapefrukt (m/f)	['grɛjp‚frʉkt]
aguacate (m)	avokado (m)	[ɑvɔ'kɑdɔ]
papaya (f)	papaya (m)	[pɑ'pɑja]

| mango (m) | mango (m) | ['maŋu] |
| granada (f) | granateple (n) | [gra'nat‚ɛplə] |

grosella (f) roja	rips (m)	['rips]
grosella (f) negra	solbær (n)	['sʉl‚bær]
grosella (f) espinosa	stikkelsbær (n)	['stikəls‚bær]
arándano (m)	blåbær (n)	['blɔ‚bær]
zarzamoras (f pl)	bjørnebær (m)	['bjœ:ŋə‚bær]

pasas (f pl)	rosin (m)	[rʉ'sin]
higo (m)	fiken (m)	['fikən]
dátil (m)	daddel (m)	['dadəl]

cacahuete (m)	jordnøtt (m)	['juːr‚nœt]
almendra (f)	mandel (m)	['mandəl]
nuez (f)	valnøtt (m/f)	['val‚nœt]
avellana (f)	hasselnøtt (m/f)	['hasəl‚nœt]
nuez (f) de coco	kokosnøtt (m/f)	['kʉkʉs‚nœt]
pistachos (m pl)	pistasier (m pl)	[pi'staşiər]

48. El pan. Los dulces

pasteles (m pl)	bakevarer (m/f pl)	['bakə‚varər]
pan (m)	brød (n)	['brø]
galletas (f pl)	kjeks (m)	['çɛks]

chocolate (m)	sjokolade (m)	[şʉkʉ'ladə]
de chocolate (adj)	sjokolade-	[şʉkʉ'ladə-]
caramelo (m)	sukkertøy (n), karamell (m)	['sʉkə:ţøj], [kara'mɛl]
tarta (f) (pequeña)	kake (m/f)	['kakə]
tarta (f) (~ de cumpleaños)	bløtkake (m/f)	['bløt‚kakə]

| tarta (f) (~ de manzana) | pai (m) | ['paj] |
| relleno (m) | fyll (m/n) | ['fʏl] |

confitura (f)	syltetøy (n)	['syltə‚tøj]
mermelada (f)	marmelade (m)	[marme'ladə]
gofre (m)	vaffel (m)	['vafəl]
helado (m)	iskrem (m)	['iskrɛm]
pudin (m)	pudding (m)	['pʉdiŋ]

49. Los platos

plato (m)	rett (m)	['rɛt]
cocina (f)	kjøkken (n)	['çœkən]
receta (f)	oppskrift (m)	['ɔp‚skrift]
porción (f)	porsjon (m)	[pɔ'şʉn]

ensalada (f)	salat (m)	[sa'lat]
sopa (f)	suppe (m/f)	['sʉpə]
caldo (m)	buljong (m)	[bu'ljɔŋ]
bocadillo (m)	smørbrød (n)	['smør‚brø]

huevos (m pl) fritos	speilegg (n)	['spæjl‚ɛg]
hamburguesa (f)	hamburger (m)	['hɑmbʊrgər]
bistec (m)	biff (m)	['bif]

guarnición (f)	tilbehør (n)	['tilbə‚hør]
espagueti (m)	spagetti (m)	[spɑ'gɛti]
puré (m) de patatas	potetmos (m)	[pʊ'tet‚mʊs]
pizza (f)	pizza (m)	['pitsɑ]
gachas (f pl)	grøt (m)	['grøt]
tortilla (f) francesa	omelett (m)	[ɔmə'let]

cocido en agua (adj)	kokt	['kʊkt]
ahumado (adj)	røkt	['røkt]
frito (adj)	stekt	['stɛkt]
seco (adj)	tørket	['tœrkət]
congelado (adj)	frossen, dypfryst	['frɔsən], ['dyp‚frʏst]
marinado (adj)	syltet	['sʏltət]

azucarado, dulce (adj)	søt	['søt]
salado (adj)	salt	['sɑlt]
frío (adj)	kald	['kɑl]
caliente (adj)	het, varm	['het], ['vɑrm]
amargo (adj)	bitter	['bitər]
sabroso (adj)	lekker	['lekər]

cocer en agua	å koke	[ɔ 'kʊkə]
preparar (la cena)	å lage	[ɔ 'lɑgə]
freír (vt)	å steke	[ɔ 'stekə]
calentar (vt)	å varme opp	[ɔ 'vɑrmə ɔp]

salar (vt)	å salte	[ɔ 'sɑltə]
poner pimienta	å pepre	[ɔ 'pɛprə]
rallar (vt)	å rive	[ɔ 'rivə]
piel (f)	skall (n)	['skɑl]
pelar (vt)	å skrelle	[ɔ 'skrɛlə]

50. Las especias

sal (f)	salt (n)	['sɑlt]
salado (adj)	salt	['sɑlt]
salar (vt)	å salte	[ɔ 'sɑltə]

pimienta (f) negra	svart pepper (m)	['svɑːʈ 'pɛpər]
pimienta (f) roja	rød pepper (m)	['rø 'pɛpər]
mostaza (f)	sennep (m)	['sɛnəp]
rábano (m) picante	pepperrot (m/f)	['pɛpər‚rʊt]

condimento (m)	krydder (n)	['krʏdər]
especia (f)	krydder (n)	['krʏdər]
salsa (f)	saus (m)	['saʊs]
vinagre (m)	eddik (m)	['ɛdik]

| anís (m) | anis (m) | ['ɑnis] |
| albahaca (f) | basilik (m) | [bɑsi'lik] |

clavo (m)	nellik (m)	['nɛlik]
jengibre (m)	ingefær (m)	['iŋə,fær]
cilantro (m)	koriander (m)	[kʊri'andər]
canela (f)	kanel (m)	[ka'nel]

sésamo (m)	sesam (m)	['sesam]
hoja (f) de laurel	laurbærblad (n)	['laʊrbær,bla]
paprika (f)	paprika (m)	['paprika]
comino (m)	karve, kummin (m)	['karvə], ['kʉmin]
azafrán (m)	safran (m)	[sa'fran]

51. Las comidas

| comida (f) | mat (m) | ['mat] |
| comer (vi, vt) | å spise | [ɔ 'spisə] |

desayuno (m)	frokost (m)	['frʊkɔst]
desayunar (vi)	å spise frokost	[ɔ 'spisə ,frʊkɔst]
almuerzo (m)	lunsj, lunch (m)	['lʉnʂ]
almorzar (vi)	å spise lunsj	[ɔ 'spisə ,lʉnʂ]
cena (f)	middag (m)	['mi,da]
cenar (vi)	å spise middag	[ɔ 'spisə 'mi,da]

| apetito (m) | appetitt (m) | [ape'tit] |
| ¡Que aproveche! | God appetitt! | ['gʉ ape'tit] |

abrir (vt)	å åpne	[ɔ 'ɔpnə]
derramar (líquido)	å spille	[ɔ 'spilə]
derramarse (líquido)	å bli spilt	[ɔ 'bli 'spilt]

hervir (vi)	å koke	[ɔ 'kʊkə]
hervir (vt)	å koke	[ɔ 'kʊkə]
hervido (agua ~a)	kokt	['kʊkt]

| enfriar (vt) | å svalne | [ɔ 'svalnə] |
| enfriarse (vr) | å avkjøles | [ɔ 'av,çœləs] |

| sabor (m) | smak (m) | ['smak] |
| regusto (m) | bismak (m) | ['bismak] |

adelgazar (vi)	å være på diet	[ɔ 'værə pɔ di'et]
dieta (f)	diett (m)	[di'et]
vitamina (f)	vitamin (n)	[vita'min]
caloría (f)	kalori (m)	[kalʉ'ri]

| vegetariano (m) | vegetarianer (m) | [vegetari'anər] |
| vegetariano (adj) | vegetarisk | [vege'tarisk] |

grasas (f pl)	fett (n)	['fɛt]
proteínas (f pl)	proteiner (n pl)	[prote'inər]
carbohidratos (m pl)	kullhydrater (n pl)	['kʉlhy,dratər]
loncha (f)	skive (m/f)	['ʂivə]
pedazo (m)	stykke (n)	['stʏkə]
miga (f)	smule (m)	['smʉlə]

52. Los cubiertos

cuchara (f)	skje (m)	['ʂe]
cuchillo (m)	kniv (m)	['kniv]
tenedor (m)	gaffel (m)	['gafəl]
taza (f)	kopp (m)	['kɔp]
plato (m)	tallerken (m)	[ta'lærkən]
platillo (m)	tefat (n)	['te‚fat]
servilleta (f)	serviett (m)	[sɛrvi'ɛt]
mondadientes (m)	tannpirker (m)	['tan‚pirkər]

53. El restaurante

restaurante (m)	restaurant (m)	[rɛstʊ'raŋ]
cafetería (f)	kafé, kaffebar (m)	[ka'fe], ['kafə‚bar]
bar (m)	bar (m)	['bar]
salón (m) de té	tesalong (m)	['tesa‚lɔŋ]
camarero (m)	servitør (m)	['særvi'tør]
camarera (f)	servitrise (m/f)	[særvi'trisə]
barman (m)	bartender (m)	['baː‚tɛndər]
carta (f), menú (m)	meny (m)	[me'ny]
carta (f) de vinos	vinkart (n)	['vin‚kaːt]
reservar una mesa	å reservere bord	[ɔ resɛr'verə 'bʊr]
plato (m)	rett (m)	['rɛt]
pedir (vt)	å bestille	[ɔ be'stilə]
hacer un pedido	å bestille	[ɔ be'stilə]
aperitivo (m)	aperitiff (m)	[aperi'tif]
entremés (m)	forrett (m)	['fɔrɛt]
postre (m)	dessert (m)	[de'sɛːr]
cuenta (f)	regning (m/f)	['rɛjniŋ]
pagar la cuenta	å betale regningen	[ɔ be'talə 'rɛjniŋən]
dar la vuelta	å gi tilbake veksel	[ɔ ji til'bakə 'vɛksəl]
propina (f)	driks (m)	['driks]

La familia nuclear, los parientes y los amigos

54. La información personal. Los formularios

nombre (m)	navn (n)	['navn]
apellido (m)	etternavn (n)	['ɛtə͵navn]
fecha (f) de nacimiento	fødselsdato (m)	['føtsəls͵datʉ]
lugar (m) de nacimiento	fødested (n)	['fødə͵sted]
nacionalidad (f)	nasjonalitet (m)	[naʂʉnali'tet]
domicilio (m)	bosted (n)	['bʉ͵sted]
país (m)	land (n)	['lan]
profesión (f)	yrke (n), profesjon (m)	['yrkə], [prʉfe'ʂʉn]
sexo (m)	kjønn (n)	['çœn]
estatura (f)	høyde (m)	['højdə]
peso (m)	vekt (m)	['vɛkt]

55. Los familiares. Los parientes

madre (f)	mor (m/f)	['mʉr]
padre (m)	far (m)	['far]
hijo (m)	sønn (m)	['sœn]
hija (f)	datter (m/f)	['datər]
hija (f) menor	yngste datter (m/f)	['yŋstə 'datər]
hijo (m) menor	yngste sønn (m)	['yŋstə 'sœn]
hija (f) mayor	eldste datter (m/f)	['ɛlstə 'datər]
hijo (m) mayor	eldste sønn (m)	['ɛlstə 'sœn]
hermano (m)	bror (m)	['brʉr]
hermano (m) mayor	eldre bror (m)	['ɛldrə ͵brʉr]
hermano (m) menor	lillebror (m)	['lilə͵brʉr]
hermana (f)	søster (m/f)	['søstər]
hermana (f) mayor	eldre søster (m/f)	['ɛldrə ͵søstər]
hermana (f) menor	lillesøster (m/f)	['lilə͵søster]
primo (m)	fetter (m/f)	['fɛtər]
prima (f)	kusine (m)	[kʉ'sinə]
mamá (f)	mamma (m)	['mama]
papá (m)	pappa (m)	['papa]
padres (pl)	foreldre (pl)	[for'ɛldrə]
niño -a (m, f)	barn (n)	['ba:ɳ]
niños (pl)	barn (n pl)	['ba:ɳ]
abuela (f)	bestemor (m)	['bɛstə͵mʉr]
abuelo (m)	bestefar (m)	['bɛstə͵far]
nieto (m)	barnebarn (n)	['ba:ɳə͵ba:ɳ]

nieta (f)	barnebarn (n)	['bɑːŋəˌbɑːŋ]
nietos (pl)	barnebarn (n pl)	['bɑːŋəˌbɑːŋ]
tío (m)	onkel (m)	['ʊnkəl]
tía (f)	tante (m/f)	['tɑntə]
sobrino (m)	nevø (m)	[ne'vø]
sobrina (f)	niese (m/f)	[ni'esə]
suegra (f)	svigermor (m/f)	['svigərˌmʊr]
suegro (m)	svigerfar (m)	['svigərˌfɑr]
yerno (m)	svigersønn (m)	['svigərˌsœn]
madrastra (f)	stemor (m/f)	['steˌmʊr]
padrastro (m)	stefar (m)	['steˌfɑr]
niño (m) de pecho	brystbarn (n)	['brʏstˌbɑːŋ]
bebé (m)	spedbarn (n)	['speˌbɑːŋ]
chico (m)	lite barn (n)	['litə 'bɑːŋ]
mujer (f)	kone (m/f)	['kʊnə]
marido (m)	mann (m)	['mɑn]
esposo (m)	ektemann (m)	['ɛktəˌmɑn]
esposa (f)	hustru (m)	['hʉstrʉ]
casado (adj)	gift	['jift]
casada (adj)	gift	['jift]
soltero (adj)	ugift	[ʉ:'jift]
soltero (m)	ungkar (m)	['ʉŋˌkɑr]
divorciado (adj)	fraskilt	['frɑˌʂilt]
viuda (f)	enke (m)	['ɛnkə]
viudo (m)	enkemann (m)	['ɛnkəˌmɑn]
pariente (m)	slektning (m)	['ʂlektniŋ]
pariente (m) cercano	nær slektning (m)	['nær 'slektniŋ]
pariente (m) lejano	fjern slektning (m)	['fjæːŋ 'slektniŋ]
parientes (pl)	slektninger (m pl)	['ʂlektniŋər]
huérfano (m), huérfana (f)	foreldreløst barn (n)	[foˈɛldrəløst ˌbɑːŋ]
tutor (m)	formynder (m)	['forˌmʏnər]
adoptar (un niño)	å adoptere	[ɔ adɔp'terə]
adoptar (una niña)	å adoptere	[ɔ adɔp'terə]

56. Los amigos. Los compañeros del trabajo

amigo (m)	venn (m)	['vɛn]
amiga (f)	venninne (m/f)	[vɛ'ninə]
amistad (f)	vennskap (n)	['vɛnˌskɑp]
ser amigo	å være venner	[ɔ 'værə 'vɛnər]
amigote (m)	venn (m)	['vɛn]
amiguete (f)	venninne (m/f)	[vɛ'ninə]
compañero (m)	partner (m)	['pɑːʈnər]
jefe (m)	sjef (m)	['ʂɛf]
superior (m)	overordnet (m)	['ɔvərˌɔrdnet]

propietario (m)	eier (m)	['æjər]
subordinado (m)	underordnet (m)	['ʉnər‚ɔrdnet]
colega (m, f)	kollega (m)	[kʉ'lega]

conocido (m)	bekjent (m)	[be'çɛnt]
compañero (m) de viaje	medpassasjer (m)	['me‚pɑsɑ'şɛr]
condiscípulo (m)	klassekamerat (m)	['klɑsə‚kɑmə'rɑːt]

vecino (m)	nabo (m)	['nɑbʉ]
vecina (f)	nabo (m)	['nɑbʉ]
vecinos (pl)	naboer (m pl)	['nɑbʉər]

57. El hombre. La mujer

mujer (f)	kvinne (m/f)	['kvinə]
muchacha (f)	jente (m/f)	['jɛntə]
novia (f)	brud (m/f)	['brʉd]

guapa (adj)	vakker	['vɑkər]
alta (adj)	høy	['høj]
esbelta (adj)	slank	['şlɑnk]
de estatura mediana	liten av vekst	['litən ɑː 'vɛkst]

| rubia (f) | blondine (m) | [blɔn'dinə] |
| morena (f) | brunette (m) | [brʉ'nɛtə] |

de señora (adj)	dame-	['dɑmə-]
virgen (f)	jomfru (m/f)	['ʉmfrʉ]
embarazada (adj)	gravid	[grɑ'vid]

hombre (m) (varón)	mann (m)	['mɑn]
rubio (m)	blond mann (m)	['blɔn ‚mɑn]
moreno (m)	mørkhåret mann (m)	['mœrk‚hoːret mɑn]
alto (adj)	høy	['høj]
de estatura mediana	liten av vekst	['litən ɑː 'vɛkst]

grosero (adj)	grov	['grɔv]
rechoncho (adj)	undersetsig	['ʉnə‚şɛtsi]
robusto (adj)	robust	[rʉ'bʉst]
fuerte (adj)	sterk	['stærk]
fuerza (f)	kraft, styrke (m)	['krɑft], ['styrkə]

gordo (adj)	tykk	['tʏk]
moreno (adj)	mørkhudet	['mœrk‚hʉdət]
esbelto (adj)	slank	['şlɑnk]
elegante (adj)	elegant	[ɛle'gɑnt]

58. La edad

edad (f)	alder (m)	['ɑldər]
juventud (f)	ungdom (m)	['ʉŋ‚dɔm]
joven (adj)	ung	['ʉŋ]

| menor (adj) | yngre | ['ʏŋrə] |
| mayor (adj) | eldre | ['ɛldrə] |

joven (m)	unge mann (m)	['ʉŋə ˌman]
adolescente (m)	tenåring (m)	['tɛnoːriŋ]
muchacho (m)	kar (m)	['kar]

| anciano (m) | gammel mann (m) | ['gaməl ˌman] |
| anciana (f) | gammel kvinne (m/f) | ['gaməl ˌkvinə] |

adulto	voksen	['vɔksən]
de edad media (adj)	middelaldrende	['midəlˌaldrɛnə]
anciano, mayor (adj)	eldre	['ɛldrə]
viejo (adj)	gammel	['gaməl]

jubilación (f)	pensjon (m)	[pan'ʂʉn]
jubilarse	å gå av med pensjon	[ɔ 'gɔ aː me pan'ʂʉn]
jubilado (m)	pensjonist (m)	[panʂʉ'nist]

59. Los niños

niño -a (m, f)	barn (n)	['baːɳ]
niños (pl)	barn (n pl)	['baːɳ]
gemelos (pl)	tvillinger (m pl)	['tviliŋər]

cuna (f)	vogge (m/f)	['vɔgə]
sonajero (m)	rangle (m/f)	['raŋlə]
pañal (m)	bleie (m/f)	['blæjə]

chupete (m)	smokk (m)	['smʉk]
cochecito (m)	barnevogn (m/f)	['baːɳəˌvɔŋn]
jardín (m) de infancia	barnehage (m)	['baːɳəˌhagə]
niñera (f)	babysitter (m)	['bɛbyˌsitər]

infancia (f)	barndom (m)	['baːɳˌdɔm]
muñeca (f)	dukke (m/f)	['dʉkə]
juguete (m)	leketøy (n)	['lekəˌtøj]
mecano (m)	byggesett (n)	['bʏgəˌsɛt]

bien criado (adj)	veloppdragen	['velˌɔp'dragən]
mal criado (adj)	uoppdragen	[ʉop'dragən]
mimado (adj)	bortskjemt	['buːtʂɛmt]

hacer travesuras	å være stygg	[ɔ 'værə 'stʏg]
travieso (adj)	skøyeraktig	['skøjəˌrakti]
travesura (f)	skøyeraktighet (m)	['skøjəˌraktihet]
travieso (m)	skøyer (m)	['skøjər]

| obediente (adj) | lydig | ['lydi] |
| desobediente (adj) | ulydig | [ʉ'lydi] |

dócil (adj)	føyelig	['føjli]
inteligente (adj)	klok	['klʉk]
niño (m) prodigio	vidunderbarn (n)	['vidˌʉndərˌbaːɳ]

60. El matrimonio. La vida familiar

besar (vt)	å kysse	[ɔ 'çysə]
besarse (vr)	å kysse hverandre	[ɔ 'çysə ˌverandrə]
familia (f)	familie (m)	[fɑ'miliə]
familiar (adj)	familie-	[fɑ'miliə-]
pareja (f)	par (n)	['pɑr]
matrimonio (m)	ekteskap (n)	['ɛktəˌskɑp]
hogar (m) familiar	hjemmets arne (m)	['jɛmets 'ɑːŋə]
dinastía (f)	dynasti (n)	[dinɑs'ti]
cita (f)	stevnemøte (n)	['stɛvnəˌmøtə]
beso (m)	kyss (n)	['çys]
amor (m)	kjærlighet (m)	['çæː[iˌhet]
querer (amar)	å elske	[ɔ 'ɛlskə]
querido (adj)	elskling	['ɛlsklɪŋ]
ternura (f)	ømhet (m)	['ømˌhet]
tierno (afectuoso)	øm	['øm]
fidelidad (f)	troskap (m)	['truˌskɑp]
fiel (adj)	trofast	['trufɑst]
cuidado (m)	omsorg (m)	['ɔmˌsɔrg]
cariñoso (un padre ~)	omsorgsfull	['ɔmˌsɔrgsfʉl]
recién casados (pl)	nygifte (n)	['nyˌjiftə]
luna (f) de miel	hvetebrødsdager (m pl)	['vetɛbrøsˌdagər]
estar casada	å gifte seg	[ɔ 'jiftə sæj]
casarse (con una mujer)	å gifte seg	[ɔ 'jiftə sæj]
boda (f)	bryllup (n)	['brʏlʉp]
bodas (f pl) de oro	gullbryllup (n)	['gʉlˌbrʏlʉp]
aniversario (m)	årsdag (m)	['oːʂˌda]
amante (m)	elsker (m)	['ɛlskər]
amante (f)	elskerinne (m/f)	['ɛlskəˌrinə]
adulterio (m)	utroskap (m)	['ʉˌtrɔskɑp]
cometer adulterio	å være utro	[ɔ 'værə 'ʉˌtru]
celoso (adj)	sjalu	[ʂɑ'lʉː]
tener celos	å være sjalu	[ɔ 'værə ʂɑ'lʉː]
divorcio (m)	skilsmisse (m)	['ʂilsˌmisə]
divorciarse (vr)	å skille seg	[ɔ 'ʂilə sæj]
reñir (vi)	å krangle	[ɔ 'krɑŋlə]
reconciliarse (vr)	å forsone seg	[ɔ fɔ'ʂʉnə sæj]
juntos (adv)	sammen	['samən]
sexo (m)	sex (m)	['sɛks]
felicidad (f)	lykke (m/f)	['lʏkə]
feliz (adj)	lykkelig	['lʏkəli]
desgracia (f)	ulykke (m/f)	['ʉˌlʏkə]
desgraciado (adj)	ulykkelig	['ʉˌlʏkəli]

Las características de personalidad. Los sentimientos

61. Los sentimientos. Las emociones

sentimiento (m)	følelse (m)	['følelsə]
sentimientos (m pl)	følelser (m pl)	['følelsər]
sentir (vt)	å kjenne	[ɔ 'çɛnə]

hambre (f)	sult (m)	['sʉlt]
tener hambre	å være sulten	[ɔ 'værə 'sʉltən]
sed (f)	tørst (m)	['tœʂt]
tener sed	å være tørst	[ɔ 'værə 'tœʂt]
somnolencia (f)	søvnighet (m)	['sœvni‚het]
tener sueño	å være søvnig	[ɔ 'værə 'sœvni]

cansancio (m)	tretthet (m)	['trɛt‚het]
cansado (adj)	trett	['trɛt]
estar cansado	å bli trett	[ɔ 'bli 'trɛt]

humor (m) (de buen ~)	humør (n)	[hʉ'mør]
aburrimiento (m)	kjedsomhet (m/f)	['çɛdsɔm‚het]
aburrirse (vr)	å kjede seg	[ɔ 'çedə sæj]
soledad (f)	avsondrethet (m/f)	['ɑfsɔndrɛt‚het]
aislarse (vr)	å isolere seg	[ɔ isʉ'lerə sæj]

inquietar (vt)	å bekymre, å uroe	[ɔ be'çymrə], [ɔ 'ʉːrʉə]
inquietarse (vr)	å bekymre seg	[ɔ be'çymrə sæj]
inquietud (f)	bekymring (m/f)	[be'çymriŋ]
preocupación (f)	uro (m/f)	['ʉrʉ]
preocupado (adj)	bekymret	[be'çymrət]
estar nervioso	å være nervøs	[ɔ 'værə nær'vøs]
darse al pánico	å få panikk	[ɔ 'fɔ pɑ'nik]

| esperanza (f) | håp (n) | ['hɔp] |
| esperar (tener esperanza) | å håpe | [ɔ 'hoːpə] |

seguridad (f)	sikkerhet (m/f)	['sikər‚het]
seguro (adj)	sikker	['sikər]
inseguridad (f)	usikkerhet (m)	['ʉsikər‚het]
inseguro (adj)	usikker	['ʉ‚sikər]

borracho (adj)	beruset, full	[be'rʉsət], ['fʉl]
sobrio (adj)	edru	['ɛdrʉ]
débil (adj)	svak	['svɑk]
feliz (adj)	lykkelig	['lʏkəli]
asustar (vt)	å skremme	[ɔ 'skrɛmə]
furia (f)	raseri (n)	[rɑsɛ'ri]
rabia (f)	raseri (n)	[rɑsɛ'ri]
depresión (f)	depresjon (m)	[dɛpre'ʂʉn]
incomodidad (f)	ubehag (n)	['ʉbe‚hɑg]

comodidad (f)	komfort (m)	[kʊm'fɔːr]
arrepentirse (vr)	å beklage	[ɔ be'klɑgə]
arrepentimiento (m)	beklagelse (m)	[be'klɑgəlsə]
mala suerte (f)	uhell (n)	['ʉˌhɛl]
tristeza (f)	sorg (m/f)	['sɔr]
vergüenza (f)	skam (m/f)	['skɑm]
júbilo (m)	glede (m/f)	['gledə]
entusiasmo (m)	entusiasme (m)	[ɛntʉsi'ɑsmə]
entusiasta (m)	entusiast (m)	[ɛntʉsi'ɑst]
mostrar entusiasmo	å vise entusiasme	[ɔ 'visə ɛntʉsi'ɑsmə]

62. El carácter. La personalidad

carácter (m)	karakter (m)	[kɑrɑk'ter]
defecto (m)	karakterbrist (m/f)	[kɑrɑk'terˌbrist]
mente (f)	sinn (n)	['sin]
razón (f)	forstand (m)	[fɔ'ʂtɑn]
consciencia (f)	samvittighet (m)	[sɑm'vitiˌhet]
hábito (m)	vane (m)	['vɑnə]
habilidad (f)	evne (m/f)	['ɛvnə]
poder (~ nadar, etc.)	å kunne	[ɔ 'kʉnə]
paciente (adj)	tålmodig	[tɔl'mʊdi]
impaciente (adj)	utålmodig	['ʉtɔlˌmʊdi]
curioso (adj)	nysgjerrig	['nʏˌsæri]
curiosidad (f)	nysgjerrighet (m)	['nʏˌsæriˌhet]
modestia (f)	beskjedenhet (m)	[be'ʂedenˌhet]
modesto (adj)	beskjeden	[be'ʂedən]
inmodesto (adj)	ubeskjeden	['ʉbeˌʂedən]
pereza (f)	lathet (m)	['lɑtˌhet]
perezoso (adj)	doven	['dʊvən]
perezoso (m)	dovendyr (n)	['dʊvənˌdyr]
astucia (f)	list (m/f)	['list]
astuto (adj)	listig	['listi]
desconfianza (f)	mistro (m/f)	['misˌtrɔ]
desconfiado (adj)	mistroende	['misˌtrʊenə]
generosidad (f)	gavmildhet (m)	['gɑvmilˌhet]
generoso (adj)	generøs	[ʂenə'røs]
talentoso (adj)	talentfull	[tɑ'lentˌfʉl]
talento (m)	talent (n)	[tɑ'lent]
valiente (adj)	modig	['mʊdi]
coraje (m)	mot (n)	['mʊt]
honesto (adj)	ærlig	['æːˌli]
honestidad (f)	ærlighet (m)	['æːˌliˌhet]
prudente (adj)	forsiktig	[fɔ'ʂikti]
valeroso (adj)	modig	['mʊdi]

| serio (adj) | alvorlig | [al'vɔːli] |
| severo (adj) | streng | ['strɛŋ] |

decidido (adj)	besluttsom	[be'slʉt,sɔm]
indeciso (adj)	ubesluttsom	[ʉbe'slʉt,sɔm]
tímido (adj)	forsagt	['fɔ,sakt]
timidez (f)	forsagthet (m)	['fɔsakt,het]

confianza (f)	tillit (m)	['tilit]
creer (créeme)	å tro	[ɔ 'trʉ]
confiado (crédulo)	tillitsfull	['tilits,fʉl]

sinceramente (adv)	oppriktig	[ɔp'rikti]
sincero (adj)	oppriktig	[ɔp'rikti]
sinceridad (f)	oppriktighet (m)	[ɔp'rikti,het]
abierto (adj)	åpen	['ɔpən]

calmado (adj)	stille	['stilə]
franco (sincero)	oppriktig	[ɔp'rikti]
ingenuo (adj)	naiv	[na'iv]
distraído (adj)	forstrødd	['fʉ,strød]
gracioso (adj)	morsom	['mʉsɔm]

avaricia (f)	grådighet (m)	['groːdi,het]
avaro (adj)	grådig	['groːdi]
tacaño (adj)	gjerrig	['jæri]
malvado (adj)	ond	['ʊn]
terco (adj)	hårdnakket	['hɔːr,nakət]
desagradable (adj)	ubehagelig	[ʉbe'hageli]

egoísta (m)	egoist (m)	[ɛgʉ'ist]
egoísta (adj)	egoistisk	[ɛgʉ'istisk]
cobarde (m)	feiging (m)	['fæjgiŋ]
cobarde (adj)	feig	['fæjg]

63. El sueño. Los sueños

dormir (vi)	å sove	[ɔ 'sɔvə]
sueño (m) (estado)	søvn (m)	['sœvn]
sueño (m) (dulces ~s)	drøm (m)	['drøm]
soñar (vi)	å drømme	[ɔ 'drœmə]
adormilado (adj)	søvnig	['sœvni]

cama (f)	seng (m/f)	['sɛŋ]
colchón (m)	madrass (m)	[ma'dras]
manta (f)	dyne (m/f)	['dynə]
almohada (f)	pute (m/f)	['pʉtə]
sábana (f)	laken (n)	['lakən]

insomnio (m)	søvnløshet (m)	['sœvnløs,het]
de insomnio (adj)	søvnløs	['sœvn,løs]
somnífero (m)	sovetablett (n)	['sɔve,tab'let]
tomar el somnífero	å ta en sovetablett	[ɔ 'ta en 'sɔve,tab'let]
tener sueño	å være søvnig	[ɔ 'værə 'sœvni]

bostezar (vi)	å gjespe	[ɔ 'jɛspə]
irse a la cama	å gå til sengs	[ɔ 'gɔ til 'sɛŋs]
hacer la cama	å re opp sengen	[ɔ 're ɔp 'sɛŋən]
dormirse (vr)	å falle i søvn	[ɔ 'falə i 'sœvn]

pesadilla (f)	mareritt (n)	['marə̩rit]
ronquido (m)	snork (m)	['snɔrk]
roncar (vi)	å snorke	[ɔ 'snɔrkə]

despertador (m)	vekkerklokka (m/f)	['vɛkər̩klɔkɑ]
despertar (vt)	å vekke	[ɔ 'vɛkə]
despertarse (vr)	å våkne	[ɔ 'vɔknə]
levantarse (vr)	å stå opp	[ɔ 'stɔ: ɔp]
lavarse (vr)	å vaske seg	[ɔ 'vaskə sæj]

64. El humor. La risa. La alegría

humor (m)	humor (m/n)	['hʉmʉr]
sentido (m) del humor	sans (m) for humor	['sans fɔr 'hʉmʉr]
divertirse (vr)	å more seg	[ɔ 'mʉrə sæj]
alegre (adj)	glad, munter	['glɑ], ['mʉntər]
júbilo (m)	munterhet (m)	['mʉntər̩het]

sonrisa (f)	smil (m/n)	['smil]
sonreír (vi)	å smile	[ɔ 'smilə]
echarse a reír	å begynne å skratte	[ɔ be'jinə ɔ 'skratə]
reírse (vr)	å le, å skratte	[ɔ 'le], [ɔ 'skratə]
risa (f)	latter (m), skratt (m/n)	['latər], ['skrat]

anécdota (f)	anekdote (m)	[anek'dɔtə]
gracioso (adj)	morsom	['mʉʂɔm]
ridículo (adj)	morsom	['mʉʂɔm]

bromear (vi)	å spøke	[ɔ 'spøkə]
broma (f)	skjemt, spøk (m)	['ʂɛmt], ['spøk]
alegría (f) (emoción)	glede (m/f)	['gledə]
alegrarse (vr)	å glede seg	[ɔ 'gledə sæj]
alegre (~ de que ...)	glad	['glɑ]

65. La discusión y la conversación. Unidad 1

| comunicación (f) | kommunikasjon (m) | [kʉmʉnikə'ʂʉn] |
| comunicarse (vr) | å kommunisere | [ɔ kʉmʉni'serə] |

conversación (f)	samtale (m)	['sɑm̩tɑlə]
diálogo (m)	dialog (m)	[diɑ'lɔg]
discusión (f) (debate)	diskusjon (m)	[diskʉ'ʂʉn]
debate (m)	debatt (m)	[de'bɑt]
debatir (vi)	å diskutere	[ɔ diskʉ'terə]

| interlocutor (m) | samtalepartner (m) | ['sɑm̩tɑlə 'pɑ:ʈnər] |
| tema (m) | emne (n) | ['ɛmnə] |

punto (m) de vista	synspunkt (n)	['sʏnsˌpʉnt]
opinión (f)	mening (m/f)	['meniŋ]
discurso (m)	tale (m)	['talə]

discusión (f) (del informe, etc.)	diskusjon (m)	[diskʉ'ʂʉn]
discutir (vt)	å drøfte, å diskutere	[ɔ 'drœftə], [ɔ diskʉ'terə]
conversación (f)	samtale (m)	['samˌtalə]
conversar (vi)	å snakke, å samtale	[ɔ 'snakə], [ɔ 'samˌtalə]
reunión (f)	møte (n)	['møtə]
encontrarse (vr)	å møtes	[ɔ 'møtəs]

proverbio (m)	ordspråk (n)	['uːrˌsprɔk]
dicho (m)	ordstev (n)	['uːrˌstev]
adivinanza (f)	gåte (m)	['goːtə]
contar una adivinanza	å utgjøre en gåte	[ɔ ʉt'jørə en 'goːtə]
contraseña (f)	passord (n)	['pasˌuːr]
secreto (m)	hemmelighet (m/f)	['hɛməliˌhet]

juramento (m)	ed (m)	['ɛd]
jurar (vt)	å sverge	[ɔ 'sværgə]
promesa (f)	løfte (n), loven (m)	['lœftə], ['lɔvən]
prometer (vt)	å love	[ɔ 'lɔvə]

consejo (m)	råd (n)	['rɔd]
aconsejar (vt)	å råde	[ɔ 'roːdə]
seguir el consejo	å følge råd	[ɔ 'følə 'roːd]
escuchar (a los padres)	å adlyde	[ɔ 'adˌlydə]

noticias (f pl)	nyhet (m)	['nyhet]
sensación (f)	sensasjon (m)	[sɛnsa'ʂʉn]
información (f)	opplysninger (m/f pl)	['ɔpˌlʏsniŋər]
conclusión (f)	slutning (m)	['ʂlʉtniŋ]
voz (f)	røst (m/f), stemme (m)	['røst], ['stɛmə]
cumplido (m)	kompliment (m)	[kʊmpli'man]
amable (adj)	elskverdig	[ɛlsk'værdi]

palabra (f)	ord (n)	['uːr]
frase (f)	frase (m)	['frasə]
respuesta (f)	svar (n)	['svar]

| verdad (f) | sannhet (m) | ['sanˌhet] |
| mentira (f) | løgn (m/f) | ['løjn] |

pensamiento (m)	tanke (m)	['tankə]
idea (f)	ide (m)	[i'de]
fantasía (f)	fantasi (m)	[fanta'si]

66. La discusión y la conversación. Unidad 2

respetado (adj)	respektert	[rɛspɛk'tɛːt]
respetar (vt)	å respektere	[ɔ rɛspɛk'terə]
respeto (m)	respekt (m)	[rɛ'spɛkt]
Estimado ...	Kjære ...	['çærə ...]
presentar (~ a sus padres)	å introdusere	[ɔ introdʉ'serə]

conocer a alguien	å stifte bekjentskap med ...	[ɔ 'stiftə be'çɛn‚skap me ...]
intención (f)	hensikt (m)	['hɛn‚sikt]
tener intención (de ...)	å ha til hensikt	[ɔ 'ha til 'hɛn‚sikt]
deseo (m)	ønske (n)	['ønskə]
desear (vt) (~ buena suerte)	å ønske	[ɔ 'ønskə]
sorpresa (f)	overraskelse (m/f)	['ɔve‚raskəlsə]
sorprender (vt)	å forundre	[ɔ fɔ'rʉndrə]
sorprenderse (vr)	å bli forundret	[ɔ 'bli fɔ'rʉndrət]
dar (vt)	å gi	[ɔ 'ji]
tomar (vt)	å ta	[ɔ 'tɑ]
devolver (vt)	å gi tilbake	[ɔ 'ji til'bɑkə]
retornar (vt)	å returnere	[ɔ retʉr'nerə]
disculparse (vr)	å unnskylde seg	[ɔ 'ʉn‚sylə sæj]
disculpa (f)	unnskyldning (m/f)	['ʉn‚syldniŋ]
perdonar (vt)	å tilgi	[ɔ 'til‚ji]
hablar (vi)	å tale	[ɔ 'talə]
escuchar (vt)	å lye, å lytte	[ɔ 'lye], [ɔ 'lʏtə]
escuchar hasta el final	å høre på	[ɔ 'hørə pɔ]
comprender (vt)	å forstå	[ɔ fɔ'ʂtɔ]
mostrar (vt)	å vise	[ɔ 'visə]
mirar a ...	å se på ...	[ɔ 'se pɔ ...]
llamar (vt)	å kalle	[ɔ 'kalə]
distraer (molestar)	å distrahere	[ɔ distra'erə]
molestar (vt)	å forstyrre	[ɔ fɔ'ʂtʏrə]
pasar (~ un mensaje)	å rekke	[ɔ 'rɛkə]
petición (f)	begjæring (m/f)	[be'jæriŋ]
pedir (vt)	å be, å bede	[ɔ 'be], [ɔ 'bedə]
exigencia (f)	krav (n)	['krav]
exigir (vt)	å kreve	[ɔ 'krevə]
motejar (vr)	å erte	[ɔ 'ɛ:tə]
burlarse (vr)	å håne	[ɔ 'ho:nə]
burla (f)	hån (m)	['hɔn]
apodo (m)	kallenavn, tilnavn (n)	['kalə‚navn], ['til‚navn]
alusión (f)	insinuasjon (m)	[insinʉa'ʂʉn]
aludir (vi)	å insinuere	[ɔ insinʉ'erə]
sobrentender (vt)	å bety	[ɔ 'bety]
descripción (f)	beskrivelse (m)	[be'skrivəlsə]
describir (vt)	å beskrive	[ɔ be'skrivə]
elogio (m)	ros (m)	['rʉs]
elogiar (vt)	å rose, å berømme	[ɔ 'rusə], [ɔ be'rœmə]
decepción (f)	skuffelse (m)	['skʉfəlsə]
decepcionar (vt)	å skuffe	[ɔ 'skʉfə]
estar decepcionado	å bli skuffet	[ɔ 'bli 'skʉfət]
suposición (f)	antagelse (m)	[an'tɑgəlsə]
suponer (vt)	å anta, å formode	[ɔ 'an‚ta], [ɔ fɔr'mʉdə]

| advertencia (f) | advarsel (m) | ['ɑdˌvɑʂəl] |
| prevenir (vt) | å advare | [ɔ 'ɑdˌvɑrə] |

67. La discusión y la conversación. Unidad 3

| convencer (vt) | å overtale | [ɔ 'ɔvəˌtɑlə] |
| calmar (vt) | å berolige | [ɔ be'rʉliə] |

silencio (m) (~ es oro)	taushet (m)	['tɑʉsˌhet]
callarse (vr)	å tie	[ɔ 'tie]
susurrar (vi, vt)	å hviske	[ɔ 'viskə]
susurro (m)	hvisking (m/f)	['viskiŋ]

| francamente (adv) | oppriktig | [ɔp'rikti] |
| en mi opinión ... | etter min mening ... | ['ɛtər min 'meniŋ ...] |

detalle (m) (de la historia)	detalj (m)	[de'tɑlj]
detallado (adj)	detaljert	[detɑ'ljɛːt]
detalladamente (adv)	i detaljer	[i de'tɑljer]

| pista (f) | vink (n) | ['vink] |
| dar una pista | å gi et vink | [ɔ 'ji et 'vink] |

mirada (f)	blikk (n)	['blik]
echar una mirada	å kaste et blikk	[ɔ 'kɑstə et 'blik]
fija (mirada ~)	stiv	['stiv]
parpadear (vi)	å blinke	[ɔ 'blinkə]
guiñar un ojo	å blinke	[ɔ 'blinkə]
asentir con la cabeza	å nikke	[ɔ 'nikə]

suspiro (m)	sukk (n)	['sʉk]
suspirar (vi)	å sukke	[ɔ 'sʉkə]
estremecerse (vr)	å gyse	[ɔ 'jisə]
gesto (m)	gest (m)	['gɛst]
tocar (con la mano)	å røre	[ɔ 'rørə]
asir (~ de la mano)	å gripe	[ɔ 'gripə]
palmear (~ la espalda)	å klappe	[ɔ 'klɑpə]

¡Cuidado!	Pass på!	['pɑs 'pɔ]
¿De veras?	Virkelig?	['virkəli]
¿Estás seguro?	Er du sikker?	[ɛr dʉ 'sikər]
¡Suerte!	Lykke til!	['lʏkə til]
¡Ya veo!	Jeg forstår!	['jæ fɔ'ʂtoːr]
¡Es una lástima!	Det var synd!	[de vɑr 'sʏn]

68. El acuerdo. El rechazo

acuerdo (m)	samtykke (n)	['sɑmˌtʏkə]
estar de acuerdo	å samtykke	[ɔ 'sɑmˌtʏkə]
aprobación (f)	godkjennelse (m)	['gʉˌçɛnəlsə]
aprobar (vt)	å godkjenne	[ɔ 'gʉˌçɛnə]
rechazo (m)	avslag (n)	['ɑfˌslɑg]

negarse (vr)	å vegre seg	[ɔ 'vɛɡrə sæj]
¡Excelente!	Det er fint!	['de ær 'fint]
¡De acuerdo!	Godt!	['gɔt]
¡Vale!	OK! Enig!	[ɔ'kɛj], ['ɛni]

prohibido (adj)	forbudt	[fɔr'bʉt]
está prohibido	det er forbudt	[de ær fɔr'bʉt]
es imposible	det er umulig	[de ær ʉ'mʉli]
incorrecto (adj)	uriktig, ikke riktig	['ʉˌrikti], ['ikə ˌrikti]

rechazar (vt)	å avslå	[ɔ 'afˌslɔ]
apoyar (la decisión)	å støtte	[ɔ 'stœtə]
aceptar (vt)	å akseptere	[ɔ aksɛp'terə]

confirmar (vt)	å bekrefte	[ɔ be'krɛftə]
confirmación (f)	bekreftelse (m)	[be'krɛftəlsə]
permiso (m)	tillatelse (m)	['tiˌlatəlsə]
permitir (vt)	å tillate	[ɔ 'tiˌlatə]
decisión (f)	beslutning (m)	[be'ʂlʉtniŋ]
no decir nada	å tie	[ɔ 'tie]

condición (f)	betingelse (m)	[be'tiŋəlsə]
excusa (f) (pretexto)	foregivende (n)	['fɔrəˌjivnə]
elogio (m)	ros (m)	['rʊs]
elogiar (vt)	å rose, å berømme	[ɔ 'rʊsə], [ɔ be'rœmə]

69. El éxito. La buena suerte. El fracaso

éxito (m)	suksess (m)	[sʉk'sɛ]
con éxito (adv)	med suksess	[me sʉk'sɛ]
exitoso (adj)	vellykket	['velˌlʏkət]

suerte (f)	hell (n), lykke (m/f)	['hɛl], ['lʏkə]
¡Suerte!	Lykke til!	['lʏkə til]
de suerte (día ~)	heldig, lykkelig	['hɛldi], ['lʏkəli]
afortunado (adj)	heldig	['hɛldi]

fiasco (m)	mislykkelse, fiasko (m)	['misˌlʏkəlsə], [fi'askʊ]
infortunio (m)	uhell (n), utur (m)	['ʉˌhɛl], ['ʉˌtʉr]
mala suerte (f)	uhell (n)	['ʉˌhɛl]

| fracasado (adj) | mislykket | ['misˌlʏkət] |
| catástrofe (f) | katastrofe (m) | [kata'strɔfə] |

orgullo (m)	stolthet (m)	['stɔltˌhet]
orgulloso (adj)	stolt	['stɔlt]
estar orgulloso	å være stolt	[ɔ 'værə 'stɔlt]

ganador (m)	seierherre (m)	['sæjərˌhɛrə]
ganar (vi)	å seire, å vinne	[ɔ 'sæjrə], [ɔ 'vinə]
perder (vi)	å tape	[ɔ 'tapə]
tentativa (f)	forsøk (n)	['fɔ'ʂøk]
intentar (tratar)	å prøve, å forsøke	[ɔ 'prøvə], [ɔ fɔ'ʂøkə]
chance (f)	sjanse (m)	['ʂansə]

70. Las discusiones. Las emociones negativas

grito (m)	skrik (n)	['skrik]
gritar (vi)	å skrike	[ɔ 'skrikə]
comenzar a gritar	å begynne å skrike	[ɔ be'jinə ɔ 'skrikə]
disputa (f), riña (f)	krangel (m)	['kraŋəl]
reñir (vi)	å krangle	[ɔ 'kraŋlə]
escándalo (m) (riña)	skandale (m)	[skɑn'dɑlə]
causar escándalo	å gjøre skandale	[ɔ 'jørə skɑn'dɑlə]
conflicto (m)	konflikt (m)	[kʉn'flikt]
malentendido (m)	misforståelse (m)	[misfɔ'ʂtɔəlsə]
insulto (m)	fornærmelse (m)	[fɔ:'ŋærməlsə]
insultar (vt)	å fornærme	[ɔ fɔ:'ŋærmə]
insultado (adj)	fornærmet	[fɔ:'ŋærmət]
ofensa (f)	fornærmelse (m)	[fɔ:'ŋærməlsə]
ofender (vt)	å fornærme	[ɔ fɔ:'ŋærmə]
ofenderse (vr)	å bli fornærmet	[ɔ 'bli fɔ:'ŋærmət]
indignación (f)	forargelse (m)	[fɔ'rɑrgəlsə]
indignarse (vr)	å bli indignert	[ɔ 'bli indi'gnɛ:t]
queja (f)	klage (m)	['klɑgə]
quejarse (vr)	å klage	[ɔ 'klɑgə]
disculpa (f)	unnskyldning (m/f)	['ʉnˌʂyldniŋ]
disculparse (vr)	å unnskylde seg	[ɔ 'ʉnˌʂylə sæj]
pedir perdón	å be om forlatelse	[ɔ 'be ɔm fɔ:'lɑtəlsə]
crítica (f)	kritikk (m)	[kri'tik]
criticar (vt)	å kritisere	[ɔ kriti'serə]
acusación (f)	anklagelse (m)	['ɑnˌklɑgəlsə]
acusar (vt)	å anklage	[ɔ 'ɑnˌklɑgə]
venganza (f)	hevn (m)	['hɛvn]
vengar (vt)	å hevne	[ɔ 'hɛvnə]
pagar (vt)	å hevne	[ɔ 'hɛvnə]
desprecio (m)	forakt (m)	[fɔ'rɑkt]
despreciar (vt)	å forakte	[ɔ fɔ'rɑktə]
odio (m)	hat (n)	['hɑt]
odiar (vt)	å hate	[ɔ 'hɑtə]
nervioso (adj)	nervøs	[nær'vøs]
estar nervioso	å være nervøs	[ɔ 'værə nær'vøs]
enfadado (adj)	vred, sint	['vred], ['sint]
enfadar (vt)	å gjøre sint	[ɔ 'jørə ˌsint]
humillación (f)	ydmykelse (m)	['ydˌmykəlsə]
humillar (vt)	å ydmyke	[ɔ 'ydˌmykə]
humillarse (vr)	å ydmyke seg	[ɔ 'ydˌmykə sæj]
choque (m)	sjokk (n)	['ʂɔk]
chocar (vi)	å sjokkere	[ɔ ʂɔ'kerə]
molestia (f) (problema)	knipe (m/f)	['knipə]

desagradable (adj)	ubehagelig	[ube'hɑgeli]
miedo (m)	redsel, frykt (m)	['rɛtsəl], ['frʏkt]
terrible (tormenta, etc.)	fryktelig	['frʏkteli]
de miedo (historia ~)	uhyggelig, skremmende	['ʉhʏgəli], ['skrɛmənə]
horror (m)	redsel (m)	['rɛtsəl]
horrible (adj)	forferdelig	[fɔr'færdəli]

empezar a temblar	å begynne å ryste	[ɔ be'jinə ɔ 'rystə]
llorar (vi)	å gråte	[ɔ 'groːtə]
comenzar a llorar	å begynne å gråte	[ɔ be'jinə ɔ 'groːtə]
lágrima (f)	tåre (m/f)	['toːrə]

culpa (f)	skyld (m/f)	['ʂyl]
remordimiento (m)	skyldfølelse (m)	['ʂyl,føləlsə]
deshonra (f)	skam, vanære (m/f)	['skɑm], ['vɑnærə]
protesta (f)	protest (m)	[prʊ'tɛst]
estrés (m)	stress (m/n)	['strɛs]

molestar (vt)	å forstyrre	[ɔ fɔ'ʂtyrə]
estar furioso	å være sint	[ɔ 'værə ˌsint]
enfadado (adj)	vred, sint	['vred], ['sint]
terminar (vt)	å avbryte	[ɔ 'ɑvˌbrytə]
regañar (vt)	å sverge	[ɔ 'sværgə]

asustarse (vr)	å bli skremt	[ɔ 'bli 'skrɛmt]
golpear (vt)	å slå	[ɔ 'ʂlɔ]
pelear (vi)	å slåss	[ɔ 'ʂlɔs]

resolver (~ la discusión)	å løse	[ɔ 'løsə]
descontento (adj)	misfornøyd, utilfreds	['misˌfɔː'ŋøjd], ['ʉtilˌfrɛds]
furioso (adj)	rasende	['rɑsenə]

| ¡No está bien! | Det er ikke bra! | [de ær ikə 'brɑ] |
| ¡Está mal! | Det er dårlig! | [de ær 'doːⱡi] |

La medicina

enfermedad (f)	sykdom (m)	['sʏkˌdɔm]
estar enfermo	å være syk	[ɔ 'væərə 'syk]
salud (f)	helse (m/f)	['hɛlsə]

resfriado (m) (coriza)	snue (m)	['snʉə]
angina (f)	angina (m)	[an'gina]
resfriado (m)	forkjølelse (m)	[fɔr'çœləlsə]
resfriarse (vr)	å forkjøle seg	[ɔ fɔr'çœlə sæj]

bronquitis (f)	bronkitt (m)	[brɔn'kit]
pulmonía (f)	lungebetennelse (m)	['lʉŋə be'tɛnəlsə]
gripe (f)	influensa (m)	[inflʉ'ɛnsa]

miope (adj)	nærsynt	['næˌsʏnt]
présbita (adj)	langsynt	['laŋsʏnt]
estrabismo (m)	skjeløydhet (m)	['ʂɛløjdˌhet]
estrábico (m) (adj)	skjeløyd	['ʂɛlˌøjd]
catarata (f)	grå stær, katarakt (m)	['grɔ ˌstær], [kata'rakt]
glaucoma (m)	glaukom (n)	[glaʉ'kɔm]

insulto (m)	hjerneslag (n)	['jæːɳəˌslag]
ataque (m) cardiaco	infarkt (n)	[in'farkt]
infarto (m) de miocardio	myokardieinfarkt (n)	['miɔ'kardiə in'farkt]
parálisis (f)	paralyse, lammelse (m)	['para'lyse], ['laməlsə]
paralizar (vt)	å lamme	[ɔ 'lamə]

alergia (f)	allergi (m)	[alæ:'gi]
asma (f)	astma (m)	['astma]
diabetes (f)	diabetes (m)	[dia'betəs]

| dolor (m) de muelas | tannpine (m/f) | ['tanˌpinə] |
| caries (f) | karies (m) | ['karies] |

diarrea (f)	diaré (m)	[dia'rɛ]
estreñimiento (m)	forstoppelse (m)	[fɔ'stɔpəlsə]
molestia (f) estomacal	magebesvær (m)	['magəˌbe'svær]
envenenamiento (m)	matforgiftning (m/f)	['matˌfor'jiftniŋ]
envenenarse (vr)	å få matforgiftning	[ɔ 'fɔ matˌfor'jiftniŋ]

artritis (f)	artritt (m)	[a:ʈ'rit]
raquitismo (m)	rakitt (m)	[ra'kit]
reumatismo (m)	revmatisme (m)	[revma'tismə]
ateroesclerosis (f)	arteriosklerose (m)	[a:ˈʈeriʉskleˌrʉsə]

| gastritis (f) | magekatarr, gastritt (m) | ['magəkaˌtar], [ˌga'strit] |
| apendicitis (f) | appendisitt (m) | [apɛndi'sit] |

colecistitis (f)	galleblærebetennelse (m)	['galə͵blærə be'tɛnəlse]
úlcera (f)	magesår (n)	['magə͵sɔr]

sarampión (m)	meslinger (m pl)	['mɛs͵liŋər]
rubeola (f)	røde hunder (m pl)	['rødə 'hʉnər]
ictericia (f)	gulsott (m/f)	['gʉl͵sʉt]
hepatitis (f)	hepatitt (m)	[hepa'tit]

esquizofrenia (f)	schizofreni (m)	[s̡isʉfre'ni]
rabia (f) (hidrofobia)	rabies (m)	['rabiəs]
neurosis (f)	nevrose (m)	[nev'rʉsə]
conmoción (f) cerebral	hjernerystelse (m)	['jæ:ŋə͵rystəlsə]

cáncer (m)	kreft, cancer (m)	['krɛft], ['kansər]
esclerosis (f)	sklerose (m)	[skle'rʉsə]
esclerosis (m) múltiple	multippel sklerose (m)	[mʉl'tipəl skle'rʉsə]

alcoholismo (m)	alkoholisme (m)	[alkʉhʉ'lismə]
alcohólico (m)	alkoholiker (m)	[alkʉ'hʉlikər]
sífilis (f)	syfilis (m)	['syfilis]
SIDA (m)	AIDS, aids (m)	['ɛjds]

tumor (m)	svulst, tumor (m)	['svʉlst], [tʉ'mʉr]
maligno (adj)	ondartet, malign	['ʉn͵a:t̡ət], [ma'lign]
benigno (adj)	godartet	['gʉ͵a:t̡ət]

fiebre (f)	feber (m)	['febər]
malaria (f)	malaria (m)	[ma'laria]
gangrena (f)	koldbrann (m)	['kɔlbran]
mareo (m)	sjøsyke (m)	['s̡ø͵sykə]
epilepsia (f)	epilepsi (m)	[ɛpilep'si]

epidemia (f)	epidemi (m)	[ɛpide'mi]
tifus (m)	tyfus (m)	['tyfʉs]
tuberculosis (f)	tuberkulose (m)	[tubærkʉ'lɔsə]
cólera (f)	kolera (m)	['kʉlera]
peste (f)	pest (m)	['pɛst]

72. Los síntomas. Los tratamientos. Unidad 1

síntoma (m)	symptom (n)	[symp'tʉm]
temperatura (f)	temperatur (m)	[tɛmpəra'tʉr]
fiebre (f)	høy temperatur (m)	['høj tɛmpəra'tʉr]
pulso (m)	puls (m)	['pʉls]

mareo (m) (vértigo)	svimmelhet (m)	['sviməl͵het]
caliente (adj)	varm	['varm]
escalofrío (m)	skjelving (m/f)	['s̡ɛlviŋ]
pálido (adj)	blek	['blek]

tos (f)	hoste (m)	['hʉstə]
toser (vi)	å hoste	[ɔ 'hʉstə]
estornudar (vi)	å nyse	[ɔ 'nysə]
desmayo (m)	besvimelse (m)	[bɛ'sviməlsə]

71

desmayarse (vr)	å besvime	[ɔ be'svimə]
moradura (f)	blåmerke (n)	['blɔˌmærkə]
chichón (m)	bule (m)	['bʉlə]
golpearse (vr)	å slå seg	[ɔ 'ṣlɔ sæj]
magulladura (f)	blåmerke (n)	['blɔˌmærkə]
magullarse (vr)	å slå seg	[ɔ 'ṣlɔ sæj]

cojear (vi)	å halte	[ɔ 'haltə]
dislocación (f)	forvridning (m)	[fɔr'vridniŋ]
dislocar (vt)	å forvri	[ɔ fɔr'vri]
fractura (f)	brudd (n), fraktur (m)	['brʉd], [frak'tʉr]
tener una fractura	å få brudd	[ɔ 'fɔ 'brʉd]

corte (m) (tajo)	skjæresår (n)	['ṣæːrəˌsɔr]
cortarse (vr)	å skjære seg	[ɔ 'ṣæːrə sæj]
hemorragia (f)	blødning (m/f)	['blødniŋ]

quemadura (f)	brannsår (n)	['branˌsɔr]
quemarse (vr)	å brenne seg	[ɔ 'brɛnə sæj]

pincharse (~ el dedo)	å stikke	[ɔ 'stikə]
pincharse (vr)	å stikke seg	[ɔ 'stikə sæj]
herir (vt)	å skade	[ɔ 'skadə]
herida (f)	skade (n)	['skadə]
lesión (f) (herida)	sår (n)	['sɔr]
trauma (m)	traume (m)	['traʊmə]

delirar (vi)	å snakke i villelse	[ɔ 'snakə i 'viləlsə]
tartamudear (vi)	å stamme	[ɔ 'stamə]
insolación (f)	solstikk (n)	['sʉlˌstik]

73. Los síntomas. Los tratamientos. Unidad 2

dolor (m)	smerte (m)	['smæːｔə]
astilla (f)	flis (m/f)	['flis]

sudor (m)	svette (m)	['svɛtə]
sudar (vi)	å svette	[ɔ 'svɛtə]
vómito (m)	oppkast (n)	['ɔpˌkast]
convulsiones (f pl)	kramper (m pl)	['krampər]

embarazada (adj)	gravid	[gra'vid]
nacer (vi)	å fødes	[ɔ 'fødə]
parto (m)	fødsel (m)	['føtsəl]
dar a luz	å føde	[ɔ 'fødə]
aborto (m)	abort (m)	[a'bɔːｔ]

respiración (f)	åndedrett (n)	['ɔndəˌdrɛt]
inspiración (f)	innånding (m/f)	['inˌɔniŋ]
espiración (f)	utånding (m/f)	['ʉtˌɔndiŋ]
espirar (vi)	å puste ut	[ɔ 'pʉstə ʉt]
inspirar (vi)	å ånde inn	[ɔ 'ɔndə ˌin]
inválido (m)	handikappet person (m)	['handiˌkapet pæ'ṣʉn]
mutilado (m)	krøpling (m)	['krøpliŋ]

drogadicto (m)	narkoman (m)	[narkʉ'man]
sordo (adj)	døv	['døv]
mudo (adj)	stum	['stʉm]
sordomudo (adj)	døvstum	['døf,stʉm]

loco (adj)	gal	['gal]
loco (m)	gal mann (m)	['gal ,man]
loca (f)	gal kvinne (m/f)	['gal ,kvinə]
volverse loco	å bli sinnssyk	[ɔ 'bli 'sin,syk]

gen (m)	gen (m)	['gen]
inmunidad (f)	immunitet (m)	[imʉni'tet]
hereditario (adj)	arvelig	['arvəli]
de nacimiento (adj)	medfødt	['me:,føt]

virus (m)	virus (m)	['virʉs]
microbio (m)	mikrobe (m)	[mi'krʉbə]
bacteria (f)	bakterie (m)	[bak'teriə]
infección (f)	infeksjon (m)	[infɛk'ʂʉn]

74. Los síntomas. Los tratamientos. Unidad 3

| hospital (m) | sykehus (n) | ['sykə,hʉs] |
| paciente (m) | pasient (m) | [pasi'ɛnt] |

diagnosis (f)	diagnose (m)	[dia'gnʉsə]
cura (f)	kur (m)	['kʉr]
tratamiento (m)	behandling (m/f)	[be'handliŋ]
curarse (vr)	å bli behandlet	[ɔ 'bli be'handlət]
tratar (vt)	å behandle	[ɔ be'handlə]
cuidar (a un enfermo)	å skjøtte	[ɔ 'ʂøtə]
cuidados (m pl)	sykepleie (m/f)	['sykə,plæjə]

operación (f)	operasjon (m)	[ɔpəra'ʂʉn]
vendar (vt)	å forbinde	[ɔ fɔr'binə]
vendaje (m)	forbinding (m)	[fɔr'biniŋ]

vacunación (f)	vaksinering (m/f)	[vaksi'neriŋ]
vacunar (vt)	å vaksinere	[ɔ vaksi'nerə]
inyección (f)	injeksjon (m), sprøyte (m/f)	[injɛk'ʂʉn], ['sprøjtə]
aplicar una inyección	å gi en sprøyte	[ɔ 'ji en 'sprøjtə]

ataque (m)	anfall (n)	['an,fal]
amputación (f)	amputasjon (m)	[ampʉta'ʂʉn]
amputar (vt)	å amputere	[ɔ ampʉ'terə]
coma (m)	koma (m)	['kʉma]
estar en coma	å ligge i koma	[ɔ 'ligə i 'kʉma]
revitalización (f)	intensivavdeling (m/f)	['inten,siv 'av,deliŋ]

recuperarse (vr)	å bli frisk	[ɔ 'bli 'frisk]
estado (m) (de salud)	tilstand (m)	['til,stan]
consciencia (f)	bevissthet (m)	[be'vist,het]
memoria (f)	minne (n), hukommelse (m)	['minə], [hʉ'kɔməlsə]
extraer (un diente)	å trekke ut	[ɔ 'trɛkə ʉt]

| empaste (m) | fylling (m/f) | ['fʏliŋ] |
| empastar (vt) | å plombere | [ɔ plʉm'berə] |

| hipnosis (f) | hypnose (m) | [hʏp'nʉsə] |
| hipnotizar (vt) | å hypnotisere | [ɔ hʏpnʉti'serə] |

75. Los médicos

médico (m)	lege (m)	['legə]
enfermera (f)	sykepleierske (m/f)	['sykə‚plæjeʂkə]
médico (m) personal	personlig lege (m)	[pæ'ʂʉnli 'legə]

dentista (m)	tannlege (m)	['tɑn‚legə]
oftalmólogo (m)	øyelege (m)	['øjə‚legə]
internista (m)	terapeut (m)	[terɑ'pɛut]
cirujano (m)	kirurg (m)	[çi'rʉrg]

psiquiatra (m)	psykiater (m)	[syki'atər]
pediatra (m)	barnelege (m)	['bɑːnə‚legə]
psicólogo (m)	psykolog (m)	[sykʉ'lɔg]
ginecólogo (m)	gynekolog (m)	[gynekʉ'lɔg]
cardiólogo (m)	kardiolog (m)	[kɑːdiʉ'lɔg]

76. La medicina. Las drogas. Los accesorios

medicamento (m), droga (f)	medisin (m)	[medi'sin]
remedio (m)	middel (n)	['midəl]
prescribir (vt)	å ordinere	[ɔ ɔrdi'nerə]
receta (f)	resept (m)	[re'sɛpt]

tableta (f)	tablett (m)	[tɑb'let]
ungüento (m)	salve (m/f)	['sɑlvə]
ampolla (f)	ampulle (m)	[ɑm'pʉlə]
mixtura (f), mezcla (f)	mikstur (m)	[miks'tʉr]
sirope (m)	sirup (m)	['sirʉp]
píldora (f)	pille (m/f)	['pilə]
polvo (m)	pulver (n)	['pʉlvər]

venda (f)	gasbind (n)	['gɑs‚bin]
algodón (m) (discos de ~)	vatt (m/n)	['vɑt]
yodo (m)	jod (m/n)	['ʉd]

tirita (f), curita (f)	plaster (n)	['plɑstər]
pipeta (f)	pipette (m)	[pi'pɛtə]
termómetro (m)	termometer (n)	[termʉ'metər]
jeringa (f)	sprøyte (m/f)	['sprøjtə]

| silla (f) de ruedas | rullestol (m) | ['rʉlə‚stʉl] |
| muletas (f pl) | krykker (m/f pl) | ['krʏkər] |

| anestésico (m) | smertestillende middel (n) | ['smæːʈə‚stilenə 'midəl] |
| purgante (m) | laksativ (n) | [lɑksɑ'tiv] |

alcohol (m)	sprit (m)	['sprit]
hierba (f) medicinal	legeurter (m/f pl)	['legə̯ɰːtər]
de hierbas (té ~)	urte-	['ɰːtə-]

77. El tabaquismo. Los productos del tabaco

tabaco (m)	tobakk (m)	[tʊ'bɑk]
cigarrillo (m)	sigarett (m)	[sigɑ'rɛt]
cigarro (m)	sigar (m)	[si'gɑr]
pipa (f)	pipe (m/f)	['pipə]
paquete (m)	pakke (m/f)	['pɑkə]

cerillas (f pl)	fyrstikker (m/f pl)	['fy͵stikər]
caja (f) de cerillas	fyrstikkeske (m)	['fyʂtik͵ɛskə]
encendedor (m)	tenner (m)	['tɛnər]
cenicero (m)	askebeger (n)	['ɑskə͵begər]
pitillera (f)	sigarettetui (n)	[sigɑ'rɛt ɛtɰ'i]

| boquilla (f) | munnstykke (n) | ['mʉn͵stʏkə] |
| filtro (m) | filter (n) | ['filtər] |

fumar (vi, vt)	å røyke	[ɔ 'røjkə]
encender un cigarrillo	å tenne en sigarett	[ɔ 'tɛnə en sigɑ'rɛt]
tabaquismo (m)	røyking, røkning (m)	['røjkiŋ], ['røkniŋ]
fumador (m)	røyker (m)	['røjkər]

colilla (f)	stump (m)	['stʉmp]
humo (m)	røyk (m)	['røjk]
ceniza (f)	aske (m/f)	['ɑskə]

EL AMBIENTE HUMANO

La ciudad

ciudad (f)	by (m)	['by]
capital (f)	hovedstad (m)	['hʊvəd‚stɑd]
aldea (f)	landsby (m)	['lɑns‚by]
plano (m) de la ciudad	bykart (n)	['by‚kɑːt]
centro (m) de la ciudad	sentrum (n)	['sɛntrum]
suburbio (m)	forstad (m)	['fɔ‚stɑd]
suburbano (adj)	forstads-	['fɔ‚stɑds-]
arrabal (m)	utkant (m)	['ʉt‚kɑnt]
afueras (f pl)	omegner (m pl)	['ɔm‚æjnər]
barrio (m)	kvarter (n)	[kvɑːʈer]
zona (f) de viviendas	boligkvarter (n)	['bʊli‚kvɑːˈʈer]
tráfico (m)	trafikk (m)	[trɑˈfik]
semáforo (m)	trafikklys (n)	[trɑˈfik‚lys]
transporte (m) urbano	offentlig transport (m)	['ɔfentli trɑnsˈpɔːʈ]
cruce (m)	veikryss (n)	['væjkrʏs]
paso (m) de peatones	fotgjengerovergang (m)	['fʊtjɛŋər 'ɔvər‚gɑŋ]
paso (m) subterráneo	undergang (m)	['ʉnər‚gɑŋ]
cruzar (vt)	å gå over	[ɔ 'gɔ 'ɔvər]
peatón (m)	fotgjenger (m)	['fʊtjɛŋər]
acera (f)	fortau (n)	['fɔː‚tɑʉ]
puente (m)	bro (m/f)	['brʊ]
muelle (m)	kai (m/f)	['kɑj]
fuente (f)	fontene (m)	['fʊntnə]
alameda (f)	allé (m)	[ɑˈleː]
parque (m)	park (m)	['pɑrk]
bulevar (m)	bulevard (m)	[buleˈvɑr]
plaza (f)	torg (n)	['tɔr]
avenida (f)	aveny (m)	[aveˈny]
calle (f)	gate (m/f)	['gɑtə]
callejón (m)	sidegate (m/f)	['sidə‚gɑtə]
callejón (m) sin salida	blindgate (m/f)	['blin‚gɑtə]
casa (f)	hus (n)	['hʉs]
edificio (m)	bygning (m/f)	['bygniŋ]
rascacielos (m)	skyskraper (m)	['ʂy‚skrɑpər]
fachada (f)	fasade (m)	[fɑˈsɑdə]
techo (m)	tak (n)	['tɑk]

ventana (f)	vindu (n)	['vindɵ]
arco (m)	bue (m)	['bɵ:ə]
columna (f)	søyle (m)	['søjlə]
esquina (f)	hjørne (n)	['jœ:ŋə]

escaparate (f)	utstillingsvindu (n)	['ɵt,stiliŋs 'vindɵ]
letrero (m) (~ luminoso)	skilt (n)	['ʃilt]
cartel (m)	plakat (m)	[plɑ'kat]
cartel (m) publicitario	reklameplakat (n)	[rɛ'klɑmə,plɑ'kat]
valla (f) publicitaria	reklametavle (m,f)	[rɛ'klɑmə,tavlə]

basura (f)	søppel (m/f/n), avfall (n)	['sœpəl], ['av,fal]
cajón (m) de basura	søppelkasse (m,f)	['sœpəl,kasə]
tirar basura	å kaste søppel	[ɔ 'kastə 'sœpəl]
basurero (m)	søppelfylling (m,f), deponi (n)	['sœpəl,fʏliŋ], [,depɔ'ni]

cabina (f) telefónica	telefonboks (m)	[tele'fun,bɔks]
farola (f)	lyktestolpe (m)	['lʏktə,stɔlpə]
banco (m) (del parque)	benk (m)	['bɛŋk]

policía (m)	politi (m)	[pɵli'ti]
policía (f) (~ nacional)	politi (n)	[pɵli'ti]
mendigo (m)	tigger (m)	['tigər]
persona (f) sin hogar	hjemløs	['jɛm,løs]

79. Las instituciones urbanas

tienda (f)	forretning, butikk (m)	[fɔ'rɛtniŋ], [bɵ'tik]
farmacia (f)	apotek (n)	[apɵ'tek]
óptica (f)	optikk (m)	[ɔp'tik]
centro (m) comercial	kjøpesenter (n)	['çœpə,sɛntər]
supermercado (m)	supermarked (n)	['sɵpə,market]

panadería (f)	bakeri (n)	[bake'ri]
panadero (m)	baker (m)	['bakər]
pastelería (f)	konditori (n)	[kɵnditɔ'ri]
tienda (f) de comestibles	matbutikk (m)	['matbɵ,tik]
carnicería (f)	slakterbutikk (m)	['ʃlaktəbɵ,tik]

| verdulería (f) | grønnsaksbutikk (m) | ['grœn,saks bɵ'tik] |
| mercado (m) | marked (n) | ['markəd] |

cafetería (f)	kafé, kaffebar (m)	[ka'fe], ['kafə,bar]
restaurante (m)	restaurant (m)	[rɛstɵ'raŋ]
cervecería (f)	pub (m)	['pɵb]
pizzería (f)	pizzeria (m)	[pitsə'ria]

peluquería (f)	frisørsalong (m)	[fri'sør sa,lɔŋ]
oficina (f) de correos	post (m)	['pɔst]
tintorería (f)	renseri (n)	[rɛnse'ri]
estudio (m) fotográfico	fotostudio (n)	['fɔtɔ,stɵdiɔ]

| zapatería (f) | skobutikk (m) | ['skɵ,bɵ'tik] |
| librería (f) | bokhandel (m) | ['bɵk,handəl] |

tienda (f) deportiva	idrettsbutikk (m)	['idrɛts bʉ'tik]
arreglos (m pl) de ropa	reparasjon (m) av klær	[repara'ʂʉn ɑ: ˌklær]
alquiler (m) de ropa	leie (m/f) av klær	['læjə ɑ: ˌklær]
videoclub (m)	filmutleie (m/f)	['filmˌʉt'læjə]

circo (m)	sirkus (m/n)	['sirkʉs]
zoológico (m)	zoo, dyrepark (m)	['sʉ:], [dyrə'park]
cine (m)	kino (m)	['çinʉ]
museo (m)	museum (n)	[mʉ'seum]
biblioteca (f)	bibliotek (n)	[bibliʉ'tek]

teatro (m)	teater (n)	[te'atər]
ópera (f)	opera (m)	['ʉpera]
club (m) nocturno	nattklubb (m)	['natˌklʉb]
casino (m)	kasino (n)	[ka'sinʉ]

mezquita (f)	moské (m)	[mʉ'ske]
sinagoga (f)	synagoge (m)	[synɑ'gʉgə]
catedral (f)	katedral (m)	[kate'dral]
templo (m)	tempel (n)	['tɛmpəl]
iglesia (f)	kirke (m/f)	['çirkə]

instituto (m)	institutt (n)	[insti'tʉt]
universidad (f)	universitet (n)	[ʉnivæʂi'tet]
escuela (f)	skole (m/f)	['skʉlə]

prefectura (f)	prefektur (n)	[prɛfɛk'tʉr]
alcaldía (f)	rådhus (n)	['rɔdˌhʉs]
hotel (m)	hotell (n)	[hʉ'tɛl]
banco (m)	bank (m)	['bank]

embajada (f)	ambassade (m)	[ambɑ'sadə]
agencia (f) de viajes	reisebyrå (n)	['ræjsə byˌrɔ]
oficina (f) de información	opplysningskontor (n)	[ɔp'lʏsniŋs kʉn'tʉr]
oficina (f) de cambio	vekslingskontor (n)	['vɛkʂliŋs kʉn'tʉr]

| metro (m) | tunnelbane, T-bane (m) | ['tʉnəlˌbanə], ['tɛ:ˌbanə] |
| hospital (m) | sykehus (n) | ['sykəˌhʉs] |

| gasolinera (f) | bensinstasjon (m) | [bɛn'sinˌstɑ'ʂʉn] |
| aparcamiento (m) | parkeringsplass (m) | [par'keriŋsˌplɑs] |

80. Los avisos

letrero (m) (~ luminoso)	skilt (n)	['ʂilt]
cartel (m) (texto escrito)	innskrift (m/f)	['inˌskrift]
pancarta (f)	plakat, poster (m)	['plɑˌkat], ['pɔstər]
señal (m) de dirección	veiviser (m)	['væjˌvisər]
flecha (f) (signo)	pil (m/f)	['pil]

advertencia (f)	advarsel (m)	['adˌvaʂəl]
aviso (m)	varselskilt (n)	['vaʂəlˌʂilt]
advertir (vt)	å varsle	[ɔ 'vaʂlə]
día (m) de descanso	fridag (m)	['friˌda]

| horario (m) | rutetabell (m) | ['rʉtəˌtɑ'bɛl] |
| horario (m) de apertura | åpningstider (m/f pl) | ['ɔpniŋsˌtidər] |

¡BIENVENIDOS!	VELKOMMEN!	['vɛlˌkɔmən]
ENTRADA	INNGANG	['inˌgɑŋ]
SALIDA	UTGANG	['ʉtˌgɑŋ]

EMPUJAR	SKYV	['ʂyv]
TIRAR	TREKK	['trɛk]
ABIERTO	ÅPENT	['ɔpənt]
CERRADO	STENGT	['stɛŋt]

| MUJERES | DAMER | ['dɑmər] |
| HOMBRES | HERRER | ['hærər] |

REBAJAS	RABATT	[rɑ'bɑt]
SALDOS	SALG	['sɑlg]
NOVEDAD	NYTT!	['nʏt]
GRATIS	GRATIS	['grɑtis]

¡ATENCIÓN!	FORSIKTIG!	[fʉ'ʂiktə]
COMPLETO	INGEN LEDIGE ROM	['iŋən 'lediə rʊm]
RESERVADO	RESERVERT	[resɛr'vɛ:t]

| ADMINISTRACIÓN | ADMINISTRASJON | [administrɑ'ʂʉn] |
| SÓLO PERSONAL AUTORIZADO | KUN FOR ANSATTE | ['kʉn fɔr ɑn'sɑtə] |

CUIDADO CON EL PERRO	VOKT DEM FOR HUNDEN	['vɔkt dem fɔ 'hʉnən]
PROHIBIDO FUMAR	RØYKING FORBUDT	['røjkiŋ fɔr'bʉt]
NO TOCAR	IKKE RØR!	['ikə 'rør]

PELIGROSO	FARLIG	['fɑːli]
PELIGRO	FARE	['fɑrə]
ALTA TENSIÓN	HØYSPENNING	['højˌspɛniŋ]
PROHIBIDO BAÑARSE	BADING FORBUDT	['bɑdiŋ fɔr'bʉt]
NO FUNCIONA	I USTAND	[i 'ʉˌstɑn]

INFLAMABLE	BRANNFARLIG	['branˌfɑːli]
PROHIBIDO	FORBUDT	[fɔr'bʉt]
PROHIBIDO EL PASO	INGEN INNKJØRING	['iŋən 'inˌçœriŋ]
RECIÉN PINTADO	NYMALT	['nyˌmɑlt]

81. El transporte urbano

autobús (m)	buss (m)	['bʉs]
tranvía (m)	trikk (m)	['trik]
trolebús (m)	trolleybuss (m)	['trɔliˌbʉs]
itinerario (m)	rute (m/f)	['rʉtə]
número (m)	nummer (n)	['nʉmər]

ir en ...	å kjøre med ...	[ɔ 'çœːrə me ...]
tomar (~ el autobús)	å gå på ...	[ɔ 'gɔ pɔ ...]
bajar (~ del tren)	å gå av ...	[ɔ 'gɔ ɑː ...]

parada (f)	holdeplass (m)	['hɔlə‚plɑs]
próxima parada (f)	neste holdeplass (m)	['nɛstə 'hɔlə‚plɑs]
parada (f) final	endestasjon (m)	['ɛnə‚stɑ'ʂʉn]
horario (m)	rutetabell (m)	['rʉtə‚tɑ'bɛl]
esperar (aguardar)	å vente	[ɔ 'vɛntə]

| billete (m) | billett (m) | [bi'let] |
| precio (m) del billete | billettpris (m) | [bi'let‚pris] |

cajero (m)	kasserer (m)	[kɑ'serər]
control (m) de billetes	billettkontroll (m)	[bi'let kʉn‚trɔl]
revisor (m)	billett inspektør (m)	[bi'let inspɛk'tør]

llegar tarde (vi)	å komme for sent	[ɔ 'kɔmə fɔ'ʂɛnt]
perder (~ el tren)	å komme for sent til …	[ɔ 'kɔmə fɔ'ʂɛnt til …]
tener prisa	å skynde seg	[ɔ 'ʂynə sæj]

taxi (m)	drosje (m/f), taxi (m)	['drɔʂɛ], ['tɑksi]
taxista (m)	taxisjåfør (m)	['tɑksi ʂɔ'før]
en taxi	med taxi	[me 'tɑksi]
parada (f) de taxi	taxiholdeplass (m)	['tɑksi 'hɔlə‚plɑs]
llamar un taxi	å taxi bestellen	[ɔ 'tɑksi be'stɛlən]
tomar un taxi	å ta taxi	[ɔ 'tɑ ‚tɑksi]

tráfico (m)	trafikk (m)	[trɑ'fik]
atasco (m)	trafikkork (m)	[trɑ'fik‚kɔrk]
horas (f pl) de punta	rushtid (m/f)	['rʉʂ‚tid]
aparcar (vi)	å parkere	[ɔ pɑr'kerə]
aparcar (vt)	å parkere	[ɔ pɑr'kerə]
aparcamiento (m)	parkeringsplass (m)	[pɑr'keriŋs‚plɑs]

metro (m)	tunnelbane, T-bane (m)	['tʉnəl‚bɑnə], ['tɛ:‚bɑnə]
estación (f)	stasjon (m)	[stɑ'ʂʉn]
ir en el metro	å kjøre med T-bane	[ɔ 'çœ:rə me 'tɛ:‚bɑnə]
tren (m)	tog (n)	['tɔg]
estación (f)	togstasjon (m)	['tɔg‚stɑ'ʂʉn]

82. El turismo. La excursión

monumento (m)	monument (n)	[mɔnʉ'mɛnt]
fortaleza (f)	festning (m/f)	['fɛstniŋ]
palacio (m)	palass (n)	[pɑ'lɑs]
castillo (m)	borg (m)	['bɔrg]
torre (f)	tårn (n)	['tɔ:ɳ]
mausoleo (m)	mausoleum (n)	[mausʉ'leum]

arquitectura (f)	arkitektur (m)	[ɑrkitɛk'tʉr]
medieval (adj)	middelalderlig	['midəl‚ɑldɛ:[i]
antiguo (adj)	gammel	['gaməl]
nacional (adj)	nasjonal	[nɑʂʉ'nɑl]
conocido (adj)	kjent	['çɛnt]

| turista (m) | turist (m) | [tʉ'rist] |
| guía (m) (persona) | guide (m) | ['gɑjd] |

excursión (f)	utflukt (m/f)	['ʉtˌflʉkt]
mostrar (vt)	å vise	[ɔ 'visə]
contar (una historia)	å fortelle	[ɔ fɔ:'tɛlə]

encontrar (hallar)	å finne	[ɔ 'finə]
perderse (vr)	å gå seg bort	[ɔ 'gɔ sæj 'bʉ:t̮]
plano (m) (~ de metro)	kart, linjekart (n)	['ka:t̮], ['linjə'ka:t̮]
mapa (m) (~ de la ciudad)	kart (n)	['ka:t̮]

recuerdo (m)	suvenir (m)	[sʉve'nir]
tienda (f) de regalos	suvenirbutikk (m)	[sʉve'nir bʉ'tik]
hacer fotos	å fotografere	[ɔ fɔtɔgra'ferə]
fotografiarse (vr)	å bli fotografert	[ɔ 'bli fɔtɔgra'fɛ:t̮]

83. Las compras

comprar (vt)	å kjøpe	[ɔ 'çœ:pə]
compra (f)	innkjøp (n)	['inˌçœp]
hacer compras	å gå shopping	[ɔ 'gɔ ˌsɔpiŋ]
compras (f pl)	shopping (m)	['ʂɔpiŋ]

| estar abierto (tienda) | å være åpen | [ɔ 'værə 'ɔpən] |
| estar cerrado | å være stengt | [ɔ 'værə 'stɛŋt] |

calzado (m)	skotøy (n)	['skʉtøj]
ropa (f)	klær (n)	['klær]
cosméticos (m pl)	kosmetikk (m)	[kʉsme'tik]
productos alimenticios	matvarer (m/f pl)	['matˌvarər]
regalo (m)	gave (m/f)	['gavə]

| vendedor (m) | forselger (m) | [fɔ'ʂɛlər] |
| vendedora (f) | forselger (m) | [fɔ'ʂɛlər] |

caja (f)	kasse (m/f)	['kasə]
espejo (m)	speil (n)	['spæjl]
mostrador (m)	disk (m)	['disk]
probador (m)	prøverom (n)	['prøvəˌrʉm]

probar (un vestido)	å prøve	[ɔ 'prøvə]
quedar (una ropa, etc.)	å passe	[ɔ 'pasə]
gustar (vi)	å like	[ɔ 'likə]

precio (m)	pris (m)	['pris]
etiqueta (f) de precio	prislapp (m)	['prisˌlap]
costar (vt)	å koste	[ɔ 'kɔstə]
¿Cuánto?	Hvor mye?	[vʉr 'mye]
descuento (m)	rabatt (m)	[ra'bat]

no costoso (adj)	billig	['bili]
barato (adj)	billig	['bili]
caro (adj)	dyr	['dyr]
Es caro	Det er dyrt	[de ær 'dy:t̮]
alquiler (m)	utleie (m/f)	['ʉtˌlæje]
alquilar (vt)	å leie	[ɔ 'læje]

| crédito (m) | kreditt (m) | [krɛ'dit] |
| a crédito (adv) | på kreditt | [po krɛ'dit] |

84. El dinero

dinero (m)	penger (m pl)	['pɛŋər]
cambio (m)	veksling (m/f)	['vɛkṣliŋ]
curso (m)	kurs (m)	['kuṣ]
cajero (m) automático	minibank (m)	['mini,bank]
moneda (f)	mynt (m)	['mʏnt]

| dólar (m) | dollar (m) | ['dɔlɑr] |
| euro (m) | euro (m) | ['ɛʉrʉ] |

lira (f)	lira (m)	['lire]
marco (m) alemán	mark (m/f)	['mɑrk]
franco (m)	franc (m)	['frɑn]
libra esterlina (f)	pund sterling (m)	['pʉn stɛː'[iŋ]
yen (m)	yen (m)	['jɛn]

deuda (f)	skyld (m/f), gjeld (m)	['ṣʏl], ['jɛl]
deudor (m)	skyldner (m)	['ṣylnər]
prestar (vt)	å låne ut	[ɔ 'loːnə ʉt]
tomar prestado	å låne	[ɔ 'loːnə]

banco (m)	bank (m)	['bɑnk]
cuenta (f)	konto (m)	['kɔntʉ]
ingresar (~ en la cuenta)	å sette inn	[ɔ 'sɛtə in]
ingresar en la cuenta	å sette inn på kontoen	[ɔ 'sɛtə in pɔ 'kɔntʉən]
sacar de la cuenta	å ta ut fra kontoen	[ɔ 'tɑ ʉt frɑ 'kɔntʉən]

tarjeta (f) de crédito	kredittkort (n)	[krɛ'dit,kɔːt]
dinero (m) en efectivo	kontanter (m pl)	[kun'tɑntər]
cheque (m)	sjekk (m)	['ṣɛk]
sacar un cheque	å skrive en sjekk	[ɔ 'skrivə en 'ṣɛk]
talonario (m)	sjekkbok (m/f)	['ṣɛk,bʉk]

cartera (f)	lommebok (m)	['lʉmə,bʉk]
monedero (m)	pung (m)	['pʉŋ]
caja (f) fuerte	safe, seif (m)	['sɛjf]

heredero (m)	arving (m)	['ɑrviŋ]
herencia (f)	arv (m)	['ɑrv]
fortuna (f)	formue (m)	['fɔr,mʉə]

arriendo (m)	leie (m)	['læje]
alquiler (m) (dinero)	husleie (m/f)	['hʉs,læje]
alquilar (~ una casa)	å leie	[ɔ 'læjə]

precio (m)	pris (m)	['pris]
coste (m)	kostnad (m)	['kɔstnɑd]
suma (f)	sum (m)	['sʉm]
gastar (vt)	å bruke	[ɔ 'brʉkə]
gastos (m pl)	utgifter (m/f pl)	['ʉt,jiftər]

economizar (vi, vt)	å spare	[ɔ 'sparə]
económico (adj)	sparsom	['spaʂɔm]

pagar (vi, vt)	å betale	[ɔ be'talə]
pago (m)	betaling (m/f)	[be'taliŋ]
cambio (m) (devolver el ~)	vekslepenger (pl)	['vɛkʂlə,pɛŋər]

impuesto (m)	skatt (m)	['skat]
multa (f)	bot (m/f)	['bʊt]
multar (vt)	å bøtelegge	[ɔ 'bøtə,legə]

85. La oficina de correos

oficina (f) de correos	post (m)	['pɔst]
correo (m) (cartas, etc.)	post (m)	['pɔst]
cartero (m)	postbud (n)	['pɔst,bʉd]
horario (m) de apertura	åpningstider (m/f pl)	['ɔpniŋs,tidər]

carta (f)	brev (n)	['brev]
carta (f) certificada	rekommandert brev (n)	[rekʉman'dɛ:t ,brev]
tarjeta (f) postal	postkort (n)	['pɔst,kɔ:t]
telegrama (m)	telegram (n)	[tele'gram]
paquete (m) postal	postpakke (m/f)	['pɔst,pakə]
giro (m) postal	pengeoverføring (m/f)	['pɛŋə 'ɔvər,føriŋ]

recibir (vt)	å motta	[ɔ 'mɔta]
enviar (vt)	å sende	[ɔ 'sɛnə]
envío (m)	avsending (m)	['af,sɛniŋ]

dirección (f)	adresse (m)	[a'drɛsə]
código (m) postal	postnummer (n)	['pɔst,nʉmər]
expedidor (m)	avsender (m)	['af,sɛnər]
destinatario (m)	mottaker (m)	['mɔt,takər]

nombre (m)	fornavn (n)	['for,navn]
apellido (m)	etternavn (n)	['ɛtə,ɳavn]

tarifa (f)	tariff (m)	[ta'rif]
ordinario (adj)	vanlig	['vanli]
económico (adj)	økonomisk	[økʉ'nɔmisk]

peso (m)	vekt (m)	['vɛkt]
pesar (~ una carta)	å veie	[ɔ 'væjə]
sobre (m)	konvolutt (m)	[kʊnvʊ'lʉt]
sello (m)	frimerke (n)	['fri,mærkə]
poner un sello	å sette på frimerke	[ɔ 'sɛtə pɔ 'fri,mærkə]

La vivienda. La casa. El hogar

86. La casa. La vivienda

casa (f)	hus (n)	['hʉs]
en casa (adv)	hjemme	['jɛmə]
patio (m)	gård (m)	['gɔːr]
verja (f)	gjerde (n)	['jærə]
ladrillo (m)	tegl (n), murstein (m)	['tæjl], ['mʉ͜ˌstæjn]
de ladrillo (adj)	tegl-	['tæjl-]
piedra (f)	stein (m)	['stæjn]
de piedra (adj)	stein-	['stæjn-]
hormigón (m)	betong (m)	[be'tɔŋ]
de hormigón (adj)	betong-	[be'tɔŋ-]
nuevo (adj)	ny	['ny]
viejo (adj)	gammel	['gaməl]
deteriorado (adj)	falleferdig	['faləˌfæːɖi]
moderno (adj)	moderne	[mʉ'dɛːɳə]
de muchos pisos	fleretasjes-	['flerɛˌtaʂɛs-]
alto (adj)	høy	['høj]
piso (m), planta (f)	etasje (m)	[ɛ'taʂə]
de una sola planta	enetasjes	['ɛnɛˌtaʂɛs]
piso (m) bajo	første etasje (m)	['fœʂtə ɛ'taʂə]
piso (m) alto	øverste etasje (m)	['øvəʂtə ɛ'taʂə]
techo (m)	tak (n)	['tɑk]
chimenea (f)	skorstein (m/f)	['skɔˌʂtæjn]
tejas (f pl)	takstein (m)	['tɑkˌstæjn]
de tejas (adj)	taksteins-	['tɑkˌstæjns-]
desván (m)	loft (n)	['lɔft]
ventana (f)	vindu (n)	['vindʉ]
vidrio (m)	glass (n)	['glɑs]
alféizar (m)	vinduskarm (m)	['vindʉsˌkɑrm]
contraventanas (f pl)	vinduslemmer (m pl)	['vindʉsˌlemər]
pared (f)	mur, vegg (m)	['mʉr], ['vɛg]
balcón (m)	balkong (m)	[bɑl'kɔŋ]
gotera (f)	nedløpsrør (n)	['nedløpsˌrør]
arriba (estar ~)	oppe	['ɔpə]
subir (vi)	å gå ovenpå	[ɔ 'gɔ 'ɔvənˌpɔ]
descender (vi)	å gå ned	[ɔ 'gɔ ne]
mudarse (vr)	å flytte	[ɔ 'flʏtə]

87. La casa. La entrada. El ascensor

entrada (f)	inngang (m)	['in,gɑŋ]
escalera (f)	trapp (m/f)	['trɑp]
escalones (m pl)	trinn (n pl)	['trin]
baranda (f)	gelender (n)	[ge'lendər]
vestíbulo (m)	hall, lobby (m)	['hɑl], ['lɔbi]

buzón (m)	postkasse (m/f)	['pɔst,kɑsə]
contenedor (m) de basura	søppelkasse (m/f)	['sœpəl,kɑsə]
bajante (f) de basura	søppelsjakt (m/f)	['sœpəl,ʂɑkt]

ascensor (m)	heis (m)	['hæjs]
ascensor (m) de carga	lasteheis (m)	['lɑstə'hæjs]
cabina (f)	heiskorg (m/f)	['hæjs,kɔrg]
ir en el ascensor	å ta heisen	[ɔ 'tɑ ,hæjsən]

apartamento (m)	leilighet (m/f)	['læjli,het]
inquilinos (pl)	beboere (m pl)	[be'buərə]
vecino (m)	nabo (m)	['nɑbu]
vecina (f)	nabo (m)	['nɑbu]
vecinos (pl)	naboer (m pl)	['nɑbuər]

88. La casa. La electricidad

electricidad (f)	elektrisitet (m)	[ɛlektrisi'tet]
bombilla (f)	lyspære (m/f)	['lys,pærə]
interruptor (m)	strømbryter (m)	['strøm,brytər]
fusible (m)	sikring (m)	['sikriŋ]

cable, hilo (m)	ledning (m)	['ledniŋ]
instalación (f) eléctrica	ledningsnett (n)	['ledniŋs,nɛt]
contador (m) de luz	elmåler (m)	['ɛl,molər]
lectura (f) (~ del contador)	avlesninger (m/f pl)	['ɑv,lesniŋər]

89. La casa. La puerta. La cerradura

puerta (f)	dør (m/f)	['dœr]
portón (m)	grind (m/f), port (m)	['griŋ], ['pɔ:t]
tirador (m)	dørhåndtak (n)	['dœr,hɔntɑk]
abrir el cerrojo	å låse opp	[ɔ 'lo:sə ɔp]
abrir (vt)	å åpne	[ɔ 'ɔpnə]
cerrar (vt)	å lukke	[ɔ 'lʉkə]

llave (f)	nøkkel (m)	['nøkəl]
manojo (m) de llaves	knippe (n)	['knipə]
crujir (vi)	å knirke	[ɔ 'knirkə]
crujido (m)	knirk (m/n)	['knirk]
gozne (m)	hengsel (m/n)	['hɛŋsel]
felpudo (m)	dørmatte (m/f)	['dœr,mɑtə]
cerradura (f)	dørlås (m/n)	['dœr,lɔs]

ojo (m) de cerradura	nøkkelhull (n)	['nøkəl̩ˌhʉl]
cerrojo (m)	slå (m/f)	['ʂlɔ]
pestillo (m)	slå (m/f)	['ʂlɔ]
candado (m)	hengelås (m/n)	['hɛŋeˌlɔs]

tocar el timbre	å ringe	[ɔ 'riŋə]
campanillazo (m)	ringing (m/f)	['riŋiŋ]
timbre (m)	ringeklokke (m/f)	['riŋeˌklɔkə]
botón (m)	ringeklokke knapp (m)	['riŋeˌklɔkə 'knɑp]
toque (m) a la puerta	kakking (m/f)	['kɑkiŋ]
tocar la puerta	å kakke	[ɔ 'kɑkə]

código (m)	kode (m)	['kʉdə]
cerradura (f) de contraseña	kodelås (m/n)	['kʉdeˌlɔs]
telefonillo (m)	dørtelefon (m)	['dœrˌteleˈfʉn]
número (m)	nummer (n)	['nʉmər]
placa (f) de puerta	dørskilt (n)	['dœˌʂilt]
mirilla (f)	kikhull (n)	['çikˌhʉl]

90. La casa de campo

aldea (f)	landsby (m)	['lɑnsˌby]
huerta (f)	kjøkkenhage (m)	['çœkənˌhɑgə]
empalizada (f)	gjerde (n)	['jærə]
valla (f)	stakitt (m/n)	[stɑˈkit]
puertecilla (f)	port, stakittport (m)	['pɔːt], [stɑˈkitˌpɔːt]

granero (m)	kornlåve (m)	['kʉːn̩ˌloːve]
sótano (m)	jordkjeller (m)	['juːrˌçɛlər]
cobertizo (m)	skur, skjul (n)	['skʉr], ['ʂʉl]
pozo (m)	brønn (m)	['brœn]

estufa (f)	ovn (m)	['ɔvn]
calentar la estufa	å fyre	[ɔ 'fyrə]
leña (f)	ved (m)	['ve]
leño (m)	vedstykke (n), vedskie (f)	['vɛdˌstʏkə], ['vɛˌʂie]

veranda (f)	veranda (m)	[væˈrɑndɑ]
terraza (f)	terrasse (m)	[tɛˈrɑsə]
porche (m)	yttertrapp (m/f)	['yteˌtrɑp]
columpio (m)	gynge (m/f)	['jiŋə]

91. La villa. La mansión

casa (f) de campo	fritidshus (n)	['fritidsˌhʉs]
villa (f)	villa (m)	['vilɑ]
ala (f)	fløy (m)	['fløj]

jardín (m)	hage (m)	['hɑgə]
parque (m)	park (m)	['pɑrk]
invernadero (m) tropical	drivhus (n)	['drivˌhʉs]
cuidar (~ el jardín, etc.)	å ta vare	[ɔ 'tɑ ˌvɑrə]

piscina (f)	svømmebasseng (n)	['svœmə‚ba'sɛŋ]
gimnasio (m)	gym (m)	['dʒym]
cancha (f) de tenis	tennisbane (m)	['tɛnis‚banə]
sala (f) de cine	hjemmekino (m)	['jɛmə‚çinʉ]
garaje (m)	garasje (m)	[ga'raʂə]

propiedad (f) privada	privateiendom (m)	[pri'vat 'æjəndɔm]
terreno (m) privado	privat terreng (n)	[pri'vat tɛ'rɛŋ]

advertencia (f)	advarsel (m)	['ad‚vaʂəl]
letrero (m) de aviso	varselskilt (n)	['vaʂəl‚ʂilt]

seguridad (f)	sikkerhet (m/f)	['sikər‚het]
guardia (m) de seguridad	sikkerhetsvakt (m/f)	['sikərhɛts‚vakt]
alarma (f) antirrobo	tyverialarm (m)	[tyve'ri a'larm]

92. El castillo. El palacio

castillo (m)	borg (m)	['bɔrg]
palacio (m)	palass (n)	[pa'las]
fortaleza (f)	festning (m/f)	['fɛstniŋ]
muralla (f)	mur (m)	['mʉr]
torre (f)	tårn (n)	['tɔ:ŋ]
torre (f) principal	kjernetårn (n)	['çæ:ŋə'tɔ:ŋ]

rastrillo (m)	fallgitter (n)	['fal‚gitər]
pasaje (m) subterráneo	underjordisk gang (m)	['ʉnər‚ju:rdisk 'gaŋ]
foso (m) del castillo	vollgrav (m/f)	['vɔl‚grav]
cadena (f)	kjede (m)	['çɛ:de]
aspillera (f)	skyteskår (n)	['ʂytə‚skɔr]

magnífico (adj)	praktfull	['prakt‚fʉl]
majestuoso (adj)	majestetisk	[maje'stɛtisk]
inexpugnable (adj)	uinntakelig	[ʉən'takəli]
medieval (adj)	middelalderlig	['midəl‚aldɛ:ļi]

93. El apartamento

apartamento (m)	leilighet (m/f)	['læjli‚het]
habitación (f)	rom (n)	['rʊm]
dormitorio (m)	soverom (n)	['sɔvə‚rʊm]
comedor (m)	spisestue (m/f)	['spisə‚stʉə]
salón (m)	dagligstue (m/f)	['dagli‚stʉə]
despacho (m)	arbeidsrom (n)	['arbæjds‚rʊm]

antecámara (f)	entré (m)	[an'trɛ:]
cuarto (m) de baño	bad, baderom (n)	['bad], ['badə‚rʊm]
servicio (m)	toalett, WC (n)	[tʊa'let], [vɛ'sɛ]

techo (m)	tak (n)	['tak]
suelo (m)	gulv (n)	['gʉlv]
rincón (m)	hjørne (n)	['jœ:ŋə]

94. El apartamento. La limpieza

hacer la limpieza	å rydde	[ɔ 'rʏdə]
quitar (retirar)	å stue unna	[ɔ 'stʉə 'ʉnɑ]
polvo (m)	støv (n)	['støv]
polvoriento (adj)	støvet	['støvət]
limpiar el polvo	å tørke støv	[ɔ 'tœrkə 'støv]
aspirador (m), aspiradora (f)	støvsuger (m)	['støf‚sʉɡər]
limpiar con la aspiradora	å støvsuge	[ɔ 'støf‚sʉɡə]

barrer (vi, vt)	å sope, å feie	[ɔ 'sɔpə], [ɔ 'fæjə]
barreduras (f pl)	søppel (m/f/n)	['sœpəl]
orden (m)	orden (m)	['ɔrdən]
desorden (m)	uorden (m)	['ʉːˌɔrdən]

fregona (f)	mopp (m)	['mɔp]
trapo (m)	klut (m)	['klʉt]
escoba (f)	feiekost (m)	['fæjəˌkʉst]
cogedor (m)	feiebrett (n)	['fæjəˌbrɛt]

95. Los muebles. El interior

muebles (m pl)	møbler (n pl)	['møblər]
mesa (f)	bord (n)	['bʉr]
silla (f)	stol (m)	['stʉl]
cama (f)	seng (m/f)	['sɛŋ]
sofá (m)	sofa (m)	['sʉfɑ]
sillón (m)	lenestol (m)	['lenəˌstʉl]

librería (f)	bokskap (n)	['bʉkˌskɑp]
estante (m)	hylle (m/f)	['hʏlə]

armario (m)	klesskap (n)	['kleˌskɑp]
percha (f)	knaggbrett (n)	['knɑɡˌbrɛt]
perchero (m) de pie	stumtjener (m)	['stʉmˌtjenər]

cómoda (f)	kommode (m)	[kʉ'mʉdə]
mesa (f) de café	kaffebord (n)	['kɑfəˌbʉr]

espejo (m)	speil (n)	['spæjl]
tapiz (m)	teppe (n)	['tɛpə]
alfombra (f)	lite teppe (n)	['lite 'tɛpə]

chimenea (f)	peis (m), ildsted (n)	['pæjs], ['ilsted]
vela (f)	lys (n)	['lys]
candelero (m)	lysestake (m)	['lysəˌstɑkə]

cortinas (f pl)	gardiner (m/f pl)	[gɑːˈdinər]
empapelado (m)	tapet (n)	[tɑ'pet]
estor (m) de láminas	persienne (m)	[pæʂi'enə]

lámpara (f) de mesa	bordlampe (m/f)	['bʉrˌlampə]
aplique (m)	vegglampe (m/f)	['vɛɡˌlampə]

| lámpara (f) de pie | gulvlampe (m/f) | ['gʉlv‚lampə] |
| lámpara (f) de araña | lysekrone (m/f) | ['lysə‚krʊnə] |

pata (f) (~ de la mesa)	bein (n)	['bæjn]
brazo (m)	armlene (n)	['arm‚lenə]
espaldar (m)	rygg (m)	['rʏg]
cajón (m)	skuff (m)	['skʉf]

96. Los accesorios de cama

ropa (f) de cama	sengetøy (n)	['sɛŋə‚tøj]
almohada (f)	pute (m/f)	['pʉtə]
funda (f)	putevar, putetrekk (n)	['pʉtə‚var], ['pʉtə‚trɛk]
manta (f)	dyne (m/f)	['dynə]
sábana (f)	laken (n)	['lakən]
sobrecama (f)	sengeteppe (n)	['sɛŋə‚tɛpə]

97. La cocina

cocina (f)	kjøkken (n)	['çœkən]
gas (m)	gass (m)	['gas]
cocina (f) de gas	gasskomfyr (m)	['gas kɔm‚fyr]
cocina (f) eléctrica	elektrisk komfyr (m)	[ɛ'lektrisk kɔm‚fyr]
horno (m)	bakeovn (m)	['bakə‚ɔvn]
horno (m) microondas	mikrobølgeovn (m)	['mikrʊ‚bølgə'ɔvn]

frigorífico (m)	kjøleskap (n)	['çœlə‚skap]
congelador (m)	fryser (m)	['frysər]
lavavajillas (m)	oppvaskmaskin (m)	['ɔpvask ma‚ʂin]

picadora (f) de carne	kjøttkvern (m/f)	['çœt‚kvɛːn]
exprimidor (m)	juicepresse (m/f)	['dʒʉs‚prɛsə]
tostador (m)	brødrister (m)	['brø‚ristər]
batidora (f)	mikser (m)	['miksər]

| cafetera (f) (aparato de cocina) | kaffetrakter (m) | ['kafə‚traktər] |

| cafetera (f) (para servir) | kaffekanne (m/f) | ['kafə‚kanə] |
| molinillo (m) de café | kaffekvern (m/f) | ['kafə‚kvɛːn] |

hervidor (m) de agua	tekjele (m)	['te‚çelə]
tetera (f)	tekanne (m/f)	['te‚kanə]
tapa (f)	lokk (n)	['lɔk]
colador (m) de té	tesil (m)	['te‚sil]

cuchara (f)	skje (m)	['ʂe]
cucharilla (f)	teskje (m)	['te‚ʂe]
cuchara (f) de sopa	spiseskje (m)	['spisə‚ʂɛ]
tenedor (m)	gaffel (m)	['gafəl]
cuchillo (m)	kniv (m)	['kniv]
vajilla (f)	servise (n)	[sær'visə]
plato (m)	tallerken (m)	[ta'lærkən]

platillo (m)	tefat (n)	['te,fɑt]
vaso (m) de chupito	shotglass (n)	['ʂɔt,glɑs]
vaso (m) (~ de agua)	glass (n)	['glɑs]
taza (f)	kopp (m)	['kɔp]

azucarera (f)	sukkerskål (m/f)	['sʉkər,skɔl]
salero (m)	saltbøsse (m/f)	['salt,bøsə]
pimentero (m)	pepperbøsse (m/f)	['pɛpər,bøsə]
mantequera (f)	smørkopp (m)	['smœr,kɔp]

cacerola (f)	gryte (m/f)	['grytə]
sartén (f)	steikepanne (m/f)	['stæjkə,panə]
cucharón (m)	sleiv (m/f)	['ʂlæjv]
colador (m)	dørslag (n)	['dœʂlɑg]
bandeja (f)	brett (n)	['brɛt]

botella (f)	flaske (m)	['flɑskə]
tarro (m) de vidrio	glasskrukke (m/f)	['glɑs,krʉkə]
lata (f)	boks (m)	['bɔks]

abrebotellas (m)	flaskeåpner (m)	['flɑskə,ɔpnər]
abrelatas (m)	konservåpner (m)	['kʉnsəv,ɔpnər]
sacacorchos (m)	korketrekker (m)	['kɔrkə,trɛkər]
filtro (n)	filter (n)	['filtər]
filtrar (vt)	å filtrere	[ɔ fil'trerə]

basura (f)	søppel (m/f/n)	['sœpəl]
cubo (m) de basura	søppelbøtte (m/f)	['sœpəl,bœtə]

98. El baño

cuarto (m) de baño	bad, baderom (n)	['bɑd], ['bɑdə,rʊm]
agua (f)	vann (n)	['vɑn]
grifo (m)	kran (m/f)	['krɑn]
agua (f) caliente	varmt vann (n)	['vɑrmt ,vɑn]
agua (f) fría	kaldt vann (n)	['kɑlt vɑn]

pasta (f) de dientes	tannpasta (m)	['tɑn,pɑsta]
limpiarse los dientes	å pusse tennene	[ɔ 'pʉsə 'tɛnənə]
cepillo (m) de dientes	tannbørste (m)	['tɑn,bœʂtə]

afeitarse (vr)	å barbere seg	[ɔ bɑr'berə sæj]
espuma (f) de afeitar	barberskum (n)	[bɑr'bɛ,skʊm]
maquinilla (f) de afeitar	høvel (m)	['høvəl]

lavar (vt)	å vaske	[ɔ 'vɑskə]
darse un baño	å vaske seg	[ɔ 'vɑskə sæj]
ducha (f)	dusj (m)	['dʉʂ]
darse una ducha	å ta en dusj	[ɔ 'tɑ en 'dʉʂ]

bañera (f)	badekar (n)	['bɑdə,kɑr]
inodoro (m)	toalettstol (m)	[tʊɑ'let,stʊl]
lavabo (m)	vaskeservant (m)	['vɑskə,sɛr'vɑnt]
jabón (m)	såpe (m/f)	['soːpə]

jabonera (f)	såpeskål (m/f)	['so:pə‚skɔl]
esponja (f)	svamp (m)	['svamp]
champú (m)	sjampo (m)	['ʂam‚pʉ]
toalla (f)	håndkle (n)	['hɔn‚kle]
bata (f) de baño	badekåpe (m/f)	['badə‚ko:pə]

colada (f), lavado (m)	vask (m)	['vask]
lavadora (f)	vaskemaskin (m)	['vaskə ma‚ʂin]
lavar la ropa	å vaske tøy	[ɔ 'vaskə 'tøj]
detergente (m) en polvo	vaskepulver (n)	['vaskə‚pʉlvər]

99. Los aparatos domésticos

televisor (m)	TV (m), TV-apparat (n)	['tɛvɛ], ['tɛvɛ apa'rat]
magnetófono (m)	båndopptaker (m)	['bɔn‚ɔptakər]
vídeo (m)	video (m)	['videʉ]
radio (m)	radio (m)	['radiʉ]
reproductor (m) (~ MP3)	spiller (m)	['spilər]

proyector (m) de vídeo	videoprojektor (m)	['videʉ prɔ'jɛktɔr]
sistema (m) home cinema	hjemmekino (m)	['jɛmə‚çinʉ]
reproductor (m) de DVD	DVD-spiller (m)	[deve'de ‚spilər]
amplificador (m)	forsterker (m)	[fɔ'ʂtærkər]
videoconsola (f)	spillkonsoll (m)	['spil kʉn'sɔl]

cámara (f) de vídeo	videokamera (n)	['videʉ ‚kamera]
cámara (f) fotográfica	kamera (n)	['kamera]
cámara (f) digital	digitalkamera (n)	[digi'tal ‚kamera]

aspirador (m), aspiradora (f)	støvsuger (m)	['støf‚sʉgər]
plancha (f)	strykejern (n)	['strykə‚jæ:ɳ]
tabla (f) de planchar	strykebrett (n)	['strykə‚brɛt]

teléfono (m)	telefon (m)	[tele'fʉn]
teléfono (m) móvil	mobiltelefon (m)	[mʉ'bil tele'fʉn]
máquina (f) de escribir	skrivemaskin (m)	['skrivə ma‚ʂin]
máquina (f) de coser	symaskin (m)	['si:ma‚ʂin]

micrófono (m)	mikrofon (m)	[mikrʉ'fʉn]
auriculares (m pl)	hodetelefoner (n pl)	['hɔdətelə‚fʉnər]
mando (m) a distancia	fjernkontroll (m)	['fjæ:ɳ kʉn'trɔl]

CD (m)	CD-rom (m)	['sɛdɛ‚rʉm]
casete (m)	kassett (m)	[ka'sɛt]
disco (m) de vinilo	plate, skive (m/f)	['platə], ['ʂivə]

100. Los arreglos. La renovación

renovación (f)	renovering (m/f)	[renʉ'veriŋ]
renovar (vt)	å renovere	[ɔ renʉ'verə]
reparar (vt)	å reparere	[ɔ repa'rerə]
poner en orden	å bringe orden	[ɔ 'briŋə 'ɔrdən]

rehacer (vt)	å gjøre om	[ɔ 'jørə ɔm]
pintura (f)	maling (m/f)	['maliŋ]
pintar (las paredes)	å male	[ɔ 'malə]
pintor (m)	maler (m)	['malər]
brocha (f)	pensel (m)	['pɛnsəl]

| cal (f) | kalkmaling (m/f) | ['kalk,maliŋ] |
| encalar (vt) | å hvitmale | [ɔ 'vit,malə] |

empapelado (m)	tapet (n)	[ta'pet]
empapelar (vt)	å tapetsere	[ɔ tapet'serə]
barniz (m)	ferniss (m)	['fæː,n̥is]
cubrir con barniz	å lakkere	[ɔ la'kerə]

101. La plomería

agua (f)	vann (n)	['van]
agua (f) caliente	varmt vann (n)	['varmt ,van]
agua (f) fría	kaldt vann (n)	['kalt van]
grifo (m)	kran (m/f)	['kran]

gota (f)	dråpe (m)	['droːpə]
gotear (el grifo)	å dryppe	[ɔ 'drʏpə]
gotear (cañería)	å lekke	[ɔ 'lekə]
escape (m) de agua	lekk (m)	['lek]
charco (m)	pøl, pytt (m)	['pøl], ['pʏt]

tubo (m)	rør (n)	['rør]
válvula (f)	ventil (m)	[vɛn'til]
estar atascado	å bli tilstoppet	[ɔ 'bli til'stɔpət]

instrumentos (m pl)	verktøy (n pl)	['værk,tøj]
llave (f) inglesa	skiftenøkkel (m)	['ʂiftə,nøkəl]
destornillar (vt)	å skru ut	[ɔ 'skrʉ ʉt]
atornillar (vt)	å skru fast	[ɔ 'skrʉ 'fast]

desatascar (vt)	å rense	[ɔ 'rɛnsə]
fontanero (m)	rørlegger (m)	['rør,legər]
sótano (m)	kjeller (m)	['çɛlər]
alcantarillado (m)	avløp (n)	['av,løp]

102. El fuego. El incendio

incendio (m)	ild (m)	['il]
llama (f)	flamme (m)	['flamə]
chispa (f)	gnist (m)	['gnist]
humo (m)	røyk (m)	['røjk]
antorcha (f)	fakkel (m)	['fakəl]
hoguera (f)	bål (n)	['bɔl]

| gasolina (f) | bensin (m) | [bɛn'sin] |
| queroseno (m) | parafin (m) | [para'fin] |

inflamable (adj)	brennbar	['brɛnˌbɑr]
explosivo (adj)	eksplosiv	['ɛkspluˌsiv]
PROHIBIDO FUMAR	RØYKING FORBUDT	['røjkiŋ fɔr'bʉt]
seguridad (f)	sikkerhet (m/f)	['sikərˌhet]
peligro (m)	fare (m)	['fɑrə]
peligroso (adj)	farlig	['fɑːʟi]
prenderse fuego	å ta fyr	[ɔ 'tɑ ˌfyr]
explosión (f)	eksplosjon (m)	[ɛksplʉ'ʂʉn]
incendiar (vt)	å sette fyr	[ɔ 'sɛtə ˌfyr]
incendiario (m)	brannstifter (m)	['brɑnˌstiftər]
incendio (m) provocado	brannstiftelse (m)	['brɑnˌstiftəlsə]
estar en llamas	å flamme	[ɔ 'flɑmə]
arder (vi)	å brenne	[ɔ 'brɛnə]
incendiarse (vr)	å brenne ned	[ɔ 'brɛnə ne]
llamar a los bomberos	å ringe bransvesenet	[ɔ 'riŋə 'brɑnsˌvesənə]
bombero (m)	brannmann (m)	['brɑnˌmɑn]
coche (m) de bomberos	brannbil (m)	['brɑnˌbil]
cuerpo (m) de bomberos	brannkorps (n)	['brɑnˌkɔrps]
escalera (f) telescópica	teleskopstige (m)	['tele'skʉpˌstiːə]
manguera (f)	slange (m)	['ʂlɑŋə]
extintor (m)	brannslukker (n)	['brɑnˌʂlʉkər]
casco (m)	hjelm (m)	['jɛlm]
sirena (f)	sirene (m/f)	[si'renə]
gritar (vi)	å skrike	[ɔ 'skrikə]
pedir socorro	å rope på hjelp	[ɔ 'rʉpə pɔ 'jɛlp]
socorrista (m)	redningsmann (m)	['rɛdniŋsˌmɑn]
salvar (vt)	å redde	[ɔ 'rɛdə]
llegar (vi)	å ankomme	[ɔ 'ɑnˌkɔmə]
apagar (~ el incendio)	å slokke	[ɔ 'ʂløkə]
agua (f)	vann (n)	['vɑn]
arena (f)	sand (m)	['sɑn]
ruinas (f pl)	ruiner (m pl)	[rʉ'inər]
colapsarse (vr)	å falle sammen	[ɔ 'fɑlə 'samən]
hundirse (vr)	å styrte ned	[ɔ 'styːʈə ne]
derrumbarse (vr)	å styrte inn	[ɔ 'styːʈə in]
trozo (m) (~ del muro)	del (m)	['del]
ceniza (f)	aske (m/f)	['ɑskə]
morir asfixiado	å kveles	[ɔ 'kveləs]
perecer (vi)	å omkomme	[ɔ 'ɔmˌkɔmə]

LAS ACTIVIDADES DE LA GENTE

El trabajo. Los negocios. Unidad 1

103. La oficina. El trabajo de oficina

oficina (f)	kontor (n)	[kʊn'tʊr]
despacho (m)	kontor (n)	[kʊn'tʊr]
recepción (f)	resepsjon (m)	[resɛp'ʂʊn]
secretario (m)	sekretær (m)	[sɛkrə'tær]
secretaria (f)	sekretær (m)	[sɛkrə'tær]
director (m)	direktør (m)	[dirɛk'tør]
manager (m)	manager (m)	['mɛnidʒər]
contable (m)	regnskapsfører (m)	['rɛjnskɑps,førər]
colaborador (m)	ansatt (n)	['ɑn,sɑt]
muebles (m pl)	møbler (n pl)	['møblər]
escritorio (m)	bord (n)	['bʊr]
silla (f)	arbeidsstol (m)	['ɑrbæjds,stʊl]
cajonera (f)	skuffeseksjon (m)	['skʉfə,sɛk'ʂʊn]
perchero (m) de pie	stumtjener (m)	['stʉm,tjenər]
ordenador (m)	datamaskin (m)	['dɑta mɑ,ʂin]
impresora (f)	skriver (m)	['skrivər]
fax (m)	faks (m)	['fɑks]
fotocopiadora (f)	kopimaskin (m)	[kʊ'pi mɑ,ʂin]
papel (m)	papir (n)	[pɑ'pir]
papelería (f)	kontorartikler (m pl)	[kʊn'tʊr ɑː'ʈiklər]
alfombrilla (f) para ratón	musematte (m/f)	['mʉsə,mɑtə]
hoja (f) de papel	ark (n)	['ɑrk]
carpeta (f)	mappe (m/f)	['mɑpə]
catálogo (m)	katalog (m)	[kɑtɑ'lɔg]
directorio (m) telefónico	telefonkatalog (m)	[tele'fʊn kɑtɑ'lɔg]
documentación (f)	dokumentasjon (m)	[dɔkʉmɛntɑ'ʂʊn]
folleto (m)	brosjyre (m)	[brɔ'ʂyrə]
prospecto (m)	reklameblad (n)	[rɛ'klɑmə,blɑ]
muestra (f)	prøve (m)	['prøvə]
reunión (f) de formación	trening (m/f)	['treniŋ]
reunión (f)	møte (n)	['møtə]
pausa (f) del almuerzo	lunsj pause (m)	['lʉnʂ ,pɑʊsə]
hacer una copia	å lage en kopi	[ɔ 'lɑgə en kʊ'pi]
hacer copias	å kopiere	[ɔ kʊ'pjerə]
recibir un fax	å motta faks	[ɔ 'mɔtɑ ,fɑks]
enviar un fax	å sende faks	[ɔ 'sɛnə ,fɑks]

llamar por teléfono	å ringe	[ɔ 'riŋə]
responder (vi, vt)	å svare	[ɔ 'svɑrə]
poner en comunicación	å sætte over til ...	[ɔ 'sætə 'ɔvər til ...]

fijar (~ una reunión)	å arrangere	[ɔ ɑrɑŋ'şerə]
demostrar (vt)	å demonstrere	[ɔ demɔn'strerə]
estar ausente	å være fraværende	[ɔ 'værə 'frɑ,værənə]
ausencia (f)	fravær (n)	['frɑ,vær]

104. Los procesos de negocio. Unidad 1

negocio (m), comercio (m)	bedrift, handel (m)	[be'drift], ['hɑndəl]
ocupación (f)	yrke (n)	['yrkə]
firma (f)	firma (n)	['firmɑ]
compañía (f)	foretak (n)	['forə,tɑk]
corporación (f)	korporasjon (m)	[kurpurɑ'şun]
empresa (f)	foretak (n)	['forə,tɑk]
agencia (f)	agentur (n)	[ɑgɛn'tʉr]

acuerdo (m)	avtale (m)	['ɑv,tɑlə]
contrato (m)	kontrakt (m)	[kun'trɑkt]
trato (m), acuerdo (m)	avtale (m)	['ɑv,tɑlə]
pedido (m)	bestilling (m)	[be'stiliŋ]
condición (f) del contrato	vilkår (n)	['vil,kɔːr]

al por mayor (adv)	en gros	[ɛn 'grɔ]
al por mayor (adj)	engros-	[ɛŋ'grɔ-]
venta (f) al por mayor	engroshandel (m)	[ɛŋ'grɔ,hɑndəl]
al por menor (adj)	detalj-	[de'tɑlj-]
venta (f) al por menor	detaljhandel (m)	[de'tɑlj,hɑndəl]

competidor (m)	konkurrent (m)	[kunkʉ'rɛnt]
competencia (f)	konkurranse (m)	[kunkʉ'rɑnsə]
competir (vi)	å konkurrere	[ɔ kunkʉ'rerə]

| socio (m) | partner (m) | ['pɑːʈnər] |
| sociedad (f) | partnerskap (n) | ['pɑːʈnə,şkɑp] |

crisis (f)	krise (m/f)	['krisə]
bancarrota (f)	fallitt (m)	[fɑ'lit]
ir a la bancarrota	å gå konkurs	[ɔ 'gɔ kɔn'kʉş]
dificultad (f)	vanskelighet (m)	['vɑnskəli,het]
problema (m)	problem (n)	[prʉ'blem]
catástrofe (f)	katastrofe (m)	[kɑtɑ'strɔfə]

economía (f)	økonomi (m)	[økunʉ'mi]
económico (adj)	økonomisk	[økʉ'nɔmisk]
recesión (f) económica	økonomisk nedgang (m)	[økʉ'nɔmisk 'ned,gɑŋ]

| meta (f) | mål (n) | ['mol] |
| objetivo (m) | oppgave (m/f) | ['ɔp,gɑvə] |

| comerciar (vi) | å handle | [ɔ 'hɑndlə] |
| red (f) (~ comercial) | nettverk (n) | ['nɛt,værk] |

| existencias (f pl) | lager (n) | ['lagər] |
| surtido (m) | sortiment (n) | [sɔ:ʈi'mɛn] |

líder (m)	leder (m)	['ledər]
grande (empresa ~)	stor	['stʊr]
monopolio (m)	monopol (n)	[mʊnʊ'pɔl]

teoría (f)	teori (m)	[teʊ'ri]
práctica (f)	praksis (m)	['praksis]
experiencia (f)	erfaring (m/f)	[ær'fariŋ]
tendencia (f)	tendens (m)	[tɛn'dɛns]
desarrollo (m)	utvikling (m/f)	['ʉt̩ˌviklin]

105. Los procesos de negocio. Unidad 2

| rentabilidad (f) | utbytte (n), fordel (m) | ['ʉt̩ˌbʏtə], ['fɔ:dʲel] |
| rentable (adj) | fordelaktig | [fɔ:dʲel'akti] |

delegación (f)	delegasjon (m)	[delega'ʂʊn]
salario (m)	lønn (m/f)	['lœn]
corregir (un error)	å rette	[ɔ 'rɛtə]
viaje (m) de negocios	forretningsreise (m/f)	[fɔ'rɛtniŋsˌræjsə]
comisión (f)	provisjon (m)	[prʊvi'ʂʊn]

controlar (vt)	å kontrollere	[ɔ kʊntrɔ'lerə]
conferencia (f)	konferanse (m)	[kʊnfə'ransə]
licencia (f)	lisens (m)	[li'sɛns]
fiable (socio ~)	pålitelig	[pɔ'liteli]

iniciativa (f)	initiativ (n)	[initsia'tiv]
norma (f)	norm (m)	['nɔrm]
circunstancia (f)	omstendighet (m)	[ɔm'stɛndiˌhet]
deber (m)	plikt (m/f)	['plikt]

empresa (f)	organisasjon (m)	[ɔrganisa'ʂʊn]
organización (f) (proceso)	organisering (m)	[ɔrgani'seriŋ]
organizado (adj)	organisert	[ɔrgani'sɛ:ʈ]
anulación (f)	avlysning (m/f)	['avˌlʏsniŋ]
anular (vt)	å avlyse, å annullere	[ɔ 'avˌlysə], [ɔ anʉ'lerə]
informe (m)	rapport (m)	[ra'pɔ:ʈ]

patente (m)	patent (n)	[pa'tɛnt]
patentar (vt)	å patentere	[ɔ paten'terə]
planear (vt)	å planlegge	[ɔ 'planˌlegə]

premio (m)	gratiale (n)	[gratsi'a:lə]
profesional (adj)	professionel	[prʊ'fɛsioˌnɛl]
procedimiento (m)	prosedyre (m)	[prʊsə'dyrə]

examinar (vt)	å undersøke	[ɔ 'ʉnəˌsøkə]
cálculo (m)	beregning (m/f)	[be'rɛjniŋ]
reputación (f)	rykte (n)	['rʏktə]
riesgo (m)	risiko (m)	['risikʊ]
dirigir (administrar)	å styre, å lede	[ɔ 'styrə], [ɔ 'ledə]

información (f)	opplysninger (m/f pl)	['ɔp‚lʏsniŋər]
propiedad (f)	eiendom (m)	['æjən‚dɔm]
unión (f)	forbund (n)	['fɔr‚bʉn]

seguro (m) de vida	livsforsikring (m/f)	['lifsfɔ‚ʂikriŋ]
asegurar (vt)	å forsikre	[ɔ fɔ'ʂikrə]
seguro (m)	forsikring (m/f)	[fɔ'ʂikriŋ]

subasta (f)	auksjon (m)	[aʊk'ʂʊn]
notificar (informar)	å underrette	[ɔ 'ʉnə‚rɛtə]
gestión (f)	ledelse (m)	['ledəlsə]
servicio (m)	tjeneste (m)	['tjɛnɛstə]

foro (m)	forum (n)	['fɔrum]
funcionar (vi)	å fungere	[ɔ fʉ'ŋerə]
etapa (f)	etappe (m)	[e'tɑpə]
jurídico (servicios ~s)	juridisk	[jʉ'ridisk]
jurista (m)	jurist (m)	[jʉ'rist]

106. La producción. Los trabajos

planta (f)	verk (n)	['værk]
fábrica (f)	fabrikk (m)	[fɑ'brik]
taller (m)	verkstad (m)	['værk‚stɑd]
planta (f) de producción	produksjonsplass (m)	[prʊdʊk'ʂʊns ‚plɑs]

industria (f)	industri (m)	[indʉ'stri]
industrial (adj)	industriell	[indʉstri'ɛl]
industria (f) pesada	tungindustri (m)	['tʉŋ ‚indʉ'stri]
industria (f) ligera	lettindustri (m)	['let‚indʉ'stri]

producción (f)	produksjon (m)	[prʊdʉk'ʂʊn]
producir (vt)	å produsere	[ɔ prʊdʉ'serə]
materias (f pl) primas	råstoffer (n pl)	['rɔ‚stɔfər]

jefe (m) de brigada	formann, bas (m)	['fɔrmɑn], ['bɑs]
brigada (f)	arbeidslag (n)	['ɑrbæjds‚lɑg]
obrero (m)	arbeider (m)	['ɑr‚bæjdər]

día (m) de trabajo	arbeidsdag (m)	['ɑrbæjds‚dɑ]
descanso (m)	hvilepause (m)	['vilə‚paʊse]
reunión (f)	møte (n)	['møtə]
discutir (vt)	å drøfte, å diskutere	[ɔ 'drœftə], [ɔ diskʉ'terə]

plan (m)	plan (m)	['plɑn]
cumplir el plan	å oppfylle planen	[ɔ 'ɔp‚fʏlə 'plɑnən]
tasa (f) de producción	produksjonsmål (n)	[prʊdʉk'ʂʊns ‚mol]
calidad (f)	kvalitet (m)	[kvɑli'tɛt]
control (m)	kontroll (m)	[kʊn'trɔl]
control (m) de calidad	kvalitetskontroll (m)	[kvɑli'tɛt kʊn'trɔl]

seguridad (f) de trabajo	arbeidervern (n)	['ɑrbæjdər‚væː‚ŋ]
disciplina (f)	disiplin (m)	[disip'lin]
infracción (f)	brudd (n)	['brʉd]

violar (las reglas)	å bryte	[ɔ 'brytə]
huelga (f)	streik (m)	['stræjk]
huelguista (m)	streiker (m)	['stræjkər]
estar en huelga	å streike	[ɔ 'stræjkə]
sindicato (m)	fagforening (m/f)	['fɑgfɔˌreniŋ]

inventar (máquina, etc.)	å oppfinne	[ɔ 'ɔpˌfinə]
invención (f)	oppfinnelse (m)	['ɔpˌfinəlsə]
investigación (f)	forskning (m)	['fɔːʂkniŋ]
mejorar (vt)	å forbedre	[ɔ fɔr'bɛdrə]
tecnología (f)	teknologi (m)	[tɛknʊlʊ'gi]
dibujo (m) técnico	teknisk tegning (m/f)	['tɛknisk ˌtæjniŋ]

cargamento (m)	last (m/f)	['lɑst]
cargador (m)	lastearbeider (m)	['lɑstə'ɑrˌbæjdər]
cargar (camión, etc.)	å laste	[ɔ 'lɑstə]
carga (f) (proceso)	lasting (m/f)	['lɑstiŋ]
descargar (vt)	å lesse av	[ɔ 'lesə ɑː]
descarga (f)	avlessing (m/f)	['ɑvˌlesiŋ]

transporte (m)	transport (m)	[trɑns'pɔːt]
compañía (f) de transporte	transportfirma (n)	[trɑns'pɔːt ˌfirmɑ]
transportar (vt)	å transportere	[ɔ trɑnspɔː'ʈerə]

vagón (m)	godsvogn (m/f)	['gʊtsˌvɔŋn]
cisterna (f)	tank (m)	['tɑnk]
camión (m)	lastebil (m)	['lɑstəˌbil]

| máquina (f) herramienta | verktøymaskin (m) | ['værktøj mɑˌʂin] |
| mecanismo (m) | mekanisme (m) | [mekɑ'nismə] |

desperdicios (m pl)	industrielt avfall (n)	[indʉstri'ɛlt 'ɑvˌfɑl]
empaquetado (m)	pakning (m/f)	['pɑkniŋ]
empaquetar (vt)	å pakke	[ɔ 'pɑkə]

107. El contrato. El acuerdo

contrato (m)	kontrakt (m)	[kʊn'trɑkt]
acuerdo (m)	avtale (m)	['ɑvˌtɑlə]
anexo (m)	tillegg, bilag (n)	['tiˌleg], ['biˌlɑg]

firmar un contrato	å inngå kontrakt	[ɔ 'inˌgɔ kʊn'trɑkt]
firma (f) (nombre)	underskrift (m/f)	['ʉnəˌskrift]
firmar (vt)	å underskrive	[ɔ 'ʉnəˌskrivə]
sello (m)	stempel (n)	['stɛmpəl]

objeto (m) del acuerdo	kontraktens gjenstand (m)	[kʊn'trɑktəns 'jɛnˌstɑn]
cláusula (f)	klausul (m)	[klɑʉ'sʉl]
partes (f pl)	parter (m pl)	['pɑːʈər]
domicilio (m) legal	juridisk adresse (m/f)	[jʉ'ridisk ɑ'drɛsə]

violar el contrato	å bryte kontrakten	[ɔ 'brytə kʊn'trɑktən]
obligación (f)	forpliktelse (m)	[fɔr'pliktəlsə]
responsabilidad (f)	ansvar (n)	['ɑnˌsvɑr]

fuerza mayor (f)	force majeure (m)	[ˌfɔrs mɑˈʒøːr]
disputa (f)	tvist (m)	[ˈtvist]
penalidades (f pl)	straffeavgifter (m pl)	[ˈstrɑfə ɑvˈjiftər]

108. Importación y exportación

importación (f)	import (m)	[imˈpɔːt]
importador (m)	importør (m)	[impɔːˈʈør]
importar (vt)	å importere	[ɔ impɔːˈʈerə]
de importación (adj)	import-	[imˈpɔːʈ-]

exportación (f)	eksport (m)	[ɛksˈpɔːt]
exportador (m)	eksportør (m)	[ɛkspɔːˈʈør]
exportar (vt)	å eksportere	[ɔ ɛkspɔːˈʈerə]
de exportación (adj)	eksport-	[ɛksˈpɔːʈ-]

| mercancía (f) | vare (m/f) | [ˈvɑrə] |
| lote (m) de mercancías | parti (n) | [pɑːˈʈi] |

peso (m)	vekt (m)	[ˈvɛkt]
volumen (m)	volum (n)	[vɔˈlʉm]
metro (m) cúbico	kubikkmeter (m)	[kʉˈbikˌmetər]

productor (m)	produsent (m)	[prʉdʉˈsɛnt]
compañía (f) de transporte	transportfirma (n)	[trɑnsˈpɔːʈ ˌfirmɑ]
contenedor (m)	container (m)	[kɔnˈtɛjnər]

frontera (f)	grense (m/f)	[ˈgrɛnsə]
aduana (f)	toll (m)	[ˈtɔl]
derechos (m pl) arancelarios	tollavgift (m)	[ˈtɔl ɑvˈjift]
aduanero (m)	tollbetjent (m)	[ˈtɔlbeˌtjɛnt]
contrabandismo (m)	smugling (m/f)	[ˈsmʉglin]
contrabando (m)	smuglergods (n)	[ˈsmʉgləˌguʈs]

109. Las finanzas

acción (f)	aksje (m)	[ˈɑkʂə]
bono (m), obligación (f)	obligasjon (m)	[ɔbligɑˈʂʉn]
letra (f) de cambio	veksel (m)	[ˈvɛksəl]

| bolsa (f) | børs (m) | [ˈbœʂ] |
| cotización (f) de valores | aksjekurs (m) | [ˈɑkʂəˌkʉʂ] |

| abaratarse (vr) | å gå ned | [ɔ ˈgɔ ne] |
| encarecerse (vr) | å gå opp | [ɔ ˈgɔ ɔp] |

parte (f)	andel (m)	[ˈɑnˌdel]
interés (m) mayoritario	aksjemajoritet (m)	[ˈɑkʂəˌmɑjɔriˈtet]
inversiones (f pl)	investering (m/f)	[inveˈsterin]
invertir (vi, vt)	å investere	[ɔ inveˈsterə]
porcentaje (m)	prosent (m)	[prʉˈsɛnt]
interés (m)	rente (m/f)	[ˈrɛntə]

beneficio (m)	profitt (m), fortjeneste (m/f)	[prɔ'fit], [fɔ:'tjenɛstə]
beneficioso (adj)	profitabel	[prɔfi'tabəl]
impuesto (m)	skatt (m)	['skat]

divisa (f)	valuta (m)	[va'lʉta]
nacional (adj)	nasjonal	[naʂʉ'nal]
cambio (m)	veksling (m/f)	['vɛkʂliŋ]

contable (m)	regnskapsfører (m)	['rɛjnskaps,førər]
contaduría (f)	bokføring (m/f)	['bʊk'føriŋ]

bancarrota (f)	fallitt (m)	[fa'lit]
quiebra (f)	krakk (n)	['krak]
ruina (f)	ruin (m)	[rʉ'in]
arruinarse (vr)	å ruinere seg	[ɔ rʉi'nerə sæj]
inflación (f)	inflasjon (m)	[infla'ʂʊn]
devaluación (f)	devaluering (m)	[devalʉ'eriŋ]

capital (m)	kapital (m)	[kapi'tal]
ingresos (m pl)	inntekt (m/f), innkomst (m)	['in,tɛkt], ['in,kɔmst]
volumen (m) de negocio	omsetning (m/f)	['ɔm,sɛtniŋ]
recursos (m pl)	ressurser (m pl)	[re'sʉʂər]
recursos (m pl) monetarios	pengemidler (m pl)	['pɛŋə,midlər]
gastos (m pl) accesorios	faste utgifter (m/f pl)	['fastə 'ʉt,jifter]
reducir (vt)	å redusere	[ɔ redʉ'serə]

110. La mercadotecnia

mercadotecnia (f)	markedsføring (m/f)	['markəds,føriŋ]
mercado (m)	marked (n)	['markəd]
segmento (m) del mercado	markedssegment (n)	['markəds seg'mɛnt]
producto (m)	produkt (n)	[prʊ'dʉkt]
mercancía (f)	vare (m/f)	['varə]

marca (f)	merkenavn (n)	['mærkə,navn]
marca (f) comercial	varemerke (n)	['varə,mærkə]
logotipo (m)	firmamerke (n)	['firma,mærkə]
logo (m)	logo (m)	['lugʊ]

demanda (f)	etterspørsel (m)	['ɛtə,spœrʂəl]
oferta (f)	tilbud (n)	['til,bʉd]

necesidad (f)	behov (n)	[be'hʊv]
consumidor (m)	forbruker (m)	[fɔr'brʉkər]

análisis (m)	analyse (m)	[ana'lysə]
analizar (vt)	å analysere	[ɔ analy'serə]

posicionamiento (m)	posisjonering (m/f)	[pʊsiʂʊ'neriŋ]
posicionar (vt)	å posisjonere	[ɔ pʊsiʂʊ'nerə]

precio (m)	pris (m)	['pris]
política (f) de precios	prispolitikk (m)	['pris pʊli'tik]
formación (f) de precios	prisdannelse (m)	['pris,danəlsə]

111. La publicidad

publicidad (f)	reklame (m)	[rɛ'klɑmə]
publicitar (vt)	å reklamere	[ɔ rɛklɑ'merə]
presupuesto (m)	budsjett (n)	[bʉd'sɛt]
anuncio (m) publicitario	annonse (m)	[ɑ'nɔnsə]
publicidad (f) televisiva	TV-reklame (m)	['tɛvɛ rɛ'klɑmə]
publicidad (f) radiofónica	radioreklame (m)	['rɑdiʉ rɛ'klɑmə]
publicidad (f) exterior	utendørsreklame (m)	['ʉtən‚dœs rɛ'klɑmə]
medios (m pl) de comunicación de masas	massemedier (n pl)	['mɑsə‚mediər]
periódico (m)	tidsskrift (n)	['tid‚skrift]
imagen (f)	image (m)	['imidʒ]
consigna (f)	slogan (n)	['slɔgɑn]
divisa (f)	motto (n)	['mɔtʉ]
campaña (f)	kampanje (m)	[kɑm'pɑnjə]
campaña (f) publicitaria	reklamekampanje (m)	[rɛ'klɑmə kɑm'pɑnjə]
auditorio (m) objetivo	målgruppe (m/f)	['mɔːl‚grʉpə]
tarjeta (f) de visita	visittkort (n)	[vi'sit‚kɔːt]
prospecto (m)	reklameblad (n)	[rɛ'klɑmə‚blɑ]
folleto (m)	brosjyre (m)	[brɔ'ʂyrə]
panfleto (m)	folder (m)	['fɔlər]
boletín (m)	nyhetsbrev (n)	['nyhets‚brev]
letrero (m) (~ luminoso)	skilt (n)	['ʂilt]
pancarta (f)	plakat, poster (m)	['plɑ‚kɑt], ['pɔstər]
valla (f) publicitaria	reklameskilt (m/f)	[rɛ'klɑmə‚ʂilt]

112. La banca

banco (m)	bank (m)	['bɑnk]
sucursal (f)	avdeling (m)	['ɑv‚deliŋ]
consultor (m)	konsulent (m)	[kʉnsʉ'lent]
gerente (m)	forstander (m)	[fɔ'ʂtɑndər]
cuenta (f)	bankkonto (m)	['bɑnk‚kɔntʉ]
numero (m) de la cuenta	kontonummer (n)	['kɔntʉ‚nʉmər]
cuenta (f) corriente	sjekkonto (m)	['ʂɛk‚kɔntʉ]
cuenta (f) de ahorros	sparekonto (m)	['spɑrə‚kɔntʉ]
abrir una cuenta	å åpne en konto	[ɔ 'ɔpnə en 'kɔntʉ]
cerrar la cuenta	å lukke kontoen	[ɔ 'lʉkə 'kɔntʉən]
ingresar en la cuenta	å sette inn på kontoen	[ɔ 'sɛtə in pɔ 'kɔntʉən]
sacar de la cuenta	å ta ut fra kontoen	[ɔ 'tɑ ʉt frɑ 'kɔntʉən]
depósito (m)	innskudd (n)	['in‚skʉd]
hacer un depósito	å sette inn	[ɔ 'sɛtə in]

| giro (m) bancario | overføring (m/f) | ['ɔvərˌføriŋ] |
| hacer un giro | å overføre | [ɔ 'ɔvərˌførə] |

| suma (f) | sum (m) | ['sɵm] |
| ¿Cuánto? | Hvor mye? | [vʊr 'mye] |

| firma (f) (nombre) | underskrift (m/f) | ['ɵnəˌskrift] |
| firmar (vt) | å underskrive | [ɔ 'ɵnəˌskrivə] |

tarjeta (f) de crédito	kredittkort (n)	[krɛ'ditˌkɔːt]
código (m)	kode (m)	['kʊdə]
número (m) de tarjeta de crédito	kreditkortnummer (n)	[krɛ'ditˌkɔːt 'nɵmər]
cajero (m) automático	minibank (m)	['miniˌbank]

cheque (m)	sjekk (m)	['ʂɛk]
sacar un cheque	å skrive en sjekk	[ɔ 'skrivə en 'ʂɛk]
talonario (m)	sjekkbok (m/f)	['ʂɛkˌbʊk]

crédito (m)	lån (n)	['lɔn]
pedir el crédito	å søke om lån	[ɔ ˌsøkə ɔm 'lɔn]
obtener un crédito	å få lån	[ɔ 'fɔ 'lɔn]
conceder un crédito	å gi lån	[ɔ 'ji 'lɔn]
garantía (f)	garanti (m)	[garan'ti]

113. El teléfono. Las conversaciones telefónicas

teléfono (m)	telefon (m)	[tele'fʊn]
teléfono (m) móvil	mobiltelefon (m)	[mʊ'bil tele'fʊn]
contestador (m)	telefonsvarer (m)	[tele'fʊnˌsvarər]

| llamar, telefonear | å ringe | [ɔ 'riŋə] |
| llamada (f) | telefonsamtale (m) | [tele'fʊn 'samˌtalə] |

marcar un número	å slå et nummer	[ɔ 'ʂlɔ et 'nɵmər]
¿Sí?, ¿Dígame?	Hallo!	[ha'lʊ]
preguntar (vt)	å spørre	[ɔ 'spørə]
responder (vi, vt)	å svare	[ɔ 'svarə]

oír (vt)	å høre	[ɔ 'hørə]
bien (adv)	godt	['gɔt]
mal (adv)	dårlig	['dɔːli]
ruidos (m pl)	støy (m)	['støj]

auricular (m)	telefonrør (n)	[tele'fʊnˌrør]
descolgar (el teléfono)	å ta telefonen	[ɔ 'ta tele'fʊnən]
colgar el auricular	å legge på røret	[ɔ 'legə pɔ 'rørə]

ocupado (adj)	opptatt	['ɔpˌtat]
sonar (teléfono)	å ringe	[ɔ 'riŋə]
guía (f) de teléfonos	telefonkatalog (m)	[tele'fʊn kata'lɔg]

| local (adj) | lokal- | [lɔ'kal-] |
| llamada (f) local | lokalsamtale (m) | [lɔ'kal 'samˌtalə] |

de larga distancia	riks-	['riks-]
llamada (f) de larga distancia	rikssamtale (m)	['riks 'sɑm,tɑlə]
internacional (adj)	internasjonal	['intɛ:ŋɑʂʊ,nɑl]
llamada (f) internacional	internasjonal samtale (m)	['intɛ:ŋɑʂʊ,nɑl 'sɑm,tɑlə]

114. El teléfono celular

teléfono (m) móvil	mobiltelefon (m)	[mʊ'bil tele'fʊn]
pantalla (f)	skjerm (m)	['ʂærm]
botón (m)	knapp (m)	['knɑp]
tarjeta SIM (f)	SIM-kort (n)	['sim,kɔ:t]

pila (f)	batteri (n)	[bɑtɛ'ri]
descargarse (vr)	å bli utladet	[ɔ 'bli 'ʉt,lɑdət]
cargador (m)	lader (m)	['lɑdər]

menú (m)	meny (m)	[me'ny]
preferencias (f pl)	innstillinger (m/f pl)	['in,stiliŋər]
melodía (f)	melodi (m)	[melɔ'di]
seleccionar (vt)	å velge	[ɔ 'vɛlgə]

calculadora (f)	regnemaskin (m)	['rɛjnə mɑ,ʂin]
contestador (m)	telefonsvarer (m)	[tele'fʊn,svɑrər]
despertador (m)	vekkerklokka (m/f)	['vɛkər,klɔkɑ]
contactos (m pl)	kontakter (m pl)	[kʊn'tɑktər]

| mensaje (m) de texto | SMS-beskjed (m) | [ɛsɛm'ɛs bɛ,ʂɛ] |
| abonado (m) | abonnent (m) | [abɔ'nɛnt] |

115. Los artículos de escritorio. La papelería

| bolígrafo (m) | kulepenn (m) | ['kʉ:lə,pɛn] |
| pluma (f) estilográfica | fyllepenn (m) | ['fʏlə,pɛn] |

lápiz (m)	blyant (m)	['bly,ɑnt]
marcador (m)	merkepenn (m)	['mærkə,pɛn]
rotulador (m)	tusjpenn (m)	['tʉʂ,pɛn]

| bloc (m) de notas | notatbok (m/f) | [nʊ'tɑt,bʊk] |
| agenda (f) | dagbok (m/f) | ['dɑg,bʊk] |

regla (f)	linjal (m)	[li'njɑl]
calculadora (f)	regnemaskin (m)	['rɛjnə mɑ,ʂin]
goma (f) de borrar	viskelær (n)	['viskə,lær]

| chincheta (f) | tegnestift (m) | ['tæjnə,stift] |
| clip (m) | binders (m) | ['bindɛʂ] |

cola (f), pegamento (m)	lim (n)	['lim]
grapadora (f)	stiftemaskin (m)	['stiftə mɑ,ʂin]
perforador (m)	hullemaskin (m)	['hʉlə mɑ,ʂin]
sacapuntas (m)	blyantspisser (m)	['blyɑnt,spisər]

116. Diversos tipos de documentación

informe (m)	rapport (m)	[ra'pɔːt]
acuerdo (m)	avtale (m)	['av,talə]
formulario (m) de solicitud	søknadsskjema (n)	['søknads,şema]
auténtico (adj)	ekte	['ɛktə]
tarjeta (f) de identificación	badge (n)	['bædʒ]
tarjeta (f) de visita	visittkort (n)	[vi'sit,kɔːt]

certificado (m)	sertifikat (n)	[sæː,tifi'kat]
cheque (m) bancario	sjekk (m)	['şɛk]
cuenta (f) (restaurante)	regning (m/f)	['rɛjniŋ]
constitución (f)	grunnlov (m)	['grun,lɔv]

contrato (m)	avtale (m)	['av,talə]
copia (f)	kopi (m)	[ku'pi]
ejemplar (m)	eksemplar (n)	[ɛksɛm'plar]

declaración (f) de aduana	tolldeklarasjon (m)	['tɔldɛklara'şun]
documento (m)	dokument (n)	[dɔku'mɛnt]
permiso (m) de conducir	førerkort (n)	['førər,kɔːt]
anexo (m)	tillegg, bilag (n)	['ti,leg], ['bi,lag]
cuestionario (m)	skjema (n)	['şema]

carnet (m) de identidad	legitimasjon (m)	[legitima'şun]
solicitud (f) de información	forespørsel (m)	['fɔrə,spœşəl]
tarjeta (f) de invitación	invitasjonskort (n)	[invita'şuns,kɔːt]
factura (f)	faktura (m)	[fak'tura]

ley (f)	lov (m)	['lɔv]
carta (f)	brev (n)	['brev]
hoja (f) membretada	brevpapir (n)	['brev,pa'pir]
lista (f) (de nombres, etc.)	liste (m/f)	['listə]
manuscrito (m)	manuskript (n)	[manu'skript]
boletín (m)	nyhetsbrev (n)	['nyhets,brev]
nota (f) (mensaje)	lapp, seddel (m)	['lap], ['sɛdəl]

pase (m) (permiso)	adgangskort (n)	['adgaŋs,kɔːt]
pasaporte (m)	pass (n)	['pas]
permiso (m)	tillatelse (m)	['ti,latəlsə]
curriculum vitae (m)	CV (m/n)	['sɛvɛ]
pagaré (m)	skyldbrev, gjeldsbrev (m/f)	['şyl,brev], ['jɛl,brev]
recibo (m)	kvittering (m/f)	[kvi'tɛriŋ]
ticket (m) de compra	kassalapp (m)	['kasa,lap]
informe (m)	rapport (m)	[ra'pɔːt]

presentar (identificación)	å vise	[ɔ 'visə]
firmar (vt)	å underskrive	[ɔ 'unə,şkrivə]
firma (f) (nombre)	underskrift (m/f)	['unə,şkrift]
sello (m)	stempel (n)	['stɛmpəl]
texto (m)	tekst (m/f)	['tɛkst]
billete (m)	billett (m)	[bi'let]

| tachar (vt) | å stryke ut | [ɔ 'strykə ut] |
| rellenar (vt) | å utfylle | [ɔ 'ut,fylə] |

| guía (f) de embarque | fraktbrev (n) | ['frakt‚brev] |
| testamento (m) | testament (n) | [tɛsta'mɛnt] |

117. Tipos de negocios

agencia (f) de empleo	rekrutteringsbyrå (n)	['rekrʉ‚teriŋs by‚ro]
agencia (f) de información	nyhetsbyrå (n)	['nyhets by‚ro]
agencia (f) de publicidad	reklamebyrå (n)	[rɛ'klame by‚ro]
agencia (f) de seguridad	sikkerhetsselskap (n)	['sikərhɛts 'sel‚skap]

almacén (m)	lager (n)	['lagər]
antigüedad (f)	antikviteter (m pl)	[antikvi'tetər]
asesoría (f) jurídica	juridisk rådgiver (m pl)	[jʉ'ridisk 'rod‚jivər]
servicios (m pl) de auditoría	revisjonstjenester (m pl)	[revi'sʉns‚tjenɛstər]

bar (m)	bar (m)	['bar]
bebidas (f pl) alcohólicas	alkoholholdige drikke (m pl)	[alkʉ'hʉl‚holdie 'drike]
bolsa (f) de comercio	børs (m)	['bœɕ]

casino (m)	kasino (n)	[ka'sinʉ]
centro (m) de negocios	forretningssenter (n)	[fo'rɛtniŋs‚sɛntər]
fábrica (f) de cerveza	bryggeri (n)	[bryge'ri]
cine (m) (iremos al ~)	kino (m)	['çinʉ]
climatizadores (m pl)	klimaanlegg (n pl)	['klima'an‚leg]
club (m) nocturno	nattklubb (m)	['nat‚klʉb]

comercio (m)	handel (m)	['handəl]
productos alimenticios	matvarer (m/f pl)	['mat‚varər]
compañía (f) aérea	flyselskap (n)	['flysəl‚skap]
construcción (f)	byggeri (m/f)	[byge'ri]
contabilidad (f)	bokføringstjenester (m pl)	['bʉk‚føriŋs 'tjenɛstər]

| deporte (m) | sport, idrett (m) | ['spoːt], ['idrɛt] |
| diseño (m) | design (m) | ['desajn] |

editorial (f)	forlag (n)	['foː‚lag]
escuela (f) de negocios	handelsskole (m)	['handəls‚skʉle]
estomatología (f)	tannklinik (m)	['tankli'nik]

farmacia (f)	apotek (n)	[apʉ'tek]
industria (f) farmacéutica	legemidler (pl)	['lege'midlər]
funeraria (f)	begravelsesbyrå (n)	[be'gravəlses by‚ro]
galería (f) de arte	kunstgalleri (n)	['kʉnst gale'ri]
helado (m)	iskrem (m)	['iskrɛm]
hotel (m)	hotell (n)	[hʉ'tɛl]

industria (f)	industri (m)	[indʉ'stri]
industria (f) ligera	lettindustri (m)	['let‚indʉ'stri]
inmueble (m)	fast eiendom (m)	[‚fast 'æjən‚dom]
internet (m), red (f)	Internett	['intə‚nɛt]
inversiones (f pl)	investering (m/f)	[inve'steriŋ]
joyería (f)	smykker (n pl)	['smʏkər]
joyero (m)	juveler (m)	[jʉ'velər]
lavandería (f)	vaskeri (n)	[vaske'ri]

librería (f)	bokhandel (m)	['bʊkˌhandəl]
medicina (f)	medisin (m)	[medi'sin]
muebles (m pl)	møbler (n pl)	['møblər]
museo (m)	museum (n)	[mʉ'seum]
negocio (m) bancario	bankvirksomhet (m/f)	['bankˌvirksɔmhet]

periódico (m)	avis (m/f)	[a'vis]
petróleo (m)	olje (m)	['ɔljə]
piscina (f)	svømmebasseng (n)	['svœməˌba'sɛŋ]
poligrafía (f)	trykkeri (n)	[trʏkə'ri]
publicidad (f)	reklame (m)	[rɛ'klamə]

radio (f)	radio (m)	['radiʊ]
recojo (m) de basura	avfallstømming (m/f)	['avfalsˌtømiŋ]
restaurante (m)	restaurant (m)	[rɛstʉ'raŋ]
revista (f)	magasin, tidsskrift (n)	[maga'sin], ['tidˌskrift]
ropa (f)	klær (n)	['klær]

salón (m) de belleza	skjønnhetssalong (m)	['ʂønhɛts sa'lɔŋ]
seguro (m)	forsikring (m/f)	[fɔ'ʂikriŋ]
servicio (m) de entrega	budtjeneste (m)	[bʉd'tjenɛstə]
servicios (m pl) financieros	finansielle tjenester (m pl)	[finan'sielə ˌtjenɛstər]
supermercado (m)	supermarked (n)	['sʉpəˌmarket]

taller (m)	skredderi (n)	[skrɛde'ri]
teatro (m)	teater (n)	[te'atər]
televisión (f)	televisjon (m)	['televiˌʂʊn]
tienda (f)	forretning, butikk (m)	[fɔ'rɛtniŋ], [bʉ'tik]
tintorería (f)	renseri (n)	[rɛnse'ri]
servicios de transporte	transport (m)	[trans'pɔːt]
turismo (m)	turisme (m)	[tʉ'rismə]

venta (f) por catálogo	postordresalg (m)	['pɔstˌɔrdrə'salg]
veterinario (m)	dyrlege, veterinær (m)	['dyrˌlegə], [vetəri'nær]
consultoría (f)	konsulenttjenester (m pl)	[kʊnsu'lent ˌtjenɛstər]

El trabajo. Los negocios. Unidad 2

exposición, feria (f)	messe (m/f)	['mɛsə]
feria (f) comercial	varemesse (m/f)	['varə,mɛsə]
participación (f)	deltagelse (m)	['del,tagəlsə]
participar (vi)	å delta	[ɔ 'dɛlta]
participante (m)	deltaker (m)	['del,takər]
director (m)	direktør (m)	[dirɛk'tør]
dirección (f)	arrangørkontor (m)	[araŋ'şør kun'tur]
organizador (m)	arrangør (m)	[araŋ'şør]
organizar (vt)	å organisere	[ɔ ɔrgani'serə]
solicitud (f) de participación	påmeldingsskjema (n)	['pɔmeliŋs,şɛma]
rellenar (vt)	å utfylle	[ɔ 'ʉt,fylə]
detalles (m pl)	detaljer (m pl)	[de'taljər]
información (f)	informasjon (m)	[informa'şun]
precio (m)	pris (m)	['pris]
incluso	inklusive	['inklʉ,sivə]
incluir (vt)	å inkludere	[ɔ inklʉ'derə]
pagar (vi, vt)	å betale	[ɔ be'talə]
cuota (f) de registro	registreringsavgift (m/f)	[rɛgi'strɛriŋs av'jift]
entrada (f)	inngang (m)	['in,gaŋ]
pabellón (m)	paviljong (m)	[pavi'ljɔŋ]
registrar (vt)	å registrere	[ɔ regi'strerə]
tarjeta (f) de identificación	badge (n)	['bædʒ]
stand (m) de feria	messestand (m)	['mɛsə,stan]
reservar (vt)	å reservere	[ɔ resɛr'verə]
vitrina (f)	glassmonter (m)	['glas,mɔntər]
lámpara (f)	lampe (m/f), spotlys (n)	['lampə], ['spɔt,lys]
diseño (m)	design (m)	['desajn]
poner (colocar)	å plassere	[ɔ pla'serə]
situarse (vr)	å bli plasseret	[ɔ 'bli pla'serət]
distribuidor (m)	distributør (m)	[distribʉ'tør]
proveedor (m)	leverandør (m)	[levəran'dør]
suministrar (vt)	å levere	[ɔ le'verə]
país (m)	land (n)	['lan]
extranjero (adj)	utenlandsk	['ʉtən,lansk]
producto (m)	produkt (n)	[prʉ'dʉkt]
asociación (f)	forening (m/f)	[fɔ'reniŋ]
sala (f) de conferencias	konferansesal (m)	[kʉnfə'ransə,sal]

| congreso (m) | kongress (m) | [kʊn'grɛs] |
| concurso (m) | tevling (m) | ['tɛvliŋ] |

visitante (m)	besøkende (m)	[be'søkenə]
visitar (vt)	å besøke	[ɔ be'søkə]
cliente (m)	kunde (m)	['kʉndə]

119. Medios de comunicación de masas

periódico (m)	avis (m/f)	[a'vis]
revista (f)	magasin, tidsskrift (n)	[maga'sin], ['tid͵skrift]
prensa (f)	presse (m/f)	['prɛsə]
radio (f)	radio (m)	['radiʊ]
estación (f) de radio	radiostasjon (m)	['radiʊ͵sta'ʂʊn]
televisión (f)	televisjon (m)	['televi͵ʂʊn]

presentador (m)	programleder (m)	[prʊ'gram͵ledər]
presentador (m) de noticias	nyhetsoppleser (m)	['nyhets'ɔp͵lesər]
comentarista (m)	kommentator (m)	[kʊmən'tatʊr]

periodista (m)	journalist (m)	[ʂu:ɲa'list]
corresponsal (m)	korrespondent (m)	[kʊrespɔn'dɛnt]
corresponsal (m) fotográfico	pressefotograf (m)	['prɛsə fotɔ'graf]
reportero (m)	reporter (m)	[re'pɔːʈər]

| redactor (m) | redaktør (m) | [rɛdak'tør] |
| redactor jefe (m) | sjefredaktør (m) | ['ʂɛf rɛdak'tør] |

suscribirse (vr)	å abonnere	[ɔ abɔ'nerə]
suscripción (f)	abonnement (n)	[abɔnə'maŋ]
suscriptor (m)	abonnent (m)	[abɔ'nɛnt]
leer (vi, vt)	å lese	[ɔ 'lesə]
lector (m)	leser (m)	['lesər]

tirada (f)	opplag (n)	['ɔp͵lag]
mensual (adj)	månedlig	['moːnədli]
semanal (adj)	ukentlig	['ʉkəntli]
número (m)	nummer (n)	['nʉmər]
nuevo (~ número)	ny, fersk	['ny], ['fæʂk]

titular (m)	overskrift (m)	['ɔvə͵skrift]
noticia (f)	notis (m)	[nʊ'tis]
columna (f)	rubrikk (m)	[rʉ'brik]
artículo (m)	artikkel (m)	[aː'ʈikəl]
página (f)	side (m/f)	['sidə]

reportaje (m)	reportasje (m)	[repɔ:'ʈaʂə]
evento (m)	hendelse (m)	['hɛndəlsə]
sensación (f)	sensasjon (m)	[sɛnsa'ʂʊn]
escándalo (m)	skandale (m)	[skan'dalə]
escandaloso (adj)	skandaløs	[skanda'løs]
gran (~ escándalo)	stor	['stʊr]
emisión (f)	program (n)	[prʊ'gram]
entrevista (f)	intervju (n)	[intə'vjʉː]

| transmisión (f) en vivo | direktesending (m/f) | [di'rɛktə‚sɛniŋ] |
| canal (m) | kanal (m) | [ka'nal] |

120. La agricultura

agricultura (f)	landbruk (n)	['lan‚brʉk]
campesino (m)	bonde (m)	['bɔnə]
campesina (f)	bondekone (m/f)	['bɔnə‚kʉnə]
granjero (m)	gårdbruker, bonde (m)	['gɔːr‚brʉkər], ['bɔnə]

| tractor (m) | traktor (m) | ['traktʉr] |
| cosechadora (f) | skurtresker (m) | ['skʉː‚trɛskər] |

arado (m)	plog (m)	['plug]
arar (vi, vt)	å pløye	[ɔ 'pløjə]
labrado (m)	pløyemark (m/f)	['pløjə‚mark]
surco (m)	fure (m)	['fʉrə]

sembrar (vi, vt)	å så	[ɔ 'sɔ]
sembradora (f)	såmaskin (m)	['soːma‚ʂin]
siembra (f)	såing (m/f)	['soːiŋ]

| guadaña (f) | ljå (m) | ['ljoː] |
| segar (vi, vt) | å meie, å slå | [ɔ 'mæjə], [ɔ 'slɔ] |

| pala (f) | spade (m) | ['spadə] |
| layar (vt) | å grave | [ɔ 'gravə] |

azada (f)	hakke (m/f)	['hakə]
sachar, escardar	å hakke	[ɔ 'hakə]
mala hierba (f)	ugras (n)	[ʉ'gras]

regadera (f)	vannkanne (f)	['van‚kanə]
regar (plantas)	å vanne	[ɔ 'vanə]
riego (m)	vanning (m/f)	['vaniŋ]

| horquilla (f) | greip (m) | ['græjp] |
| rastrillo (m) | rive (m/f) | ['rivə] |

fertilizante (m)	gjødsel (m/f)	['jøtsəl]
abonar (vt)	å gjødsle	['ɔ 'jøtslə]
estiércol (m)	møkk (m/f)	['møk]

campo (m)	åker (m)	['oːker]
prado (m)	eng (m/f)	['ɛŋ]
huerta (f)	kjøkkenhage (m)	['çœkən‚hagə]
jardín (m)	frukthage (m)	['frʉkt‚hagə]

pacer (vt)	å beite	[ɔ 'bæjtə]
pastor (m)	gjeter, hyrde (m)	['jetər], ['hʏrdə]
pastadero (m)	beite (n), beitemark (m/f)	['bæjtə], ['bæjtə‚mark]

| ganadería (f) | husdyrhold (n) | ['hʉsdyr‚hɔl] |
| cría (f) de ovejas | sauehold (n) | ['saʉə‚hɔl] |

plantación (f)	plantasje (m)	['plɑn'tɑʂə]
hilera (f) (~ de cebollas)	rad (m/f)	['rɑd]
invernadero (m)	drivhus (n)	['driv,hʉs]

| sequía (f) | tørke (m/f) | ['tœrkə] |
| seco, árido (adj) | tørr | ['tœr] |

grano (m)	korn (n)	['kʊːn̩]
cereales (m pl)	cerealer (n pl)	[sere'ɑlər]
recolectar (vt)	å høste	[ɔ 'høstə]

molinero (m)	møller (m)	['mølər]
molino (m)	mølle (m/f)	['mølə]
moler (vt)	å male	[ɔ 'mɑlə]
harina (f)	mel (n)	['mel]
paja (f)	halm (m)	['hɑlm]

121. La construcción. El proceso de construcción

obra (f)	byggeplass (m)	['bʏgə,plɑs]
construir (vt)	å bygge	[ɔ 'bʏgə]
albañil (m)	bygningsarbeider (m)	['bʏgniŋs 'ɑr,bæjər]

proyecto (m)	prosjekt (n)	[prʉ'sɛkt]
arquitecto (m)	arkitekt (m)	[ɑrki'tɛkt]
obrero (m)	arbeider (m)	['ɑr,bæjdər]

cimientos (m pl)	fundament (n)	[fʉndɑ'mɛnt]
techo (m)	tak (n)	['tɑk]
pila (f) de cimentación	pæl (m)	['pæl]
muro (m)	mur, vegg (m)	['mʉr], ['vɛg]

| armadura (f) | armeringsjern (n) | [ɑr'meriŋs'jæːn̩] |
| andamio (m) | stillas (n) | [sti'lɑs] |

hormigón (m)	betong (m)	[be'tɔŋ]
granito (m)	granitt (m)	[grɑ'nit]
piedra (f)	stein (m)	['stæjn]
ladrillo (m)	tegl (n), murstein (m)	['tæjl], ['mʉ,ʂtæjn]

arena (f)	sand (m)	['sɑn]
cemento (m)	sement (m)	[se'mɛnt]
estuco (m)	puss (m)	['pʉs]
estucar (vt)	å pusse	[ɔ 'pʉsə]

pintura (f)	maling (m/f)	['mɑliŋ]
pintar (las paredes)	å male	[ɔ 'mɑlə]
barril (m)	tønne (m)	['tœnə]

grúa (f)	heisekran (m/f)	['hæjsə,krɑn]
levantar (vt)	å løfte	[ɔ 'lœftə]
bajar (vt)	å heise ned	[ɔ 'hæjsə ne]
bulldózer (m)	bulldoser (m)	['bʉl,dʉsər]
excavadora (f)	gravemaskin (m)	['grɑvə mɑ'ʂin]

cuchara (f)	skuffe (m/f)	['skʉfə]
cavar (vt)	å grave	[ɔ 'grɑvə]
casco (m)	hjelm (m)	['jɛlm]

122. La ciencia. La investigación. Los científicos

ciencia (f)	vitenskap (m)	['vitən‚skɑp]
científico (adj)	vitenskapelig	['vitən‚skɑpəli]
científico (m)	vitenskapsmann (m)	['vitən‚skɑps mɑn]
teoría (f)	teori (m)	[teʉ'ri]

axioma (m)	aksiom (n)	[ɑksi'ɔm]
análisis (m)	analyse (m)	[ɑnɑ'lysə]
analizar (vt)	å analysere	[ɔ ɑnɑly'serə]
argumento (m)	argument (n)	[ɑrgʉ'mɛnt]
sustancia (f) (materia)	stoff (n), substans (m)	['stɔf], [sʉb'stɑns]

hipótesis (f)	hypotese (m)	[hypʉ'tesə]
dilema (m)	dilemma (n)	[di'lemɑ]
tesis (f) de grado	avhandling (m/f)	['ɑv‚hɑndliŋ]
dogma (m)	dogme (n)	['dɔgmə]

doctrina (f)	doktrine (m)	[dɔk'trinə]
investigación (f)	forskning (m)	['fɔːʂkniŋ]
investigar (vt)	å forske	[ɔ 'fɔːʂkə]
prueba (f)	test (m), prøve (m/f)	['tɛst], ['prøve]
laboratorio (m)	laboratorium (n)	[lɑbʉrɑ'tɔrium]

método (m)	metode (m)	[me'tɔdə]
molécula (f)	molekyl (n)	[mʉle'kyl]
seguimiento (m)	overvåking (m/f)	['ɔvər‚vɔkiŋ]
descubrimiento (m)	oppdagelse (m)	['ɔp‚dɑgəlsə]

postulado (m)	postulat (n)	[pɔstʉ'lɑt]
principio (m)	prinsipp (n)	[prin'sip]
pronóstico (m)	prognose (m)	[prʉg'nʉsə]
pronosticar (vt)	å prognostisere	[ɔ prʉgnʉsti'serə]

síntesis (f)	syntese (m)	[sʏn'tesə]
tendencia (f)	tendens (m)	[tɛn'dɛns]
teorema (m)	teorem (n)	[teʉ'rɛm]

| enseñanzas (f pl) | lære (m/f pl) | ['lærə] |
| hecho (m) | faktum (n) | ['fɑktum] |

| expedición (f) | ekspedisjon (m) | [ɛkspedi'ʂʉn] |
| experimento (m) | eksperiment (n) | [ɛksperi'mɛnt] |

académico (m)	akademiker (m)	[ɑkɑ'demikər]
bachiller (m)	bachelor (m)	['bɑtʂɛlɔr]
doctorado (m)	doktor (m)	['dɔktʉr]
docente (m)	dosent (m)	[dʉ'sɛnt]
Master (m) (~ en Letras)	magister (m)	[mɑ'gistər]
profesor (m)	professor (m)	[prʉ'fɛsʉr]

Las profesiones y los oficios

123. La búsqueda de trabajo. El despido

trabajo (m)	arbeid (n), jobb (m)	['arbæj], ['job]
empleados (pl)	ansatte (pl)	['an,satə]
personal (m)	personale (n)	[pæʂu'nalə]
carrera (f)	karriere (m)	[kari'ɛrə]
perspectiva (f)	utsikter (m pl)	['ʉt,siktər]
maestría (f)	mesterskap (n)	['mɛstæ,ʂkap]
selección (f)	utvelgelse (m)	['ʉt,vɛlgəlsə]
agencia (f) de empleo	rekrutteringsbyrå (n)	['rekrʉ,teriŋs by,ro]
curriculum vitae (m)	CV (m/n)	['sevɛ]
entrevista (f)	jobbintervju (n)	['job ,intər'vjʉ]
vacancia (f)	vakanse (m)	['vakansə]
salario (m)	lønn (m/f)	['lœn]
salario (m) fijo	fastlønn (m/f)	['fast,lœn]
remuneración (f)	betaling (m/f)	[be'taliŋ]
puesto (m) (trabajo)	stilling (m/f)	['stiliŋ]
deber (m)	plikt (m/f)	['plikt]
gama (f) de deberes	arbeidsplikter (m/f pl)	['arbæjds,pliktər]
ocupado (adj)	opptatt	['ɔp,tat]
despedir (vt)	å avskjedige	[ɔ 'af,ʂedigə]
despido (m)	avskjedigelse (m)	['afʂe,digəlsə]
desempleo (m)	arbeidsløshet (m)	['arbæjdsløs,het]
desempleado (m)	arbeidsløs (m)	['arbæjds,løs]
jubilación (f)	pensjon (m)	[pan'ʂun]
jubilarse	å gå av med pensjon	[ɔ 'gɔ a: me pan'ʂun]

124. Los negociantes

director (m)	direktør (m)	[dirɛk'tør]
gerente (m)	forstander (m)	[fɔ'ʂtandər]
jefe (m)	boss (m)	['bɔs]
superior (m)	overordnet (m)	['ɔvər,ɔrdnet]
superiores (m pl)	overordnede (pl)	['ɔvər,ɔrdnede]
presidente (m)	president (m)	[prɛsi'dɛnt]
presidente (m) (de compañía)	styreformann (m)	['styrə,forman]
adjunto (m)	stedfortreder (m)	['stedfɔ:,tredər]
asistente (m)	assistent (m)	[asi'stɛnt]

| secretario, -a (m, f) | sekretær (m) | [sɛkrə'tær] |
| secretario (m) particular | privatsekretær (m) | [pri'vat sɛkrə'tær] |

hombre (m) de negocios	forretningsmann (m)	[fɔ'rɛtniŋs‚man]
emprendedor (m)	entreprenør (m)	[ɛntreprə'nør]
fundador (m)	grunnlegger (m)	['grʉn‚legər]
fundar (vt)	å grunnlegge, å stifte	[ɔ 'grʉn‚legə], [ɔ 'stiftə]

institutor (m)	stifter (m)	['stiftər]
socio (m)	partner (m)	['pa:ṭnər]
accionista (m)	aksjonær (m)	[akʂʉ'nær]

millonario (m)	millionær (m)	[milju'nær]
multimillonario (m)	milliardær (m)	[milja:'ḍær]
propietario (m)	eier (m)	['æjər]
terrateniente (m)	jordeier (m)	['ju:r‚æjər]

cliente (m)	kunde (m)	['kʉndə]
cliente (m) habitual	fast kunde (m)	[‚fast 'kʉndə]
comprador (m)	kjøper (m)	['çœ:pər]
visitante (m)	besøkende (m)	[be'søkenə]

profesional (m)	yrkesmann (m)	['yrkəs‚man]
experto (m)	ekspert (m)	[ɛks'pæ:ṭ]
especialista (m)	spesialist (m)	[spesia'list]

| banquero (m) | bankier (m) | [banki'e] |
| broker (m) | mekler, megler (m) | ['mɛklər] |

cajero (m)	kasserer (m)	[ka'serər]
contable (m)	regnskapsfører (m)	['rɛjnskaps‚førər]
guardia (m) de seguridad	sikkerhetsvakt (m/f)	['sikərhɛts‚vakt]

inversionista (m)	investor (m)	[in'vɛstʉr]
deudor (m)	skyldner (m)	['ʂylnər]
acreedor (m)	kreditor (m)	['krɛditʉr]
prestatario (m)	låntaker (m)	['lɔn‚takər]

| importador (m) | importør (m) | [impɔ:'ṭør] |
| exportador (m) | eksportør (m) | [ɛkspɔ:'ṭør] |

productor (m)	produsent (m)	[prʉdʉ'sɛnt]
distribuidor (m)	distributør (m)	[distribʉ'tør]
intermediario (m)	mellommann (m)	['mɛlɔ‚man]

asesor (m) (~ fiscal)	konsulent (m)	[kʉnsʉ'lent]
representante (m)	representant (m)	[represɛn'tant]
agente (m)	agent (m)	[a'gɛnt]
agente (m) de seguros	forsikringsagent (m)	[fɔ'ʂikriŋs a'gɛnt]

125. Los trabajos de servicio

| cocinero (m) | kokk (m) | ['kʉk] |
| jefe (m) de cocina | sjefkokk (m) | ['ʂɛf‚kʉk] |

panadero (m)	baker (m)	['bakər]
barman (m)	bartender (m)	['baː‚tɛndər]
camarero (m)	servitør (m)	['særvi'tør]
camarera (f)	servitrise (m/f)	[særvi'trisə]

abogado (m)	advokat (m)	[advʊ'kat]
jurista (m)	jurist (m)	[jʉ'rist]
notario (m)	notar (m)	[nʊ'tar]

electricista (m)	elektriker (m)	[ɛ'lektrikər]
fontanero (m)	rørlegger (m)	['rør‚legər]
carpintero (m)	tømmermann (m)	['tœmər‚man]

masajista (m)	massør (m)	[ma'sør]
masajista (f)	massøse (m)	[ma'søsə]
médico (m)	lege (m)	['legə]

taxista (m)	taxisjåfør (m)	['taksi ʂɔ'før]
chofer (m)	sjåfør (m)	[ʂɔ'før]
repartidor (m)	bud (n)	['bʉd]

camarera (f)	stuepike (m/f)	['stʉə‚pikə]
guardia (m) de seguridad	sikkerhetsvakt (m/f)	['sikərhɛts‚vakt]
azafata (f)	flyvertinne (m/f)	[flyvɛː'ʈinə]

profesor (m) (~ de baile, etc.)	lærer (m)	['lærər]
bibliotecario (m)	bibliotekar (m)	[bibliʊ'tekar]
traductor (m)	oversetter (m)	['ɔvə‚sɛtər]
intérprete (m)	tolk (m)	['tɔlk]
guía (m)	guide (m)	['gajd]

peluquero (m)	frisør (m)	[fri'sør]
cartero (m)	postbud (n)	['pɔst‚bʉd]
vendedor (m)	forselger (m)	[fɔ'ʂɛlər]

jardinero (m)	gartner (m)	['gaːʈnər]
servidor (m)	tjener (m)	['tjenər]
criada (f)	tjenestepike (m/f)	['tjenɛstə‚pikə]
mujer (f) de la limpieza	vaskedame (m/f)	['vaskə‚damə]

126. La profesión militar y los rangos

soldado (m) raso	menig (m)	['meni]
sargento (m)	sersjant (m)	[sær'ʂant]
teniente (m)	løytnant (m)	['løjt‚nant]
capitán (m)	kaptein (m)	[kap'tæjn]

mayor (m)	major (m)	[ma'jor]
coronel (m)	oberst (m)	['ʊbɛʂt]
general (m)	general (m)	[gene'ral]
mariscal (m)	marskalk (m)	['marʂal]
almirante (m)	admiral (m)	[admi'ral]
militar (m)	militær (m)	[mili'tær]
soldado (m)	soldat (m)	[sʊl'dat]

| oficial (m) | offiser (m) | [ɔfi'sɛr] |
| comandante (m) | befalshaver (m) | [be'fals,havər] |

guardafronteras (m)	grensevakt (m/f)	['grɛnsə,vakt]
radio-operador (m)	radiooperatør (m)	['radiʋ ʋpəra'tør]
explorador (m)	oppklaringssoldat (m)	['ɔp,klariŋ sʋl'dat]
zapador (m)	pioner (m)	[piʋ'ner]
tirador (m)	skytter (m)	['ʂytər]
navegador (m)	styrmann (m)	['styr,man]

127. Los oficiales. Los sacerdotes

| rey (m) | konge (m) | ['kʋŋə] |
| reina (f) | dronning (m/f) | ['drɔniŋ] |

| príncipe (m) | prins (m) | ['prins] |
| princesa (f) | prinsesse (m/f) | [prin'sɛsə] |

| zar (m) | tsar (m) | ['tsar] |
| zarina (f) | tsarina (m) | [tsɑ'rina] |

presidente (m)	president (m)	[prɛsi'dɛnt]
ministro (m)	minister (m)	[mi'nistər]
primer ministro (m)	statsminister (m)	['stats mi'nistər]
senador (m)	senator (m)	[se'natʋr]

diplomático (m)	diplomat (m)	[diplʋ'mat]
cónsul (m)	konsul (m)	['kʋn,sʉl]
embajador (m)	ambassadør (m)	[ambasɑ'dør]
consejero (m)	rådgiver (m)	['rɔd,jivər]

funcionario (m)	embetsmann (m)	['ɛmbets,man]
prefecto (m)	prefekt (m)	[prɛ'fɛkt]
alcalde (m)	borgermester (m)	[bɔrgər'mɛstər]

| juez (m) | dommer (m) | ['dɔmər] |
| fiscal (m) | anklager (m) | ['an,klagər] |

misionero (m)	misjonær (m)	[miʂʋ'nær]
monje (m)	munk (m)	['mʉnk]
abad (m)	abbed (m)	['ɑbed]
rabino (m)	rabbiner (m)	[ra'binər]

visir (m)	vesir (m)	[vɛ'sir]
sha (m)	sjah (m)	['ʂɑ]
jeque (m)	sjeik (m)	['ʂæjk]

128. Las profesiones agrícolas

apicultor (m)	birøkter (m)	['bi,røktər]
pastor (m)	gjeter, hyrde (m)	['jetər], ['hʏrdə]
agrónomo (m)	agronom (m)	[agrʋ'nʉm]

ganadero (m)	husdyrholder (m)	['hʉsdyrˌhɔldər]
veterinario (m)	dyrlege, veterinær (m)	['dyrˌlegə], [vetəri'nær]

granjero (m)	gårdbruker, bonde (m)	['gɔːrˌbrʉkər], ['bɔnə]
vinicultor (m)	vinmaker (m)	['vinˌmɑkər]
zoólogo (m)	zoolog (m)	[sʉ'lɔg]
vaquero (m)	cowboy (m)	['kɑwˌbɔj]

129. Las profesiones artísticas

actor (m)	skuespiller (m)	['skʉəˌspilər]
actriz (f)	skuespillerinne (m/f)	['skʉəˌspilə'rinə]

cantante (m)	sanger (m)	['sɑŋər]
cantante (f)	sangerinne (m/f)	[sɑŋə'rinə]

bailarín (m)	danser (m)	['dɑnsər]
bailarina (f)	danserinne (m/f)	[dɑnse'rinə]

artista (m)	skuespiller (m)	['skʉəˌspilər]
artista (f)	skuespillerinne (m/f)	['skʉəˌspilə'rinə]

músico (m)	musiker (m)	['mʉsikər]
pianista (m)	pianist (m)	[piɑ'nist]
guitarrista (m)	gitarspiller (m)	[gi'tɑrˌspilər]

director (m) de orquesta	dirigent (m)	[diri'gɛnt]
compositor (m)	komponist (m)	[kʉmpʉ'nist]
empresario (m)	impresario (m)	[impre'sɑriʉ]

director (m) de cine	regissør (m)	[rɛʂi'sør]
productor (m)	produsent (m)	[prʉdʉ'sɛnt]
guionista (m)	manusforfatter (m)	['mɑnʉs for'fɑtər]
crítico (m)	kritiker (m)	['kritikər]

escritor (m)	forfatter (m)	[for'fɑtər]
poeta (m)	poet, dikter (m)	['pɔɛt], ['diktər]
escultor (m)	skulptør (m)	[skʉlp'tør]
pintor (m)	kunstner (m)	['kʉnstnər]

malabarista (m)	sjonglør (m)	[ʂɔŋ'lør]
payaso (m)	klovn (m)	['klɔvn]
acróbata (m)	akrobat (m)	[ɑkrʉ'bɑt]
ilusionista (m)	tryllekunstner (m)	['trʏləˌkʉnstnər]

130. Profesiones diversas

médico (m)	lege (m)	['legə]
enfermera (f)	sykepleierske (m/f)	['sykəˌplæjeʂkə]
psiquiatra (m)	psykiater (m)	[syki'ɑtər]
dentista (m)	tannlege (m)	['tɑnˌlegə]
cirujano (m)	kirurg (m)	[çi'rʉrg]

astronauta (m)	astronaut (m)	[ɑstrʊ'naʊt]
astrónomo (m)	astronom (m)	[ɑstrʊ'nʊm]

conductor (m) (chófer)	fører (m)	['førər]
maquinista (m)	lokfører (m)	['lʊk,førər]
mecánico (m)	mekaniker (m)	[me'kanikər]

minero (m)	gruvearbeider (m)	['grʊve'ar,bæjdər]
obrero (m)	arbeider (m)	['ar,bæjdər]
cerrajero (m)	låsesmed (m)	['lo:sə,sme]
carpintero (m)	snekker (m)	['snɛkər]
tornero (m)	dreier (m)	['dræjər]
albañil (m)	bygningsarbeider (m)	['bygnɪŋs 'ar,bæjər]
soldador (m)	sveiser (m)	['svæjsər]

profesor (m) (título)	professor (m)	[prʊ'fɛsʊr]
arquitecto (m)	arkitekt (m)	[arki'tɛkt]
historiador (m)	historiker (m)	[hi'stʊrikər]
científico (m)	vitenskapsmann (m)	['vitən,skaps man]
físico (m)	fysiker (m)	['fysikər]
químico (m)	kjemiker (m)	['çemikər]

arqueólogo (m)	arkeolog (m)	[,arkeʊ'lɔg]
geólogo (m)	geolog (m)	[geʊ'lɔg]
investigador (m)	forsker (m)	['fɔskər]

niñera (f)	babysitter (m)	['bɛby,sitər]
pedagogo (m)	lærer, pedagog (m)	[lærər], [peda'gɔg]

redactor (m)	redaktør (m)	[rɛdak'tør]
redactor jefe (m)	sjefredaktør (m)	['ʂɛf rɛdak'tør]
corresponsal (m)	korrespondent (m)	[kʊrespɔn'dɛnt]
mecanógrafa (f)	maskinskriverske (m)	[ma'ʂin ,skrivɛʂkə]

diseñador (m)	designer (m)	[de'sajnər]
especialista (m) en ordenadores	dataekspert (m)	['data ɛks'pɛ:t]
programador (m)	programmerer (m)	[prʊgra'merər]
ingeniero (m)	ingeniør (m)	[inʂə'njør]

marino (m)	sjømann (m)	['ʂø,man]
marinero (m)	matros (m)	[ma'trʊs]
socorrista (m)	redningsmann (m)	['rɛdnɪŋs,man]

bombero (m)	brannmann (m)	['bran,man]
policía (m)	politi (m)	[pʊli'ti]
vigilante (m) nocturno	nattvakt (m)	['nat,vakt]
detective (m)	detektiv (m)	[detɛk'tiv]

aduanero (m)	tollbetjent (m)	['tɔlbe,tjɛnt]
guardaespaldas (m)	livvakt (m/f)	['liv,vakt]
guardia (m) de prisiones	fangevokter (m)	['faŋe,vɔktər]
inspector (m)	inspektør (m)	[inspɛk'tør]

deportista (m)	idrettsmann (m)	['idrɛts,man]
entrenador (m)	trener (m)	['trenər]

carnicero (m)	slakter (m)	['ṣlaktər]
zapatero (m)	skomaker (m)	['skʉ‚makər]
comerciante (m)	handelsmann (m)	['handəls‚man]
cargador (m)	lastearbeider (m)	['lastə'ar‚bæjdər]
diseñador (m) de modas	moteskaper (m)	['mʉtə‚skapər]
modelo (f)	modell (m)	[mʉ'dɛl]

131. Los trabajos. El estatus social

escolar (m)	skolegutt (m)	['skʉlə‚gʉt]
estudiante (m)	student (m)	[stʉ'dɛnt]
filósofo (m)	filosof (m)	[fɪlu'sʊf]
economista (m)	økonom (m)	[økʉ'nʉm]
inventor (m)	oppfinner (m)	['ɔp‚finər]
desempleado (m)	arbeidsløs (m)	['arbæjds‚løs]
jubilado (m)	pensjonist (m)	[panṣʉ'nist]
espía (m)	spion (m)	[spi'un]
prisionero (m)	fange (m)	['faŋə]
huelguista (m)	streiker (m)	['stræjkər]
burócrata (m)	byråkrat (m)	[byrɔ'krat]
viajero (m)	reisende (m)	['ræjsenə]
homosexual (m)	homofil (m)	['hʉmʉ‚fil]
hacker (m)	hacker (m)	['hakər]
hippie (m)	hippie (m)	['hipi]
bandido (m)	banditt (m)	[ban'dit]
sicario (m)	leiemorder (m)	['læjə‚mʉrdər]
drogadicto (m)	narkoman (m)	[narkʉ'man]
narcotraficante (m)	narkolanger (m)	['narkɔ‚laŋər]
prostituta (f)	prostituert (m)	[prʉstitʉ'e:t]
chulo (m), proxeneta (m)	hallik (m)	['halik]
brujo (m)	trollmann (m)	['trɔl‚man]
bruja (f)	trollkjerring (m/f)	['trɔl‚çærin]
pirata (m)	pirat, sjørøver (m)	['pi'rat], ['ṣø‚røvər]
esclavo (m)	slave (m)	['slavə]
samurai (m)	samurai (m)	[samʉ'raj]
salvaje (m)	villmann (m)	['vil‚man]

Los deportes

deportista (m)	idrettsmann (m)	['idrɛts,man]
tipo (m) de deporte	idrettsgren (m/f)	['idrɛts,gren]
baloncesto (m)	basketball (m)	['basketbal]
baloncestista (m)	basketballspiller (m)	['basketbal,spilər]
béisbol (m)	baseball (m)	['bɛjsbol]
beisbolista (m)	baseballspiller (m)	['bɛjsbol,spilər]
fútbol (m)	fotball (m)	['futbal]
futbolista (m)	fotballspiller (m)	['futbal,spilər]
portero (m)	målmann (m)	['mo:l,man]
hockey (m)	ishockey (m)	['is,hɔki]
jugador (m) de hockey	ishockeyspiller (m)	['is,hɔki 'spilər]
voleibol (m)	volleyball (m)	['vɔlibal]
voleibolista (m)	volleyballspiller (m)	['vɔlibal,spilər]
boxeo (m)	boksing (m)	['bɔksiŋ]
boxeador (m)	bokser (m)	['bɔksər]
lucha (f)	bryting (m/f)	['brytiŋ]
luchador (m)	bryter (m)	['brytər]
kárate (m)	karate (m)	[ka'rate]
karateka (m)	karateutøver (m)	[ka'rate 'ʉ,tøvər]
judo (m)	judo (m)	['jʉdɔ]
judoka (m)	judobryter (m)	['jʉdɔ,brytər]
tenis (m)	tennis (m)	['tɛnis]
tenista (m)	tennisspiller (m)	['tɛnis,spilər]
natación (f)	svømming (m/f)	['svœmiŋ]
nadador (m)	svømmer (m)	['svœmər]
esgrima (f)	fekting (m)	['fɛktiŋ]
esgrimidor (m)	fekter (m)	['fɛktər]
ajedrez (m)	sjakk (m)	['ʂak]
ajedrecista (m)	sjakkspiller (m)	['ʂak,spilər]
alpinismo (m)	alpinisme (m)	[alpi'nismə]
alpinista (m)	alpinist (m)	[alpi'nist]
carrera (f)	løp (n)	['løp]

corredor (m)	løper (m)	['løpər]
atletismo (m)	friidrett (m)	['fri: 'i‚drɛt]
atleta (m)	atlet (m)	[at'let]

| deporte (m) hípico | ridesport (m) | ['ridə‚spɔ:t] |
| jinete (m) | rytter (m) | ['rʏtər] |

patinaje (m) artístico	kunstløp (n)	['kʉnst‚løp]
patinador (m)	kunstløper (m)	['kʉnst‚løpər]
patinadora (f)	kunstløperske (m/f)	['kʉnst‚løpəʂkə]

| levantamiento (m) de pesas | vektløfting (m/f) | ['vɛkt‚lœftiŋ] |
| levantador (m) de pesas | vektløfter (m) | ['vɛkt‚lœftər] |

| carreras (f pl) de coches | billøp (m), bilrace (n) | ['bil‚løp], ['bil‚ras] |
| piloto (m) de carreras | racerfører (m) | ['resə‚førər] |

| ciclismo (m) | sykkelsport (m) | ['sʏkəl‚spɔ:t] |
| ciclista (m) | syklist (m) | [sʏk'list] |

salto (m) de longitud	lengdehopp (n pl)	['leŋdə‚hɔp]
salto (m) con pértiga	stavhopp (n)	['stav‚hɔp]
saltador (m)	hopper (m)	['hɔpər]

133. Tipos de deportes. Miscelánea

fútbol (m) americano	amerikansk fotball (m)	[ameri'kansk 'fʉtbal]
bádminton (m)	badminton (m)	['bɛdmintɔn]
biatlón (m)	skiskyting (m/f)	['ʂi‚ʂytiŋ]
billar (m)	biljard (m)	[bil'ja:d]

bobsleigh (m)	bobsleigh (m)	['bobslej]
culturismo (m)	kroppsbygging (m/f)	['krɔps‚bʏgiŋ]
waterpolo (m)	vannpolo (m)	['van‚pulʉ]
balonmano (m)	håndball (m)	['hɔn‚bal]
golf (m)	golf (m)	['gɔlf]

remo (m)	roing (m/f)	['rʉiŋ]
buceo (m)	dykking (m/f)	['dʏkiŋ]
esquí (m) de fondo	langrenn (n), skirenn (n)	['laŋ‚rɛn], ['ʂi‚rɛn]
tenis (m) de mesa	bordtennis (m)	['bʉr‚tɛnis]

vela (f)	seiling (m/f)	['sæjliŋ]
rally (m)	rally (n)	['rɛli]
rugby (m)	rugby (m)	['rygbi]
snowboarding (m)	snøbrett (n)	['snø‚brɛt]
tiro (m) con arco	bueskyting (m/f)	['bʉ:ə‚ʂytiŋ]

134. El gimnasio

| barra (f) de pesas | vektstang (m/f) | ['vɛkt‚staŋ] |
| pesas (f pl) | manualer (m pl) | ['manʉ‚alər] |

aparato (m) de ejercicios	treningsapparat (n)	['treniŋs ɑpɑ'rɑt]
bicicleta (f) estática	trimsykkel (m)	['trim‚sʏkəl]
cinta (f) de correr	løpebånd (n)	['løpə‚bɔːn]

barra (f) fija	svingstang (m/f)	['sviŋstɑŋ]
barras (f pl) paralelas	barre (m)	['bɑrə]
potro (m)	hest (m)	['hɛst]
colchoneta (f)	matte (m/f)	['mɑtə]

comba (f)	hoppetau (n)	['hɔpə‚tɑʊ]
aeróbica (f)	aerobic (m)	[ɑɛ'rɔbik]
yoga (m)	yoga (m)	['jogɑ]

135. El hóckey

hockey (m)	ishockey (m)	['is‚hɔki]
jugador (m) de hockey	ishockeyspiller (m)	['is‚hɔki 'spilər]
jugar al hockey	å spille ishockey	[ɔ 'spilə 'is‚hɔki]
hielo (m)	is (m)	['is]

disco (m)	puck (m)	['puk]
palo (m) de hockey	kølle (m/f)	['kølə]
patines (m pl)	skøyter (m/f pl)	['şøjtər]

muro (m)	vant (n)	['vɑnt]
tiro (m)	skudd (n)	['skʉd]

portero (m)	målvakt (m/f)	['moːl‚vɑkt]
gol (m)	mål (n)	['mol]
marcar un gol	å score mål	[ɔ 'skɔrə ‚mol]

periodo (m)	periode (m)	[pæri'ʊdə]
segundo periodo (m)	andre periode (m)	['ɑndrə pæri'ʊdə]
banquillo (m) de reserva	reservebenk (m)	[re'sɛrvə‚bɛnk]

136. El fútbol

fútbol (m)	fotball (m)	['fʊtbɑl]
futbolista (m)	fotballspiller (m)	['fʊtbɑl‚spilər]
jugar al fútbol	å spille fotball	[ɔ 'spilə 'fʊtbɑl]

liga (f) superior	øverste liga (m)	['øvəştə ‚ligɑ]
club (m) de fútbol	fotballklubb (m)	['fʊtbɑl‚klʉb]
entrenador (m)	trener (m)	['trenər]
propietario (m)	eier (m)	['æjər]

equipo (m)	lag (n)	['lɑg]
capitán (m) del equipo	kaptein (m) på laget	[kɑp'tæjn pɔ 'lage]
jugador (m)	spiller (m)	['spilər]
reserva (m)	reservespiller (m)	[re'sɛrvə‚spilər]
delantero (m)	spiss, angriper (m)	['spis], ['ɑn‚gripər]
delantero (m) centro	sentral spiss (m)	[sɛn'trɑl ‚spis]

goleador (m)	målscorer (m)	['moːlˌskɔrər]
defensa (m)	forsvarer, back (m)	['fɔˌsvarər], ['bɛk]
medio (m)	midtbanespiller (m)	['mitˌbanə 'spilər]

match (m)	kamp (m)	['kamp]
encontrarse (vr)	å møtes	[ɔ 'møtəs]
final (f)	finale (m)	[fi'nalə]
semifinal (f)	semifinale (m)	[ˌsemifi'nalə]
campeonato (m)	mesterskap (n)	['mɛstæˌskap]

tiempo (m)	omgang (m)	['ɔmgaŋ]
primer tiempo (m)	første omgang (m)	['fœʂtə ˌɔmgaŋ]
descanso (m)	halvtid (m)	['halˌtid]

puerta (f)	mål (n)	['mol]
portero (m)	målmann (m), målvakt (m/f)	['moːlˌman], ['moːlˌvakt]
poste (m)	stolpe (m)	['stɔlpə]
larguero (m)	tverrligger (m)	['tvæːˌligər]
red (f)	nett (n)	['nɛt]
recibir un gol	å slippe inn et mål	[ɔ 'ʂlipə in et 'mol]

balón (m)	ball (m)	['bal]
pase (m)	pasning (m/f)	['pasniŋ]

tiro (m)	spark (m/n)	['spark]
lanzar un tiro	å sparke	[ɔ 'sparkə]
tiro (m) de castigo	frispark (m/n)	['friˌspark]
saque (m) de esquina	hjørnespark (m/n)	['jœːɳəˌspark]

ataque (m)	angrep (n)	['anˌgrɛp]
contraataque (m)	kontring (m/f)	['kɔntriŋ]
combinación (f)	kombinasjon (m)	[kʊmbina'ʂʊn]

árbitro (m)	dommer (m)	['dɔmər]
silbar (vi)	å blåse i fløyte	[ɔ 'bloːsə i 'fløjtə]
silbato (m)	plystring (m/f)	['plʏstriŋ]

infracción (f)	brudd (n), forseelse (m)	['brʉd], [fɔ'ʂeelsə]
cometer una infracción	å begå en forseelse	[ɔ be'gɔ en fɔ'ʂeelsə]
expulsar del campo	å utvise	[ɔ 'ʉtˌvisə]

tarjeta (f) amarilla	gult kort (n)	['gʉlt ˌkɔːt]
tarjeta (f) roja	rødt kort (n)	['røt kɔːt]
descalificación (f)	diskvalifisering (m)	['diskvalifiˌseriŋ]
descalificar (vt)	å diskvalifisere	[ɔ 'diskvalifiˌserə]

penalti (m)	straffespark (m/n)	['strafəˌspark]
barrera (f)	mur (m)	['mʉr]
meter un gol	å score	[ɔ 'skɔrə]
gol (m)	mål (n)	['mol]
marcar un gol	å score mål	[ɔ 'skɔrə ˌmol]

reemplazo (m)	erstatning (m)	['æˌʂtatniŋ]
reemplazar (vt)	å bytte ut	[ɔ 'bʏtə ʉt]
reglas (f pl)	regler (m pl)	['rɛglər]
táctica (f)	taktikk (m)	[tak'tik]

estadio (m)	stadion (m/n)	['stɑdiɔn]
gradería (f)	tribune (m)	[tri'bʉnə]
hincha (m)	fan (m)	['fæn]
gritar (vi)	å skrike	[ɔ 'skrikə]

| tablero (m) | måltavle (m/f) | ['moːlˌtɑvlə] |
| tanteo (m) | resultat (n) | [resʉl'tɑt] |

derrota (f)	nederlag (n)	['nedəˌlɑg]
perder (vi)	å tape	[ɔ 'tɑpə]
empate (m)	uavgjort (m)	[ʉːav'jɔːt]
empatar (vi)	å spille uavgjort	[ɔ 'spilə ʉːav'jɔːt]

victoria (f)	seier (m)	['sæjər]
ganar (vi)	å vinne	[ɔ 'vinə]
campeón (m)	mester (m)	['mɛstər]
mejor (adj)	best	['bɛst]
felicitar (vt)	å gratulere	[ɔ gratʉ'lerə]

comentarista (m)	kommentator (m)	[kʉmən'tɑtʉr]
comentar (vt)	å kommentere	[ɔ kʉmən'terə]
transmisión (f)	sending (m/f)	['sɛniŋ]

137. El esquí

esquís (m pl)	ski (m/f pl)	['ʂi]
esquiar (vi)	å gå på ski	[ɔ 'gɔ pɔ 'ʂi]
estación (f) de esquí	skisted (n)	['ʂistəd]
telesquí (m)	skiheis (m)	['ʂiˌhæjs]

bastones (m pl)	skistaver (m pl)	['ʂiˌstɑvər]
cuesta (f)	skråning (m)	['skrɔniŋ]
eslalon (m)	slalåm (m)	['ʂlɑlɔm]

138. El tenis. El golf

golf (m)	golf (m)	['gɔlf]
club (m) de golf	golfklubb (m)	['gɔlfˌklʉb]
jugador (m) de golf	golfspiller (m)	['gɔlfˌspilər]

hoyo (m)	hull (n)	['hʉl]
palo (m)	kølle (m/f)	['kølə]
carro (m) de golf	golftralle (m/f)	['gɔlfˌtrɑlə]

| tenis (m) | tennis (m) | ['tɛnis] |
| cancha (f) de tenis | tennisbane (m) | ['tɛnisˌbɑnə] |

saque (m)	serve (m)	['sɛrv]
sacar (servir)	å serve	[ɔ 'sɛrvə]
raqueta (f)	racket (m)	['rɛket]
red (f)	nett (n)	['nɛt]
pelota (f)	ball (m)	['bɑl]

123

139. El ajedrez

ajedrez (m)	sjakk (m)	['ʂak]
piezas (f pl)	sjakkbrikker (m/f pl)	['ʂak͵brikər]
ajedrecista (m)	sjakkspiller (m)	['ʂak͵spilər]
tablero (m) de ajedrez	sjakkbrett (n)	['ʂak͵brɛt]
pieza (f)	sjakbrikke (m/f)	['ʂak͵brikə]

blancas (f pl)	hvite brikker (m/f pl)	['vitə ͵brikər]
negras (f pl)	svarte brikker (m/f pl)	['svɑːʈə ͵brikər]

peón (m)	bonde (m)	['bɔnə]
alfil (m)	løper (m)	['løpər]
caballo (m)	springer (m)	['spriŋər]
torre (f)	tårn (n)	['tɔːɳ]
reina (f)	dronning (m/f)	['drɔniŋ]
rey (m)	konge (m)	['kʊŋə]

jugada (f)	trekk (n)	['trɛk]
jugar (mover una pieza)	å flytte	[ɔ 'flʏtə]
sacrificar (vt)	å ofre	[ɔ 'ɔfrə]
enroque (m)	rokade (m)	[rʊ'kɑdə]
jaque (m)	sjakk (m)	['ʂak]
mate (m)	matt (m)	['mat]

torneo (m) de ajedrez	sjakkturnering (m/f)	['ʂak tʉr͵neriŋ]
gran maestro (m)	stormester (m)	['stʉr͵mɛstər]
combinación (f)	kombinasjon (m)	[kʊmbinɑ'ʂʉn]
partida (f)	parti (n)	[pɑː'ʈi]
damas (f pl)	damspill (n)	['dam͵spil]

140. El boxeo

boxeo (m)	boksing (m)	['bɔksiŋ]
combate (m) (~ de boxeo)	kamp (m)	['kamp]
pelea (f) de boxeo	boksekamp (m)	['bɔksə͵kamp]
asalto (m)	runde (m)	['rʉndə]

cuadrilátero (m)	ring (m)	['riŋ]
campana (f)	gong (m)	['gɔŋ]

golpe (m)	støt, slag (n)	['støt], ['ʂlag]
knockdown (m)	knockdown (m)	[nɔk'daʊn]

nocaut (m)	knockout (m)	[nɔk'aʊt]
noquear (vt)	å slå ut	[ɔ 'ʂlɔ ʉt]

guante (m) de boxeo	boksehanske (m)	['bɔksə͵hanskə]
árbitro (m)	dommer (m)	['dɔmər]

peso (m) ligero	lettvekt (m/f)	['lɛt͵vɛkt]
peso (m) medio	mellomvekt (m/f)	['mɛlɔm͵vɛkt]
peso (m) pesado	tungvekt (m/f)	['tʉŋ͵vɛkt]

141. Los deportes. Miscelánea

Juegos (m pl) Olímpicos	de olympiske løker	[de u'lʏmpiskə 'lekər]
vencedor (m)	seierherre (m)	['sæjər,hɛrə]
vencer (vi)	å vinne, å seire	[ɔ 'vinə], [ɔ 'sæjrə]
ganar (vi)	å vinne	[ɔ 'vinə]
líder (m)	leder (m)	['ledər]
liderar (vt)	å lede	[ɔ 'ledə]
primer puesto (m)	førsteplass (m)	['fœʂtə,plɑs]
segundo puesto (m)	annenplass (m)	['ɑnən,plɑs]
tercer puesto (m)	tredjeplass (m)	['trɛdjə,plɑs]
medalla (f)	medalje (m)	[me'dɑljə]
trofeo (m)	trofé (m/n)	[trɔ'fe]
copa (f) (trofeo)	pokal (m)	[pɔ'kɑl]
premio (m)	pris (m)	['pris]
premio (m) principal	hovedpris (m)	['hʊvəd,pris]
record (m)	rekord (m)	[re'kɔrd]
establecer un record	å sette rekord	[ɔ 'sɛtə re'kɔrd]
final (m)	finale (m)	[fi'nɑlə]
de final (adj)	finale-	[fi'nɑlə-]
campeón (m)	mester (m)	['mɛstər]
campeonato (m)	mesterskap (n)	['mɛstæ,skɑp]
estadio (m)	stadion (m/n)	['stɑdiɔn]
gradería (f)	tribune (m)	[tri'bʉnə]
hincha (m)	fan (m)	['fæn]
adversario (m)	motstander (m)	['mʊt,stɑnər]
arrancadero (m)	start (m)	['stɑːt]
línea (f) de meta	mål (n), målstrek (m)	['moːl], ['moːl,strek]
derrota (f)	nederlag (n)	['nedə,lɑg]
perder (vi)	å tape	[ɔ 'tɑpə]
árbitro (m)	dommer (m)	['dɔmər]
jurado (m)	jury (m)	['jʉry]
cuenta (f)	resultat (n)	[resʉl'tɑt]
empate (m)	uavgjort (m)	[ʉːav'jɔːt]
empatar (vi)	å spille uavgjort	[ɔ 'spilə ʉːav'jɔːt]
punto (m)	poeng (n)	[pɔ'ɛŋ]
resultado (m)	resultat (n)	[resʉl'tɑt]
tiempo (m)	periode (m)	[pæri'ʊdə]
descanso (m)	halvtid (m)	['hɑl,tid]
droga (f), doping (m)	doping (m)	['dʊpiŋ]
penalizar (vt)	å straffe	[ɔ 'strɑfə]
descalificar (vt)	å diskvalifisere	[ɔ 'diskvɑlifi,serə]
aparato (m)	redskap (m/n)	['rɛd,skɑp]

125

jabalina (f)	spyd (n)	['spyd]
peso (m) (lanzamiento de ~)	kule (m/f)	['kʉːlə]
bola (f) (billar, etc.)	kule (m/f), ball (m)	['kʉːlə], ['bɑl]
objetivo (m)	mål (n)	['mol]
blanco (m)	målskive (m/f)	['moːlˌʂivə]
tirar (vi)	å skyte	[ɔ 'ʂytə]
preciso (~ disparo)	fulltreffer	['fʉlˌtrɛfər]
entrenador (m)	trener (m)	['trenər]
entrenar (vt)	å trene	[ɔ 'trenə]
entrenarse (vr)	å trene	[ɔ 'trenə]
entrenamiento (m)	trening (m/f)	['treniŋ]
gimnasio (m)	idrettssal (m)	['idrɛtsˌsɑl]
ejercicio (m)	øvelse (m)	['øvəlsə]
calentamiento (m)	oppvarming (m/f)	['ɔpˌvɑrmiŋ]

La educación

escuela (f)	skole (m/f)	['skʉlə]
director (m) de escuela	rektor (m)	['rektʊr]
alumno (m)	elev (m)	[e'lev]
alumna (f)	elev (m)	[e'lev]
escolar (m)	skolegutt (m)	['skʉlə‚gʉt]
escolar (f)	skolepike (m)	['skʉlə‚pikə]
enseñar (vt)	å undervise	[ɔ 'ʉnər‚visə]
aprender (ingles, etc.)	å lære	[ɔ 'lærə]
aprender de memoria	å lære utenat	[ɔ 'lærə 'ʉtənat]
aprender (a leer, etc.)	å lære	[ɔ 'lærə]
estar en la escuela	å gå på skolen	[ɔ 'gɔ pɔ 'skʉlən]
ir a la escuela	å gå på skolen	[ɔ 'gɔ pɔ 'skʉlən]
alfabeto (m)	alfabet (n)	[alfa'bet]
materia (f)	fag (n)	['fag]
aula (f)	klasserom (m/f)	['klasə‚rʊm]
lección (f)	time (m)	['timə]
recreo (m)	frikvarter (n)	['frikvɑː‚ʈər]
campana (f)	skoleklokke (m/f)	['skʉlə‚klɔkə]
pupitre (m)	skolepult (m)	['skʉlə‚pʉlt]
pizarra (f)	tavle (m/f)	['tavlə]
nota (f)	karakter (m)	[karak'ter]
buena nota (f)	god karakter (m)	['gʉ karak'ter]
mala nota (f)	dårlig karakter (m)	['doːʎi karak'ter]
poner una nota	å gi en karakter	[ɔ 'ji en karak'ter]
falta (f)	feil (m)	['fæjl]
hacer faltas	å gjøre feil	[ɔ 'jørə ‚fæjl]
corregir (un error)	å rette	[ɔ 'rɛtə]
chuleta (f)	fuskelapp (m)	['fʉskə‚lap]
deberes (m pl) de casa	lekser (m/f pl)	['leksər]
ejercicio (m)	øvelse (m)	['øvəlsə]
estar presente	å være til stede	[ɔ 'værə til 'stedə]
estar ausente	å være fraværende	[ɔ 'værə 'fra‚værənə]
faltar a las clases	å skulke skolen	[ɔ 'skʉlkə 'skʉlən]
castigar (vt)	å straffe	[ɔ 'strafə]
castigo (m)	straff, avstraffelse (m)	['straf], ['af‚strafəlsə]
conducta (f)	oppførsel (m)	['ɔp‚fœʂəl]

libreta (f) de notas	karakterbok (m/f)	[kɑrɑk'ter,bʉk]
lápiz (m)	blyant (m)	['bly,ɑnt]
goma (f) de borrar	viskelær (n)	['viskə,lær]
tiza (f)	kritt (n)	['krit]
cartuchera (f)	pennal (n)	[pɛ'nɑl]

mochila (f)	skoleveske (m/f)	['skʉlə,vɛskə]
bolígrafo (m)	penn (m)	['pɛn]
cuaderno (m)	skrivebok (m/f)	['skrivə,bʉk]
manual (m)	lærebok (m/f)	['lærə,bʉk]
compás (m)	passer (m)	['pɑsər]

trazar (vi, vt)	å tegne	[ɔ 'tæjnə]
dibujo (m) técnico	teknisk tegning (m/f)	['tɛknisk ,tæjniŋ]

poema (m), poesía (f)	dikt (n)	['dikt]
de memoria (adv)	utenat	['ʉtən,ɑt]
aprender de memoria	å lære utenat	[ɔ 'lærə 'ʉtənɑt]

vacaciones (f pl)	skoleferie (m)	['skʉlə,fɛriə]
estar de vacaciones	å være på ferie	[ɔ 'værə pɔ 'fɛriə]
pasar las vacaciones	å tilbringe ferien	[ɔ 'til,briŋə 'fɛriən]

prueba (f) escrita	prøve (m/f)	['prøvə]
composición (f)	essay (n)	[ɛ'sɛj]
dictado (m)	diktat (m)	[dik'tɑt]
examen (m)	eksamen (m)	[ɛk'sɑmən]
hacer un examen	å ta eksamen	[ɔ 'tɑ ɛk'sɑmən]
experimento (m)	forsøk (n)	['fɔ'ʂøk]

143. Los institutos. La Universidad

academia (f)	akademi (n)	[ɑkɑde'mi]
universidad (f)	universitet (n)	[ʉnivæʂi'tet]
facultad (f)	fakultet (n)	[fɑkʉl'tet]

estudiante (m)	student (m)	[stʉ'dɛnt]
estudiante (f)	kvinnelig student (m)	['kvinəli stʉ'dɛnt]
profesor (m)	lærer, foreleser (m)	['lærər], ['fʉrə,lesər]

aula (f)	auditorium (n)	[,aʉdi'tʉrium]
graduado (m)	alumn (m)	[ɑ'lʉmn]

diploma (m)	diplom (n)	[di'plʉm]
tesis (f) de grado	avhandling (m/f)	['ɑv,hɑndliŋ]

estudio (m)	studie (m)	['stʉdiə]
laboratorio (m)	laboratorium (n)	[lɑbʉrɑ'tɔrium]

clase (f)	forelesning (m)	['fɔrə,lesniŋ]
compañero (m) de curso	studiekamerat (m)	['stʉdiə kɑmə,rɑt]

beca (f)	stipendium (n)	[sti'pɛndium]
grado (m) académico	akademisk grad (m)	[ɑkɑ'demisk ,grɑd]

144. Las ciencias. Las disciplinas

matemáticas (f pl)	matematikk (m)	[matəma'tik]
álgebra (f)	algebra (m)	['algə,bra]
geometría (f)	geometri (m)	[geʊme'tri]
astronomía (f)	astronomi (m)	[astrʊnʊ'mi]
biología (f)	biologi (m)	[biʊlʊ'gi]
geografía (f)	geografi (m)	[geʊgra'fi]
geología (f)	geologi (m)	[geʊlʊ'gi]
historia (f)	historie (m/f)	[hi'stʊriə]
medicina (f)	medisin (m)	[medi'sin]
pedagogía (f)	pedagogikk (m)	[pedagʊ'gik]
derecho (m)	rett (m)	['rɛt]
física (f)	fysikk (m)	[fy'sik]
química (f)	kjemi (m)	[çe'mi]
filosofía (f)	filosofi (m)	[filʊsʊ'fi]
psicología (f)	psykologi (m)	[sikʊlʊ'gi]

145. Los sistemas de escritura. La ortografía

gramática (f)	grammatikk (m)	[grama'tik]
vocabulario (m)	ordforråd (n)	['uːrfʊ,rɔd]
fonética (f)	fonetikk (m)	[fʊne'tik]
sustantivo (m)	substantiv (n)	['sʉbstan,tiv]
adjetivo (m)	adjektiv (n)	['adjɛk,tiv]
verbo (m)	verb (n)	['værb]
adverbio (m)	adverb (n)	[ad'væːb]
pronombre (m)	pronomen (n)	[prʊ'nʊmən]
interjección (f)	interjeksjon (m)	[interjɛk'sʉn]
preposición (f)	preposisjon (m)	[prɛpʊsi'sʉn]
raíz (f), radical (m)	rot (m/f)	['rʊt]
desinencia (f)	endelse (m)	['ɛnəlsə]
prefijo (m)	prefiks (n)	[prɛ'fiks]
sílaba (f)	stavelse (m)	['stavəlsə]
sufijo (m)	suffiks (n)	[sʉ'fiks]
acento (m)	betoning (m), trykk (n)	['be'tɔniŋ], ['trʏk]
apóstrofo (m)	apostrof (m)	[apʊ'strɔf]
punto (m)	punktum (n)	['pʉnktum]
coma (m)	komma (n)	['kɔma]
punto y coma	semikolon (n)	[ˌsemikʊ'lɔn]
dos puntos (m pl)	kolon (n)	['kʊlɔn]
puntos (m pl) suspensivos	tre prikker (m pl)	['tre 'prikər]
signo (m) de interrogación	spørsmålstegn (n)	['spœṣmols,tæjn]
signo (m) de admiración	utropstegn (n)	['ʉtrʊps,tæjn]

comillas (f pl)	anførselstegn (n pl)	[an'fœṣɛls‚tejn]
entre comillas	i anførselstegn	[i an'fœṣɛls‚tejn]
paréntesis (m)	parentes (m)	[parɛn'tes]
entre paréntesis	i parentes	[i parɛn'tes]

guión (m)	bindestrek (m)	['binə‚strek]
raya (f)	tankestrek (m)	['tankə‚strek]
blanco (m)	mellomrom (n)	['mɛlɔm‚rʊm]

| letra (f) | bokstav (m) | ['bʊkstav] |
| letra (f) mayúscula | stor bokstav (m) | ['stʊr 'bʊkstav] |

| vocal (f) | vokal (m) | [vʊ'kal] |
| consonante (m) | konsonant (m) | [kʊnsʊ'nant] |

oración (f)	setning (m)	['sɛtniŋ]
sujeto (m)	subjekt (n)	[sʉb'jɛkt]
predicado (m)	predikat (n)	[prɛdi'kat]

línea (f)	linje (m)	['linjə]
en una nueva línea	på ny linje	[pɔ ny 'linjə]
párrafo (m)	avsnitt (n)	['af‚snit]

palabra (f)	ord (n)	['u:r]
combinación (f) de palabras	ordgruppe (m/f)	['u:r‚grʉpə]
expresión (f)	uttrykk (n)	['ʉt‚trʏk]
sinónimo (m)	synonym (n)	[synʊ'nym]
antónimo (m)	antonym (n)	[antʉ'nym]

regla (f)	regel (m)	['rɛgəl]
excepción (f)	unntak (n)	['ʉn‚tak]
correcto (adj)	riktig	['rikti]

conjugación (f)	bøyning (m/f)	['bøjniŋ]
declinación (f)	bøyning (m/f)	['bøjniŋ]
caso (m)	kasus (m)	['kasʉs]
pregunta (f)	spørsmål (n)	['spœṣ‚mol]
subrayar (vt)	å understreke	[ɔ 'ʉnə‚strekə]
línea (f) de puntos	prikket linje (m)	['prikət 'linjə]

146. Los idiomas extranjeros

lengua (f)	språk (n)	['sprɔk]
extranjero (adj)	fremmed-	['fremə-]
lengua (f) extranjera	fremmedspråk (n)	['fremed‚sprɔk]
estudiar (vt)	å studere	[ɔ stʉ'derə]
aprender (ingles, etc.)	å lære	[ɔ 'lærə]

leer (vi, vt)	å lese	[ɔ 'lesə]
hablar (vi, vt)	å tale	[ɔ 'talə]
comprender (vt)	å forstå	[ɔ fɔ'ṣtɔ]
escribir (vt)	å skrive	[ɔ 'skrivə]
rápidamente (adv)	fort	['fʊːt]
lentamente (adv)	langsomt	['laŋsɔmt]

con fluidez (adv)	flytende	['flytnə]
reglas (f pl)	regler (m pl)	['rɛglər]
gramática (f)	grammatikk (m)	[grɑmɑ'tik]
vocabulario (m)	ordforråd (n)	['uːrfʊˌrɔd]
fonética (f)	fonetikk (m)	[fʊne'tik]

manual (m)	lærebok (m/f)	['læːrəˌbʊk]
diccionario (m)	ordbok (m/f)	['uːrˌbʊk]
manual (m) autodidáctico	lærebok (m/f) for selvstudium	['læːrəˌbʊk fɔ 'selˌstʉdium]
guía (f) de conversación	parlør (m)	[pɑː'lør]

casete (m)	kassett (m)	[kɑ'sɛt]
videocasete (f)	videokassett (m)	['videʉ kɑ'sɛt]
disco compacto, CD (m)	CD-rom (m)	['sɛdɛˌrʊm]
DVD (m)	DVD (m)	[deve'de]

alfabeto (m)	alfabet (n)	[ɑlfɑ'bet]
deletrear (vt)	å stave	[ɔ 'stɑvə]
pronunciación (f)	uttale (m)	['ʉtˌtɑlə]

acento (m)	aksent (m)	[ɑk'sɑŋ]
con acento	med aksent	[me ɑk'sɑŋ]
sin acento	uten aksent	['ʉtən ɑk'sɑŋ]

palabra (f)	ord (n)	['uːr]
significado (m)	betydning (m)	[be'tʏdniŋ]

cursos (m pl)	kurs (n)	['kʉʂ]
inscribirse (vr)	å anmelde seg	[ɔ 'ɑnˌmɛlə sæj]
profesor (m) (~ de inglés)	lærer (m)	['læːrər]

traducción (f) (proceso)	oversettelse (m)	['ɔvəˌsɛtəlsə]
traducción (f) (texto)	oversettelse (m)	['ɔvəˌsɛtəlsə]
traductor (m)	oversetter (m)	['ɔvəˌsɛtər]
intérprete (m)	tolk (m)	['tɔlk]

polígota (m)	polyglott (m)	[pʊlʏ'glɔt]
memoria (f)	minne (n), hukommelse (m)	['minə], [hʉ'kɔməlsə]

147. Los personajes de los cuentos de hadas

Papá Noel (m)	Julenissen	['jʉləˌnisən]
Cenicienta (f)	Askepott	['ɑskəˌpɔt]
sirena (f)	havfrue (m/f)	['hɑvˌfrʉə]
Neptuno (m)	Neptun	[nɛp'tʉn]

mago (m)	trollmann (m)	['trɔlˌmɑn]
maga (f)	fe (m)	['fe]
mágico (adj)	trylle-	['trʏlə-]
varita (f) mágica	tryllestav (m)	['trʏləˌstɑv]

cuento (m) de hadas	eventyr (n)	['ɛvənˌtyr]
milagro (m)	mirakel (n)	[mi'rɑkəl]

131

| enano (m) | gnom, dverg (m) | ['gnʊm], ['dvɛrg] |
| transformarse en ... | å forvandle seg til ... | [ɔ for'vandlə sæj til ...] |

espíritu (m) (fantasma)	spøkelse (n)	['spøkəlsə]
fantasma (m)	fantom (m)	[fan'tɔm]
monstruo (m)	monster (n)	['mɔnstər]
dragón (m)	drage (m)	['dragə]
gigante (m)	gigant (m)	[gi'gant]

148. Los signos de zodiaco

Aries (m)	Væren (m)	['værən]
Tauro (m)	Tyren (m)	['tyrən]
Géminis (m pl)	Tvillingene (m pl)	['tviliŋənə]
Cáncer (m)	Krepsen (m)	['krɛpsən]
Leo (m)	Løven (m)	['løvən]
Virgo (m)	Jomfruen (m)	['ʉmfrʉən]

Libra (f)	Vekten (m)	['vɛktən]
Escorpio (m)	Skorpionen	[skɔrpi'ʊnən]
Sagitario (m)	Skytten (m)	['ʂytən]
Capricornio (m)	Steinbukken (m)	['stæjn,bʉkən]
Acuario (m)	Vannmannen (m)	['van,manən]
Piscis (m pl)	Fiskene (pl)	['fiskenə]

carácter (m)	karakter (m)	[karak'ter]
rasgos (m pl) de carácter	karaktertrekk (n pl)	[karak'ter,trɛk]
conducta (f)	oppførsel (m)	['ɔp,fœʂəl]
decir la buenaventura	å spå	[ɔ 'spɔ]
adivinadora (f)	spåkone (m/f)	['spo:,konə]
horóscopo (m)	horoskop (n)	[hʉrʉ'skɔp]

El arte

teatro (m)	teater (n)	[te'atər]
ópera (f)	opera (m)	['ʉpera]
opereta (f)	operette (m)	[ʉpe'rɛtə]
ballet (m)	ballett (m)	[ba'let]

cartelera (f)	plakat (m)	[pla'kat]
compañía (f) de teatro	teatertrupp (m)	[te'atər‚trʉp]
gira (f) artística	turné (m)	[tʉr'ne:]
hacer una gira artística	å være på turné	[ɔ 'væərə pɔ tʉr'ne:]
ensayar (vi, vt)	å repetere	[ɔ repe'terə]
ensayo (m)	repetisjon (m)	[repeti'ʂʉn]
repertorio (m)	repertoar (n)	[repæ:‚tʉ'ar]

representación (f)	forestilling (m/f)	['fɔrə‚stiliŋ]
espectáculo (m)	teaterstykke (n)	[te'atər‚stʏkə]
pieza (f) de teatro	skuespill (n)	['skʉə‚spil]

billet (m)	billett (m)	[bi'let]
taquilla (f)	billettluke (m/f)	[bi'let‚lʉkə]
vestíbulo (m)	lobby, foajé (m)	['lɔbi], [fʉa'je]
guardarropa (f)	garderobe (m)	[ga:d̠ə'rʉbə]
ficha (f) de guardarropa	garderobemerke (n)	[ga:d̠ə'rʉbə 'mærkə]
gemelos (m pl)	kikkert (m)	['çikɛ:t̠]
acomodador (m)	plassanviser (m)	['plas an‚visər]

patio (m) de butacas	parkett (m)	[par'kɛt]
balconcillo (m)	balkong (m)	[bal'kɔŋ]
entresuelo (m)	første losjerad (m)	['fœʂtə ‚luʂɛrad]
palco (m)	losje (m)	['luʂə]
fila (f)	rad (m/f)	['rad]
asiento (m)	plass (m)	['plas]

público (m)	publikum (n)	['pʉblikum]
espectador (m)	tilskuer (m)	['til‚skʉər]
aplaudir (vi, vt)	å klappe	[ɔ 'klapə]
aplausos (m pl)	applaus (m)	[a'plaʊs]
ovación (f)	bifall (n)	['bi‚fal]

escenario (m)	scene (m)	['se:nə]
telón (m)	teppe (n)	['tɛpə]
decoración (f)	dekorasjon (m)	[dekʉra'ʂʉn]
bastidores (m pl)	kulisser (m pl)	[kʉ'lisər]

escena (f)	scene (m)	['se:nə]
acto (m)	akt (m)	['akt]
entreacto (m)	mellomakt (m)	['mɛlɔm‚akt]

150. El cine

| actor (m) | skuespiller (m) | ['skʉəˌspilər] |
| actriz (f) | skuespillerinne (m/f) | ['skʉəˌspilə'rinə] |

cine (m) (industria)	filmindustri (m)	['film indʉ'stri]
película (f)	film (m)	['film]
episodio (m)	del (m)	['del]

película (f) policíaca	kriminalfilm (m)	[krimi'nalˌfilm]
película (f) de acción	actionfilm (m)	['ɛkşənˌfilm]
película (f) de aventura	eventyrfilm (m)	['ɛvəntyrˌfilm]
película (f) de ciencia ficción	Sci-Fi film (m)	['sɑjˌfɑj film]
película (f) de horror	skrekkfilm (m)	['skrɛkˌfilm]

película (f) cómica	komedie (m)	['kʉ'mediə]
melodrama (m)	melodrama (n)	[melɔ'drɑmɑ]
drama (m)	drama (n)	['drɑmɑ]

película (f) de ficción	spillefilm (m)	['spiləˌfilm]
documental (m)	dokumentarfilm (m)	[dɔkʉmɛn'tɑr ˌfilm]
dibujos (m pl) animados	tegnefilm (m)	['tæjnəˌfilm]
cine (m) mudo	stumfilm (m)	['stʉmˌfilm]

papel (m)	rolle (m/f)	['rɔlə]
papel (m) principal	hovedrolle (m)	['hʉvədˌrɔle]
interpretar (vt)	å spille	[ɔ 'spilə]

estrella (f) de cine	filmstjerne (m)	['filmˌstjæːŋə]
conocido (adj)	kjent	['çɛnt]
famoso (adj)	berømt	[be'rømt]
popular (adj)	populær	[pʉpʉ'lær]

guión (m) de cine	manus (n)	['mɑnʉs]
guionista (m)	manusforfatter (m)	['mɑnʉs fɔr'fɑtər]
director (m) de cine	regissør (m)	[rɛşi'sør]
productor (m)	produsent (m)	[prʉdʉ'sɛnt]
asistente (m)	assistent (m)	[ɑsi'stɛnt]
operador (m) de cámara	kameramann (m)	['kɑmerɑˌmɑn]
doble (m) de riesgo	stuntmann (m)	['stɑntˌmɑn]
doble (m)	stand-in (m)	[ˌstɑnd'in]

filmar una película	å spille inn en film	[ɔ 'spilə in en 'film]
audición (f)	prøve (m/f)	['prøvə]
rodaje (m)	opptak (n)	['ɔpˌtɑk]
equipo (m) de rodaje	filmteam (n)	['filmˌtim]
plató (m) de rodaje	opptaksplass (m)	['ɔptɑksˌplɑs]
cámara (f)	filmkamera (n)	['filmˌkɑmerɑ]

cine (m) (iremos al ~)	kino (m)	['çinʉ]
pantalla (f)	filmduk (m)	['filmˌdʉk]
mostrar la película	å vise en film	[ɔ 'visə en 'film]

| pista (f) sonora | lydspor (n) | ['lydˌspʉr] |
| efectos (m pl) especiales | spesialeffekter (m pl) | ['spesi'al e'fɛktər] |

subtítulos (m pl)	undertekster (m/f)	['ʉnəˌtɛkstər]
créditos (m pl)	rulletekst (m)	['rʉləˌtɛkst]
traducción (f)	oversettelse (m)	['ɔvəˌsɛtəlsə]

151. La pintura

arte (m)	kunst (m)	['kʉnst]
bellas artes (f pl)	de skjønne kunster	[de 'ʂønə 'kʉnstər]
galería (f) de arte	kunstgalleri (n)	['kʉnst galeˈri]
exposición (f) de arte	maleriutstilling (m/f)	[ˌmaleˈri ʉtˌstiliŋ]

pintura (f) (tipo de arte)	malerkunst (m)	['malərˌkʉnst]
gráfica (f)	grafikk (m)	[graˈfik]
abstraccionismo (m)	abstrakt kunst (m)	[abˈstrakt 'kʉnst]
impresionismo (m)	impresjonisme (m)	[imprɛʂʉˈnisme]

pintura (f) (cuadro)	maleri (m/f)	[ˌmaleˈri]
dibujo (m)	tegning (m/f)	['tæjniŋ]
pancarta (f)	plakat, poster (m)	['plaˌkat], ['pɔstər]

ilustración (f)	illustrasjon (m)	[ilʉstraˈʂʉn]
miniatura (f)	miniatyr (m)	[miniaˈtyr]
copia (f)	kopi (m)	[kʉˈpi]
reproducción (f)	reproduksjon (m)	[reprʉdʉkˈʂʉn]

mosaico (m)	mosaikk (m)	[mʉsaˈik]
vitral (m)	glassmaleri (n)	['glasˌmaleˈri]
fresco (m)	freske (m)	['frɛskə]
grabado (m)	gravyr (m)	[graˈvyr]

busto (m)	byste (m)	['bystə]
escultura (f)	skulptur (m)	[skʉlpˈtʉr]
estatua (f)	statue (m)	['statʉə]
yeso (m)	gips (m)	['jips]
en yeso (adj)	gips-	['jips-]

retrato (m)	portrett (n)	[pɔːˈtrɛt]
autorretrato (m)	selvportrett (n)	['sɛlˌpɔːˈtrɛt]
paisaje (m)	landskapsmaleri (n)	['lanskapsˌmaleˈri]
naturaleza (f) muerta	stilleben (n)	['stilˌlebən]
caricatura (f)	karikatur (m)	[karikaˈtʉr]
boceto (m)	skisse (m/f)	['ʂisə]

pintura (f) (material)	maling (m/f)	['maliŋ]
acuarela (f)	akvarell (m)	[akvaˈrɛl]
óleo (m)	olje (m)	['ɔljə]
lápiz (m)	blyant (m)	['blyˌant]
tinta (f) china	tusj (m/n)	['tʉʂ]
carboncillo (m)	kull (n)	['kʉl]

dibujar (vi, vt)	å tegne	[ɔ 'tæjnə]
pintar (vi, vt)	å male	[ɔ 'malə]
posar (vi)	å posere	[ɔ pɔˈserə]
modelo (m)	modell (m)	[mʉˈdɛl]

modelo (f)	modell (m)	[mʉ'dɛl]
pintor (m)	kunstner (m)	['kʉnstnər]
obra (f) de arte	kunstverk (n)	['kʉnstˌværk]
obra (f) maestra	mesterverk (n)	['mɛstɛrˌværk]
estudio (m) (de un artista)	atelier (n)	[ate'lje]
lienzo (m)	kanvas (m/n), lerret (n)	['kɑnvɑs], ['leret]
caballete (m)	staffeli (n)	[stɑfe'li]
paleta (f)	palett (m)	[pɑ'let]
marco (m)	ramme (m/f)	['rɑmə]
restauración (f)	restaurering (m)	[rɛstaʉ'reriŋ]
restaurar (vt)	å restaurere	[ɔ rɛstaʉ'rerə]

152. La literatura y la poesía

literatura (f)	litteratur (m)	[litɑrɑ'tʉr]
autor (m) (escritor)	forfatter (m)	[fɔr'fɑtər]
seudónimo (m)	pseudonym (n)	[sewdʉ'nym]
libro (m)	bok (m/f)	['bʉk]
tomo (m)	bind (n)	['bin]
tabla (f) de contenidos	innholdsfortegnelse (m)	['inhɔls fɔ:'ʈæjnəlsə]
página (f)	side (m/f)	['sidə]
héroe (m) principal	hovedperson (m)	['hʉvəd pæ'ʂʉn]
autógrafo (m)	autograf (m)	[aʉtʉ'grɑf]
relato (m) corto	novelle (m/f)	[nʉ'vɛlə]
cuento (m)	kortroman (m)	['kʉ:ʈ rʉˌmɑn]
novela (f)	roman (m)	[rʉ'mɑn]
obra (f) literaria	verk (n)	['værk]
fábula (f)	fabel (m)	['fɑbəl]
novela (f) policíaca	kriminalroman (m)	[krimi'nɑl rʉˌmɑn]
verso (m)	dikt (n)	['dikt]
poesía (f)	poesi (m)	[pɔɛ'si]
poema (m)	epos (n)	['ɛpɔs]
poeta (m)	poet, dikter (m)	['pɔɛt], ['diktər]
bellas letras (f pl)	skjønnlitteratur (m)	['ʂøn litɑra'tʉr]
ciencia ficción (f)	science fiction (m)	['sɑjəns ˌfikʂn]
aventuras (f pl)	eventyr (n pl)	['ɛvənˌtyr]
literatura (f) didáctica	undervisningslitteratur (m)	['ʉnərˌvisniŋs litɑra'tʉr]
literatura (f) infantil	barnelitteratur (m)	['bɑ:ɳə litɑra'tʉr]

153. El circo

circo (m)	sirkus (m/n)	['sirkʉs]
circo (m) ambulante	ambulerende sirkus (n)	['ɑmbʉˌlerenə 'sirkʉs]
programa (m)	program (n)	[prʉ'grɑm]
representación (f)	forestilling (m/f)	['fɔreˌstiliŋ]
número (m)	nummer (n)	['nʉmər]

arena (f)	manesje, arena (m)	[ma'neʂə], [ɑ'rena]
pantomima (f)	pantomime (m)	[pɑntʉ'mimə]
payaso (m)	klovn (m)	['klɔvn]

acróbata (m)	akrobat (m)	[akrʉ'bɑt]
acrobacia (f)	akrobatikk (m)	[akrʉbɑ'tik]
gimnasta (m)	gymnast (m)	[gʏm'nɑst]
gimnasia (f) acrobática	gymnastikk (m)	[gʏmnɑ'stik]
salto (m)	salto (m)	['sɑltʉ]

forzudo (m)	atlet (m)	[at'let]
domador (m)	dyretemmer (m)	['dyrə‚tɛmər]
caballista (m)	rytter (m)	['rʏtər]
asistente (m)	assistent (m)	[asi'stɛnt]

truco (m)	trikk, triks (n)	['trik], ['triks]
truco (m) de magia	trylletriks (n)	['trʏlə‚triks]
ilusionista (m)	tryllekunstner (m)	['trʏlə‚kʉnstnər]

malabarista (m)	sjonglør (m)	[ʂɔŋ'lør]
malabarear (vt)	å sjonglere	[ɔ 'ʂɔŋ‚lerə]
amaestrador (m)	dressør (m)	[drɛ'sør]
amaestramiento (m)	dressur (m)	[drɛ'sʉr]
amaestrar (vt)	å dressere	[ɔ drɛ'serə]

154. La música. La música popular

música (f)	musikk (m)	[mʉ'sik]
músico (m)	musiker (m)	['mʉsikər]
instrumento (m) musical	musikkinstrument (n)	[mʉ'sik instrʉ'mɛnt]
tocar ...	å spille ...	[ɔ 'spilə ...]

guitarra (f)	gitar (m)	['gi‚tɑr]
violín (m)	fiolin (m)	[fiʉ'lin]
violonchelo (m)	cello (m)	['sɛlʉ]
contrabajo (m)	kontrabass (m)	['kʉntrɑ‚bɑs]
arpa (f)	harpe (m)	['hɑrpə]

piano (m)	piano (n)	[pi'ɑnʉ]
piano (m) de cola	flygel (n)	['flygəl]
órgano (m)	orgel (n)	['ɔrgəl]

instrumentos (m pl) de viento	blåseinstrumenter (n pl)	['blo:sə instrʉ'mɛntər]
oboe (m)	obo (m)	[ʉ'bʉ]
saxofón (m)	saksofon (m)	[sɑksʉ'fʉn]
clarinete (m)	klarinett (m)	[klɑri'nɛt]
flauta (f)	fløyte (m)	['fløjtə]
trompeta (f)	trompet (m)	[trʉm'pet]

| acordeón (m) | trekkspill (n) | ['trɛk‚spil] |
| tambor (m) | tromme (m) | ['trʉmə] |

| dúo (m) | duett (m) | [dʉ'ɛt] |
| trío (m) | trio (m) | ['triʉ] |

cuarteto (m)	kvartett (m)	[kvɑːˈʈɛt]
coro (m)	kor (n)	[ˈkʊr]
orquesta (f)	orkester (n)	[ɔrˈkɛstər]
música (f) pop	popmusikk (m)	[ˈpɔp mʉˈsik]
música (f) rock	rockmusikk (m)	[ˈrɔk mʉˈsik]
grupo (m) de rock	rockeband (n)	[ˈrɔkəˌbɛnd]
jazz (m)	jazz (m)	[ˈjas]
ídolo (m)	idol (n)	[iˈdʊl]
admirador (m)	beundrer (m)	[beˈʉndrər]
concierto (m)	konsert (m)	[kʊnˈsæːʈ]
sinfonía (f)	symfoni (m)	[sʏmfʉˈni]
composición (f)	komposisjon (m)	[kʊmpʊziˈʂʊn]
escribir (vt)	å komponere	[ɔ kʊmpʉˈnerə]
canto (m)	synging (m/f)	[ˈsʏŋiŋ]
canción (f)	sang (m)	[ˈsɑŋ]
melodía (f)	melodi (m)	[melɔˈdi]
ritmo (m)	rytme (m)	[ˈrʏtmə]
blues (m)	blues (m)	[ˈblʉs]
notas (f pl)	noter (m pl)	[ˈnʊtər]
batuta (f)	taktstokk (m)	[ˈtɑktˌstɔk]
arco (m)	bue, boge (m)	[ˈbʉːə], [ˈbɔgə]
cuerda (f)	streng (m)	[ˈstrɛŋ]
estuche (m)	futteral (n), kasse (m/f)	[ˈfʉteˈrɑl], [ˈkɑsə]

El descanso. El entretenimiento. El viaje

turismo (m)	turisme (m)	[tʉ'rismə]
turista (m)	turist (m)	[tʉ'rist]
viaje (m)	reise (m/f)	['ræjsə]
aventura (f)	eventyr (n)	['ɛvənˌtyr]
viaje (m) (p.ej. ~ en coche)	tripp (m)	['trip]

vacaciones (f pl)	ferie (m)	['fɛriə]
estar de vacaciones	å være på ferie	[ɔ 'væərə pɔ 'fɛriə]
descanso (m)	hvile (m/f)	['vilə]

tren (m)	tog (n)	['tɔg]
en tren	med tog	[me 'tɔg]
avión (m)	fly (n)	['fly]
en avión	med fly	[me 'fly]
en coche	med bil	[me 'bil]
en barco	med skip	[me 'ʂip]

equipaje (m)	bagasje (m)	[bɑ'gɑʂə]
maleta (f)	koffert (m)	['kʉfɛːt]
carrito (m) de equipaje	bagasjetralle (m/f)	[bɑ'gɑʂəˌtrɑlə]

pasaporte (m)	pass (n)	['pɑs]
visado (m)	visum (n)	['visʉm]
billete (m)	billett (m)	[bi'let]
billete (m) de avión	flybillett (m)	['fly bi'let]

guía (f) (libro)	reisehåndbok (m/f)	['ræjsəˌhɔnbʉk]
mapa (m)	kart (n)	['kɑːt]
área (f) (~ rural)	område (n)	['ɔmˌroːdə]
lugar (m)	sted (n)	['sted]

| exótico (adj) | eksotisk | [ɛk'sʉtisk] |
| asombroso (adj) | forunderlig | [fɔ'rʉndeːˌli] |

grupo (m)	gruppe (m)	['grʉpə]
excursión (f)	utflukt (m/f)	['ʉtˌflʉkt]
guía (m) (persona)	guide (m)	['gɑjd]

hotel (m)	hotell (n)	[hʉ'tɛl]
motel (m)	motell (n)	[mʉ'tɛl]
de tres estrellas	trestjernet	['treˌstjæːˌɳə]
de cinco estrellas	femstjernet	['fɛmˌstjæːˌɳə]

hospedarse (vr)	å bo	[ɔ 'buː]
habitación (f)	rom (n)	['rʊm]
habitación (f) individual	enkeltrom (n)	['ɛnkelt‚rʊm]
habitación (f) doble	dobbeltrom (n)	['dɔbelt‚rʊm]
reservar una habitación	å reservere rom	[ɔ resɛr'verə 'rʊm]

media pensión (f)	halvpensjon (m)	['hal pan‚ʂʊn]
pensión (f) completa	fullpensjon (m)	['fʉl pan‚ʂʊn]

con baño	med badekar	[me 'badə‚kar]
con ducha	med dusj	[me 'dʉʂ]
televisión (f) satélite	satellitt-TV (m)	[satɛ'lit 'tɛvɛ]
climatizador (m)	klimaanlegg (n)	['klima'an‚leg]
toalla (f)	håndkle (n)	['hɔn‚kle]
llave (f)	nøkkel (m)	['nøkəl]

administrador (m)	administrator (m)	[admini'straːtʊr]
camarera (f)	stuepike (m/f)	['stʉə‚pikə]
maletero (m)	pikkolo (m)	['pikɔlɔ]
portero (m)	portier (m)	[pɔ:'tje]

restaurante (m)	restaurant (m)	[rɛstʉ'raŋ]
bar (m)	bar (m)	['bar]
desayuno (m)	frokost (m)	['frʊkɔst]
cena (f)	middag (m)	['mi‚da]
buffet (m) libre	buffet (m)	[bʉ'fɛ]

vestíbulo (m)	hall, lobby (m)	['hal], ['lɔbi]
ascensor (m)	heis (m)	['hæjs]

NO MOLESTAR	VENNLIGST IKKE FORSTYRR!	['vɛnligt ike fɔ'ʂtyr]
PROHIBIDO FUMAR	RØYKING FORBUDT	['røjkiŋ fɔr'bʉt]

157. Los libros. La lectura

libro (m)	bok (m/f)	['bʊk]
autor (m)	forfatter (m)	[fɔr'fatər]
escritor (m)	forfatter (m)	[fɔr'fatər]
escribir (~ un libro)	å skrive	[ɔ 'skrivə]

lector (m)	leser (m)	['lesər]
leer (vi, vt)	å lese	[ɔ 'lesə]
lectura (f)	lesning (m/f)	['lesniŋ]

en silencio	for seg selv	[fɔr sæj 'sɛl]
en voz alta	høyt	['højt]

editar (vt)	å publisere	[ɔ pʉbli'serə]
edición (f) (~ de libros)	publisering (m/f)	[pʉbli'seriŋ]
editor (m)	forlegger (m)	['foː‚legər]
editorial (f)	forlag (n)	['foː‚lag]
salir (libro)	å komme ut	[ɔ 'komə ʉt]
salida (f) (de un libro)	utgivelse (m)	['ʉtjivəlsə]

tirada (f)	opplag (n)	['ɔp,lɑg]
librería (f)	bokhandel (m)	['bʊk,hɑndəl]
biblioteca (f)	bibliotek (n)	[bibliʊ'tek]
cuento (m)	kortroman (m)	['kʊ:t rʊ,mɑn]
relato (m) corto	novelle (m/f)	[nʊ'vɛlə]
novela (f)	roman (m)	[rʊ'mɑn]
novela (f) policíaca	kriminalroman (m)	[krimi'nɑl rʊ,mɑn]
memorias (f pl)	memoarer (pl)	[memʊ'arər]
leyenda (f)	legende (m)	['le'gɛndə]
mito (m)	myte (m)	['my:tə]
versos (m pl)	dikt (n pl)	['dikt]
autobiografía (f)	selvbiografi (m)	['sɛl,biʊgrɑ'fi]
obras (f pl) escogidas	utvalgte verker (n pl)	['ʉt,vɑlgtə 'værkər]
ciencia ficción (f)	science fiction (m)	['sɑjəns ,fikʂn]
título (m)	tittel (m)	['titəl]
introducción (f)	innledning (m)	['in,lednin]
portada (f)	tittelblad (n)	['titəl,blɑ]
capítulo (m)	kapitel (n)	[kɑ'pitəl]
extracto (m)	utdrag (n)	['ʉt,drɑg]
episodio (m)	episode (m)	[ɛpi'sʊdə]
sujeto (m)	handling (m/f)	['hɑndlin]
contenido (m)	innhold (n)	['in,hɔl]
tabla (f) de contenidos	innholdsfortegnelse (m)	['inhɔls fɔ:'ʈæjnəlsə]
héroe (m) principal	hovedperson (m)	['hʊvəd pæ'ʂun]
tomo (m)	bind (n)	['bin]
cubierta (f)	omslag (n)	['ɔm,slɑg]
encuadernado (m)	bokbind (n)	['bʊk,bin]
marcador (m) de libro	bokmerke (n)	['bʊk,mærkə]
página (f)	side (m/f)	['sidə]
hojear (vt)	å bla	[ɔ 'blɑ]
márgenes (m pl)	marger (m pl)	['mɑrgər]
anotación (f)	annotering (n)	[anʊ'tɛrin]
nota (f) a pie de página	anmerkning (m)	['an,mærknin]
texto (m)	tekst (m/f)	['tɛkst]
fuente (f)	skrift, font (m)	['skrift], ['font]
errata (f)	trykkfeil (m)	['trʏk,fæjl]
traducción (f)	oversettelse (m)	['ɔvə,ʂɛtəlsə]
traducir (vt)	å oversette	[ɔ 'ɔvə,ʂɛtə]
original (m)	original (m)	[ɔrigi'nɑl]
famoso (adj)	berømt	[be'rømt]
desconocido (adj)	ukjent	['ʉ,çɛnt]
interesante (adj)	interessant	[intere'sɑn]
best-seller (m)	bestselger (m)	['bɛst,sɛlər]
diccionario (m)	ordbok (m/f)	['u:r,bʊk]
manual (m)	lærebok (m/f)	['lærə,bʊk]
enciclopedia (f)	encyklopedi (m)	[ɛnsʏklope'di]

158. La caza. La pesca

caza (f)	jakt (m/f)	['jakt]
cazar (vi, vt)	å jage	[ɔ 'jagə]
cazador (m)	jeger (m)	['jɛːgər]
tirar (vi)	å skyte	[ɔ 'ʂytə]
fusil (m)	gevær (n)	[ge'vær]
cartucho (m)	patron (m)	[pɑ'trʊn]
perdigón (m)	hagl (n)	['hagl]
cepo (m)	saks (m/f)	['sɑks]
trampa (f)	felle (m/f)	['fɛlə]
caer en el cepo	å fanges i felle	[ɔ 'faŋəs i 'fɛlə]
poner un cepo	å sette opp felle	[ɔ 'sɛtə ɔp 'fɛlə]
cazador (m) furtivo	tyvskytter (m)	['tyf,ʂytər]
caza (f) menor	vilt (n)	['vilt]
perro (m) de caza	jakthund (m)	['jakt,hʉn]
safari (m)	safari (m)	[sɑ'fɑri]
animal (m) disecado	utstoppet dyr (n)	['ʉt,stɔpet ,dyr]
pescador (m)	fisker (m)	['fiskər]
pesca (f)	fiske (n)	['fiskə]
pescar (vi)	å fiske	[ɔ 'fiskə]
caña (f) de pescar	fiskestang (m/f)	['fiskə,staŋ]
sedal (m)	fiskesnøre (n)	['fiskə,snøre]
anzuelo (m)	krok (m)	['krʊk]
flotador (m)	dupp (m)	['dʉp]
cebo (m)	agn (m)	['aŋn]
lanzar el anzuelo	å kaste ut	[ɔ 'kɑstə ʉt]
picar (vt)	å bite	[ɔ 'bitə]
pesca (f) (lo pescado)	fangst (m)	['faŋst]
agujero (m) en el hielo	hull (n) i isen	['hʉl i ,isən]
red (f)	nett (n)	['nɛt]
barca (f)	båt (m)	['bɔt]
pescar con la red	å fiske med nett	[ɔ 'fiskə me 'nɛt]
tirar la red	å kaste nettet	[ɔ 'kɑstə 'nɛtə]
sacar la red	å hale opp nettet	[ɔ 'halə ɔp 'nɛtə]
caer en la red	å bli fanget i nett	[ɔ 'bli 'faŋət i 'nɛt]
ballenero (m) (persona)	hvalfanger (m)	['val,faŋər]
ballenero (m) (barco)	hvalbåt (m)	['val,bɔt]
arpón (m)	harpun (m)	[har'pʉn]

159. Los juegos. El billar

billar (m)	biljard (m)	[bil'jaːɖ]
sala (f) de billar	biljardsalong (m)	[bil'jaːɖsɑ,lɔŋ]
bola (f) de billar	biljardkule (m/f)	[bil'jaːɖ,kʉːlə]

entronerar la bola	å støte en kule	[ɔ 'støtə en 'kʉːlə]
taco (m)	kø (m)	['kø]
tronera (f)	hull (n)	['hʉl]

160. Los juegos. Las cartas

carta (f)	kort (n)	['kɔːt]
cartas (f pl)	kort (n pl)	['kɔːt]
baraja (f)	kortstokk (m)	['kɔːt͵stɔk]
triunfo (m)	trumf (m)	['trʉmf]

cuadrados (m pl)	ruter (m pl)	['rʉtər]
picas (f pl)	spar (m pl)	['spɑr]
corazones (m pl)	hjerter (m)	['jæːtər]
tréboles (m pl)	kløver (m)	['kløvər]

as (m)	ess (n)	['ɛs]
rey (m)	konge (m)	['kʊŋə]
dama (f)	dame (m/f)	['dɑmə]
sota (f)	knekt (m)	['knɛkt]

dar, distribuir (repartidor)	å gi, å dele ut	[ɔ 'ji], [ɔ 'delə ʉt]
barajar (vt) (mezclar las cartas)	å blande	[ɔ 'blɑnə]
jugada (f) (turno)	trekk (n)	['trɛk]
punto (m)	poeng (n)	[pɔ'ɛŋ]
fullero (m)	falskspiller (m)	['fɑlsk͵spilər]

161. El casino. La ruleta

casino (m)	kasino (n)	[kɑ'sinʉ]
ruleta (f)	rulett (m)	[rʉ'let]
puesta (f)	innsats (m)	['in͵sɑts]
apostar (vt)	å satse	[ɔ 'sɑtsə]

rojo (m)	rød (m)	['rø]
negro (m)	svart (m)	['svɑːt]
apostar al rojo	å satse på rød	[ɔ 'sɑtsə pɔ 'rø]
apostar al negro	å satse på svart	[ɔ 'sɑtsə pɔ 'svɑːt]

crupier (m, f)	croupier, dealer (m)	[kru'pje], ['dilər]
girar la ruleta	å snurre hjulet	[ɔ 'snʉrə 'jʉle]
reglas (f pl) de juego	spilleregler (m pl)	['spilə͵rɛglər]
ficha (f)	sjetong (m)	[ʂɛ'tɔŋ]

| ganar (vi, vt) | å vinne | [ɔ 'vinə] |
| ganancia (f) | gevinst (m) | [ge'vinst] |

perder (vi)	å tape	[ɔ 'tɑpə]
pérdida (f)	tap (n)	['tɑp]
jugador (m)	spiller (m)	['spilər]
black jack (m)	blackjack (m)	['blek͵ʂɛk]

juego (m) de dados	terningspill (n)	['tæː‚ɲiŋ‚spil]
dados (m pl)	terninger (m/f pl)	['tæː‚ɲiŋər]
tragaperras (f)	spilleautomat (m)	['spilə aʊtʊ'mɑt]

162. El descanso. Los juegos. Miscelánea

pasear (vi)	å spasere	[ɔ spɑ'serə]
paseo (m) (caminata)	spasertur (m)	[spɑ'sɛː‚tʉr]
paseo (m) (en coche)	kjøretur (m)	['çœːrə‚tʉr]
aventura (f)	eventyr (n)	['ɛvən‚tyr]
picnic (m)	piknik (m)	['piknik]

juego (m)	spill (n)	['spil]
jugador (m)	spiller (m)	['spilər]
partido (m)	parti (n)	[pɑː'ti]

coleccionista (m)	samler (m)	['sɑmlər]
coleccionar (vt)	å samle	[ɔ 'sɑmlə]
colección (f)	samling (m/f)	['sɑmliŋ]

crucigrama (m)	kryssord (n)	['krʏs‚ʊːr]
hipódromo (m)	travbane (m)	['trɑv‚bɑnə]
discoteca (f)	diskotek (n)	[diskʊ'tek]

| sauna (f) | sauna (m) | ['saʊnɑ] |
| lotería (f) | lotteri (n) | [lote'ri] |

marcha (f)	campingtur (m)	['kɑmpiŋ‚tʉr]
campo (m)	leir (m)	['læjr]
campista (m)	camper (m)	['kɑmpər]
tienda (f) de campaña	telt (n)	['tɛlt]
brújula (f)	kompass (m/n)	[kʊm'pɑs]

ver (la televisión)	å se på	[ɔ 'se pɔ]
telespectador (m)	TV-seer (m)	['tɛvɛ ‚seːər]
programa (m) de televisión	TV-show (n)	['tɛvɛ ‚ɕɔːw]

163. La fotografía

| cámara (f) fotográfica | kamera (n) | ['kɑmerɑ] |
| fotografía (f) (una foto) | foto, fotografi (n) | ['fɔtɔ], ['fɔtɔgrɑ'fi] |

fotógrafo (m)	fotograf (m)	[fɔtɔ'grɑf]
estudio (m) fotográfico	fotostudio (n)	['fɔtɔ‚stʉdiɔ]
álbum (m) de fotos	fotoalbum (n)	['fɔtɔ‚albʉm]

objetivo (m)	objektiv (n)	[ɔbjɛk'tiv]
teleobjetivo (m)	teleobjektiv (n)	['teleɔbjek'tiv]
filtro (m)	filter (n)	['filtər]
lente (m)	linse (m/f)	['linsə]
óptica (f)	optikk (m)	[ɔp'tik]
diafragma (m)	blender (m)	['blenər]

| tiempo (m) de exposición | eksponeringstid (m/f) | [ɛkspʉ'neriŋsˌtid] |
| visor (m) | søker (m) | ['søkər] |

cámara (f) digital	digitalkamera (n)	[digi'tal ˌkamera]
trípode (m)	stativ (m)	[sta'tiv]
flash (m)	blits (m)	['blits]

fotografiar (vt)	å fotografere	[ɔ fɔtɔgra'ferə]
hacer fotos	å ta bilder	[ɔ 'ta 'bildər]
fotografiarse (vr)	å bli fotografert	[ɔ 'bli fɔtɔgra'fɛ:t]

foco (m)	fokus (n)	['fɔkʉs]
enfocar (vt)	å stille skarphet	[ɔ 'stilə 'skarpˌhet]
nítido (adj)	skarp	['skarp]
nitidez (f)	skarphet (m)	['skarpˌhet]

| contraste (m) | kontrast (m) | [kʉn'trast] |
| de alto contraste (adj) | kontrast- | [kʉn'trast-] |

foto (f)	bilde (n)	['bildə]
negativo (m)	negativ (m/n)	['negaˌtiv]
película (f) fotográfica	film (m)	['film]
fotograma (m)	bilde (n)	['bildə]
imprimir (vt)	å skrive ut	[ɔ skrivə ʉt]

164. La playa. La natación

playa (f)	badestrand (m/f)	['badəˌstran]
arena (f)	sand (m)	['san]
desierto (playa ~a)	øde	['ødə]

bronceado (m)	solbrenthet (m)	['sʉlbrɛntˌhet]
broncearse (vr)	å sole seg	[ɔ 'sʉlə sæj]
bronceado (adj)	solbrent	['sʉlˌbrɛnt]
protector (m) solar	solkrem (m)	['sʉlˌkrɛm]

bikini (m)	bikini (m)	[bi'kini]
traje (m) de baño	badedrakt (m/f)	['badəˌdrakt]
bañador (m)	badebukser (m/f)	['badəˌbʉksər]

piscina (f)	svømmebasseng (n)	['svœməˌba'sɛŋ]
nadar (vi)	å svømme	[ɔ 'svœmə]
ducha (f)	dusj (m)	['dʉʂ]
cambiarse (vr)	å kle seg om	[ɔ 'kle sæj ˌɔm]
toalla (f)	håndkle (n)	['hɔnˌkle]

| barca (f) | båt (m) | ['bɔt] |
| lancha (f) motora | motorbåt (m) | ['mɔtʉrˌbɔt] |

esquís (m pl) acuáticos	vannski (m pl)	['vanˌʂi]
bicicleta (f) acuática	pedalbåt (m)	['pe'dalˌbɔt]
surf (m)	surfing (m/f)	['sørfiŋ]
surfista (m)	surfer (m)	['sørfər]
equipo (m) de buceo	scuba (n)	['skʉba]

aletas (f pl)	svømmeføtter (m pl)	['svœmə‚fœtər]
máscara (f) de buceo	maske (m/f)	['maskə]
buceador (m)	dykker (m)	['dʏkər]
bucear (vi)	å dykke	[ɔ 'dʏkə]
bajo el agua (adv)	under vannet	['ʉnər 'vanə]
sombrilla (f)	parasoll (m)	[para'sɔl]
tumbona (f)	liggestol (m)	['ligə‚stʉl]
gafas (f pl) de sol	solbriller (m pl)	['sʉl‚brilər]
colchoneta (f) inflable	luftmadrass (m)	['lʉftma‚dras]
jugar (divertirse)	å leke	[ɔ 'lekə]
bañarse (vr)	å bade	[ɔ 'badə]
pelota (f) de playa	ball (m)	['bal]
inflar (vt)	å blåse opp	[ɔ 'blɔːsə ɔp]
inflable (colchoneta ~)	luft-, oppblåsbar	['lʉft-], [ɔp'blɔːsbar]
ola (f)	bølge (m)	['bølgə]
boya (f)	bøye (m)	['bøjə]
ahogarse (vr)	å drukne	[ɔ 'drʉknə]
salvar (vt)	å redde	[ɔ 'rɛdə]
chaleco (m) salvavidas	redningsvest (m)	['rɛdniŋs‚vɛst]
observar (vt)	å observere	[ɔ ɔbsɛr'verə]
socorrista (m)	badevakt (m/f)	['badə‚vakt]

EL EQUIPO TÉCNICO. EL TRANSPORTE

El equipo técnico

165. El computador

ordenador (m)	datamaskin (m)	['data ma,ṣin]
ordenador (m) portátil	bærbar, laptop (m)	['bær,bar], ['laptɔp]
encender (vt)	å slå på	[ɔ 'ṣlɔ pɔ]
apagar (vt)	å slå av	[ɔ 'ṣlɔ a:]
teclado (m)	tastatur (n)	[tasta'tʉr]
tecla (f)	tast (m)	['tast]
ratón (m)	mus (m/f)	['mʉs]
alfombrilla (f) para ratón	musematte (m/f)	['mʉsə,matə]
botón (m)	knapp (m)	['knap]
cursor (m)	markør (m)	[mar'kør]
monitor (m)	monitor (m)	['monitɔr]
pantalla (f)	skjerm (m)	['ṣærm]
disco (m) duro	harddisk (m)	['har,disk]
volumen (m) de disco duro	harddiskkapasitet (m)	['har,disk kapasi'tet]
memoria (f)	minne (n)	['minə]
memoria (f) operativa	hovedminne (n)	['hovəd,minə]
archivo, fichero (m)	fil (m)	['fil]
carpeta (f)	mappe (m/f)	['mapə]
abrir (vt)	å åpne	[ɔ 'ɔpnə]
cerrar (vt)	å lukke	[ɔ 'lʉkə]
guardar (un archivo)	å lagre	[ɔ 'lagrə]
borrar (vt)	å slette, å fjerne	[ɔ 'ṣletə], [ɔ 'fjæ:ŋə]
copiar (vt)	å kopiere	[ɔ kʉ'pjerə]
ordenar (vt) (~ de A a Z, etc.)	å sortere	[ɔ sɔ:'ʈerə]
transferir (vt)	å overføre	[ɔ 'ɔvər,førə]
programa (m)	program (n)	[prʉ'gram]
software (m)	programvare (m/f)	[prʉ'gram,varə]
programador (m)	programmerer (m)	[prʉgra'merər]
programar (vt)	å programmere	[ɔ prʉgra'merə]
hacker (m)	hacker (m)	['hakər]
contraseña (f)	passord (n)	['pas,u:r]
virus (m)	virus (m)	['virʉs]
detectar (vt)	å oppdage	[ɔ 'ɔp,dagə]
octeto, byte (m)	byte (m)	['bajt]

megaocteto (m)	megabyte (m)	['megaˌbɑjt]
datos (m pl)	data (m pl)	['dɑtɑ]
base (f) de datos	database (m)	['dɑtɑˌbɑsə]

cable (m)	kabel (m)	['kɑbəl]
desconectar (vt)	å koble fra	[ɔ 'kɔblə frɑ]
conectar (vt)	å koble	[ɔ 'kɔblə]

166. El internet. El correo electrónico

internet (m), red (f)	Internett	['intəˌŋɛt]
navegador (m)	nettleser (m)	['nɛtˌlesər]
buscador (m)	søkemotor (m)	['søkəˌmotʊr]
proveedor (m)	leverandør (m)	[levərɑn'dør]

webmaster (m)	webmaster (m)	['vɛbˌmɑstər]
sitio (m) web	webside, hjemmeside (m/f)	['vɛbˌsidə], ['jɛməˌsidə]
página (f) web	nettside (m)	['nɛtˌsidə]

| dirección (f) | adresse (m) | [ɑ'drɛsə] |
| libro (m) de direcciones | adressebok (f) | [ɑ'drɛsəˌbʊk] |

buzón (m)	postkasse (m/f)	['pɔstˌkɑsə]
correo (m)	post (m)	['pɔst]
lleno (adj)	full	['fʉl]

mensaje (m)	melding (m/f)	['mɛliŋ]
correo (m) entrante	innkommende meldinger	['inˌkɔmənə 'mɛliŋər]
correo (m) saliente	utgående meldinger	['ʉtˌgɔənə 'mɛliŋər]
expedidor (m)	avsender (m)	['ɑfˌsɛnər]
enviar (vt)	å sende	[ɔ 'sɛnə]
envío (m)	avsending (m)	['ɑfˌsɛniŋ]
destinatario (m)	mottaker (m)	['mɔtˌtɑkər]
recibir (vt)	å motta	[ɔ 'mɔtɑ]

| correspondencia (f) | korrespondanse (m) | [kʊrespɔn'dɑnsə] |
| escribirse con ... | å brevveksle | [ɔ 'bʁɛvˌvɛkslə] |

archivo, fichero (m)	fil (m)	['fil]
descargar (vt)	å laste ned	[ɔ 'lɑstə 'ne]
crear (vt)	å opprette	[ɔ 'ɔpˌrɛtə]
borrar (vt)	å slette, å fjerne	[ɔ 'ʂlɛtə], [ɔ 'fjæ:ŋə]
borrado (adj)	slettet	['ʂletət]

conexión (f) (ADSL, etc.)	forbindelse (m)	[fɔr'binəlsə]
velocidad (f)	hastighet (m/f)	['hɑstiˌhet]
módem (m)	modem (n)	['mʊ'dɛm]
acceso (m)	tilgang (m)	['tilˌgɑŋ]
puerto (m)	port (m)	['pɔ:t]

conexión (f) (establecer la ~)	tilkobling (m/f)	['tilˌkɔbliŋ]
conectarse a ...	å koble	[ɔ 'kɔblə]
seleccionar (vt)	å velge	[ɔ 'vɛlgə]
buscar (vt)	å søke etter ...	[ɔ 'søkə ˌɛtər ...]

167. La electricidad

electricidad (f)	elektrisitet (m)	[ɛlektrisi'tet]
eléctrico (adj)	elektrisk	[ɛ'lektrisk]
central (f) eléctrica	kraftverk (n)	['kraft,værk]
energía (f)	energi (m)	[ɛnær'gi]
energía (f) eléctrica	elkraft (m/f)	['ɛl,kraft]

bombilla (f)	lyspære (m/f)	['lys,pærə]
linterna (f)	lommelykt (m/f)	['lumə,lʏkt]
farola (f)	gatelykt (m/f)	['gatə,lʏkt]

luz (f)	lys (n)	['lys]
encender (vt)	å slå på	[ɔ 'slɔ pɔ]
apagar (vt)	å slå av	[ɔ 'slɔ aː]
apagar la luz	å slokke lyset	[ɔ 'sløkə 'lysə]

quemarse (vr)	å brenne ut	[ɔ 'brɛnə ʉt]
circuito (m) corto	kortslutning (m)	['kʉːt,slʉtniŋ]
ruptura (f)	kabelbrudd (n)	['kabəl,brʉd]
contacto (m)	kontakt (m)	[kʉn'takt]

interruptor (m)	strømbryter (m)	['strøm,brytər]
enchufe (m)	stikkontakt (m)	['stik kʉn,takt]
clavija (f)	støpsel (n)	['støpsəl]
alargador (m)	skjøteledning (m)	['søtə,ledniŋ]

fusible (m)	sikring (m)	['sikriŋ]
cable, hilo (m)	ledning (m)	['ledniŋ]
instalación (f) eléctrica	ledningsnett (n)	['ledniŋs,nɛt]

amperio (m)	ampere (m)	[am'pɛr]
amperaje (m)	strømstyrke (m)	['strøm,styrkə]
voltio (m)	volt (m)	['vɔlt]
voltaje (m)	spenning (m/f)	['spɛniŋ]

| aparato (m) eléctrico | elektrisk apparat (n) | [ɛ'lektrisk apa'rat] |
| indicador (m) | indikator (m) | [indi'katʉr] |

electricista (m)	elektriker (m)	[ɛ'lektrikər]
soldar (vt)	å lodde	[ɔ 'lodə]
soldador (m)	loddebolt (m)	['lodə,bolt]
corriente (f)	strøm (m)	['strøm]

168. Las herramientas

instrumento (m)	verktøy (n)	['værk,tøj]
instrumentos (m pl)	verktøy (n pl)	['værk,tøj]
maquinaria (f)	utstyr (n)	['ʉt,styr]

martillo (m)	hammer (m)	['hamər]
destornillador (m)	skrutrekker (m)	['skrʉ,trɛkər]
hacha (f)	øks (m/f)	['øks]

149

sierra (f)	sag (m/f)	['sɑg]
serrar (vt)	å sage	[ɔ 'sɑgə]
cepillo (m)	høvel (m)	['høvəl]
cepillar (vt)	å høvle	[ɔ 'høvlə]
soldador (m)	loddebolt (m)	['lɔdə̩bɔlt]
soldar (vt)	å lodde	[ɔ 'lɔdə]

lima (f)	fil (m/f)	['fil]
tenazas (f pl)	knipetang (m/f)	['knipə̩tɑŋ]
alicates (m pl)	flattang (m/f)	['flɑt̩tɑŋ]
escoplo (m)	hoggjern, huggjern (n)	['hʊg̩jæ:ɳ]

broca (f)	bor (m/n)	['bʊr]
taladro (m)	boremaskin (m)	['bɔre mɑ̩sin]
taladrar (vi, vt)	å bore	[ɔ 'bɔrə]

| cuchillo (m) | kniv (m) | ['kniv] |
| filo (m) | blad (n) | ['blɑ] |

agudo (adj)	skarp	['skɑrp]
embotado (adj)	sløv	['sløv]
embotarse (vr)	å bli sløv	[ɔ 'bli 'sløv]
afilar (vt)	å skjerpe, å slipe	[ɔ 'ʂɛrpə], [ɔ 'ʂlipə]

perno (m)	bolt (m)	['bɔlt]
tuerca (f)	mutter (m)	['mʉtər]
filete (m)	gjenge (n)	['jɛŋə]
tornillo (m)	skrue (m)	['skrʉə]

| clavo (m) | spiker (m) | ['spikər] |
| cabeza (f) del clavo | spikerhode (n) | ['spikər̩hʊdə] |

regla (f)	linjal (m)	[li'njɑl]
cinta (f) métrica	målebånd (n)	['mo:lə̩bɔn]
nivel (m) de burbuja	vater, vaterpass (n)	['vɑtər], ['vɑtər̩pɑs]
lupa (f)	lupe (m/f)	['lʉpə]

aparato (m) de medida	måleinstrument (n)	['mo:lə instrʉ'mɛnt]
medir (vt)	å måle	[ɔ 'mo:lə]
escala (f) (~ métrica)	skala (m)	['skɑlɑ]
lectura (f)	avlesninger (m/f pl)	['ɑv̩lesniŋər]

| compresor (m) | kompressor (m) | [kʊm'presʊr] |
| microscopio (m) | mikroskop (n) | [mikrʉ'skʊp] |

bomba (f) (~ de agua)	pumpe (m/f)	['pʉmpə]
robot (m)	robot (m)	['rɔbɔt]
láser (m)	laser (m)	['lɑsər]

llave (f) de tuerca	skrunøkkel (m)	['skrʉ̩nøkəl]
cinta (f) adhesiva	pakketeip (m)	['pɑkə̩tɛjp]
cola (f), pegamento (m)	lim (n)	['lim]

papel (m) de lija	sandpapir (n)	['sɑnpɑ̩pir]
resorte (m)	fjær (m/f)	['fjær]
imán (m)	magnet (m)	[mɑŋ'net]

guantes (m pl)	hansker (m pl)	['hɑnskər]
cuerda (f)	reip, rep (n)	['ræjp], ['rɛp]
cordón (m)	snor (m/f)	['snʊr]
hilo (m) (~ eléctrico)	ledning (m)	['ledniŋ]
cable (m)	kabel (m)	['kɑbəl]
almádana (f)	slegge (m/f)	['şlegə]
barra (f)	spett, jernspett (n)	['spɛt], ['jæ:n̩ˌspɛt]
escalera (f) portátil	stige (m)	['sti:ə]
escalera (f) de tijera	trappstige (m/f)	['trɑpˌsti:ə]
atornillar (vt)	å skru fast	[ɔ 'skru 'fɑst]
destornillar (vt)	å skru løs	[ɔ 'skru ˌløs]
apretar (vt)	å klemme	[ɔ 'klemə]
pegar (vt)	å klistre, å lime	[ɔ 'klistrə], [ɔ 'limə]
cortar (vt)	å skjære	[ɔ 'şæ:rə]
fallo (m)	funksjonsfeil (m)	['funkşɔnsˌfæjl]
reparación (f)	reparasjon (m)	[repɑrɑ'şʊn]
reparar (vt)	å reparere	[ɔ repɑ'rerə]
regular, ajustar (vt)	å justere	[ɔ ju'sterə]
verificar (vt)	å sjekke	[ɔ 'şɛkə]
control (m)	kontroll (m)	[kʊn'trɔl]
lectura (f) (~ del contador)	avlesninger (m/f pl)	['ɑvˌlesniŋər]
fiable (máquina)	pålitelig	[pɔ'liteli]
complicado (adj)	komplisert	[kumpli'sɛ:t]
oxidarse (vr)	å ruste	[ɔ 'rustə]
oxidado (adj)	rusten, rustet	['rustən], ['rustət]
óxido (m)	rust (m/f)	['rust]

El transporte

avión (m)	fly (n)	['fly]
billete (m) de avión	flybillett (m)	['fly bi'let]
compañía (f) aérea	flyselskap (n)	['flysəl‚skɑp]
aeropuerto (m)	flyplass (m)	['fly‚plɑs]
supersónico (adj)	overlyds-	['ɔvə‚lyds-]
comandante (m)	kaptein (m)	[kɑp'tæjn]
tripulación (f)	besetning (m/f)	[bə'sɛtniŋ]
piloto (m)	pilot (m)	[pi'lɔt]
azafata (f)	flyvertinne (m/f)	[flyvɛ:'ʈinə]
navegador (m)	styrmann (m)	['styr‚mɑn]
alas (f pl)	vinger (m pl)	['viŋər]
cola (f)	hale (m)	['hɑlə]
cabina (f)	cockpit, førerkabin (m)	['kɔkpit], ['førərkɑ‚bin]
motor (m)	motor (m)	['mɔtʉr]
tren (m) de aterrizaje	landingshjul (n)	['lɑniŋs‚jʉl]
turbina (f)	turbin (m)	[tʉr'bin]
hélice (f)	propell (m)	[prʉ'pɛl]
caja (f) negra	svart boks (m)	['svɑ:ʈ bɔks]
timón (m)	ratt (n)	['rɑt]
combustible (m)	brensel (n)	['brɛnsəl]
instructivo (m) de seguridad	sikkerhetsbrosjyre (m)	['sikərhɛts‚brɔ'ʂyrə]
respirador (m) de oxígeno	oksygenmaske (m/f)	['ɔksygən‚mɑskə]
uniforme (m)	uniform (m)	[ʉni'fɔrm]
chaleco (m) salvavidas	redningsvest (m)	['rɛdniŋs‚vɛst]
paracaídas (m)	fallskjerm (m)	['fɑl‚ʂærm]
despegue (m)	start (m)	['stɑ:ʈ]
despegar (vi)	å løfte	[ɔ 'lœftə]
pista (f) de despegue	startbane (m)	['stɑ:ʈ‚bɑnə]
visibilidad (f)	siktbarhet (m)	['siktbɑr‚het]
vuelo (m)	flyging (m/f)	['flygiŋ]
altura (f)	høyde (m)	['højdə]
pozo (m) de aire	lufthull (n)	['lʉft‚hʉl]
asiento (m)	plass (m)	['plɑs]
auriculares (m pl)	hodetelefoner (n pl)	['hɔdətelə‚fʉnər]
mesita (f) plegable	klappbord (n)	['klɑp‚bʉr]
ventana (f)	vindu (n)	['vindʉ]
pasillo (m)	midtgang (m)	['mit‚gɑŋ]

170. El tren

tren (m)	tog (n)	['tɔg]
tren (m) de cercanías	lokaltog (n)	[lɔ'kal‚tɔg]
tren (m) rápido	ekspresstog (n)	[ɛks'prɛs‚tɔg]
locomotora (f) diésel	diesellokomotiv (n)	['disəl lʊkɔmɔ'tiv]
tren (m) de vapor	damplokomotiv (n)	['damp lʊkɔmɔ'tiv]
coche (m)	vogn (m)	['vɔŋn]
coche (m) restaurante	restaurantvogn (m/f)	[rɛstʊ'raŋ‚vɔŋn]
rieles (m pl)	skinner (m/f pl)	['ʂinər]
ferrocarril (m)	jernbane (m)	['jæːɳ‚banə]
traviesa (f)	sville (m/f)	['svilə]
plataforma (f)	perrong, plattform (m/f)	[pɛ'rɔŋ], ['platfɔrm]
vía (f)	spor (n)	['spʊr]
semáforo (m)	semafor (m)	[sema'fʊr]
estación (f)	stasjon (m)	[sta'ʂʊn]
maquinista (m)	lokfører (m)	['lʊk‚førər]
maletero (m)	bærer (m)	['bærər]
mozo (m) del vagón	betjent (m)	['be'tjɛnt]
pasajero (m)	passasjer (m)	[pasa'ʂɛr]
revisor (m)	billett inspektør (m)	[bi'let inspɛk'tør]
corredor (m)	korridor (m)	[kʊri'dɔr]
freno (m) de urgencia	nødbrems (m)	['nød‚brɛms]
compartimiento (m)	kupé (m)	[kʉ'pe]
litera (f)	køye (m/f)	['køjə]
litera (f) de arriba	overkøye (m/f)	['ɔvər‚køjə]
litera (f) de abajo	underkøye (m/f)	['ʉnər‚køjə]
ropa (f) de cama	sengetøy (n)	['sɛŋə‚tøj]
billete (m)	billett (m)	[bi'let]
horario (m)	rutetabell (m)	['rʉtə‚ta'bɛl]
pantalla (f) de información	informasjonstavle (m/f)	[informa'ʂʊns ‚tavlə]
partir (vi)	å avgå	[ɔ 'avgɔ]
partida (f) (del tren)	avgang (m)	['av‚gaŋ]
llegar (tren)	å ankomme	[ɔ 'an‚kɔmə]
llegada (f)	ankomst (m)	['an‚kɔmst]
llegar en tren	å ankomme med toget	[ɔ 'an‚kɔmə me 'tɔge]
tomar el tren	å gå på toget	[ɔ 'gɔ pɔ 'tɔge]
bajar del tren	å gå av toget	[ɔ 'gɔ aː 'tɔge]
descarrilamiento (m)	togulykke (m/n)	['tɔg ʉ'lʏkə]
descarrilarse (vr)	å spore av	[ɔ 'spʊrə aː]
tren (m) de vapor	damplokomotiv (n)	['damp lʊkɔmɔ'tiv]
fogonero (m)	fyrbøter (m)	['fyr‚bøtər]
hogar (m)	fyrrom (n)	['fyr‚rʊm]
carbón (m)	kull (n)	['kʉl]

171. El barco

barco, buque (m)	skip (n)	['ṣip]
navío (m)	fartøy (n)	['faː͵tøj]

buque (m) de vapor	dampskip (n)	['damp͵ṣip]
motonave (f)	elvebåt (m)	['ɛlve͵bot]
trasatlántico (m)	cruiseskip (n)	['krʉs͵ṣip]
crucero (m)	krysser (m)	['kryser]

yate (m)	jakt (m/f)	['jakt]
remolcador (m)	bukserbåt (m)	[bʉk'ser͵bot]
barcaza (f)	lastepram (m)	['laste͵pram]
ferry (m)	ferje, ferge (m/f)	['færje], ['færge]

velero (m)	seilbåt (n)	['sæjl͵bot]
bergantín (m)	brigantin (m)	[brigan'tin]

rompehielos (m)	isbryter (m)	['is͵bryter]
submarino (m)	ubåt (m)	['ʉː͵bot]

bote (m) de remo	båt (m)	['bot]
bote (m)	jolle (m/f)	['jole]
bote (m) salvavidas	livbåt (m)	['liv͵bot]
lancha (f) motora	motorbåt (m)	['motʉr͵bot]

capitán (m)	kaptein (m)	[kap'tæjn]
marinero (m)	matros (m)	[ma'trʉs]
marino (m)	sjømann (m)	['ṣø͵man]
tripulación (f)	besetning (m/f)	[be'sɛtniŋ]

contramaestre (m)	båtsmann (m)	['bos͵man]
grumete (m)	skipsgutt, jungmann (m)	['ṣips͵gʉt], ['jʉŋ͵man]
cocinero (m) de abordo	kokk (m)	['kʉk]
médico (m) del buque	skipslege (m)	['ṣips͵lege]

cubierta (f)	dekk (n)	['dɛk]
mástil (m)	mast (m/f)	['mast]
vela (f)	seil (n)	['sæjl]

bodega (f)	lasterom (n)	['laste͵rʉm]
proa (f)	baug (m)	['bæu]
popa (f)	akterende (m)	['akte͵rɛne]
remo (m)	åre (m)	['oːre]
hélice (f)	propell (m)	[prʉ'pɛl]

camarote (m)	hytte (m)	['hyte]
sala (f) de oficiales	offisersmesse (m/f)	[ofi'sɛrs͵mɛse]
sala (f) de máquinas	maskinrom (n)	[ma'ṣin͵rʉm]
puente (m) de mando	kommandobro (m/f)	[ko'mandʉ͵brʉ]
sala (f) de radio	radiorom (m)	['radiʉ͵rʉm]
onda (f)	bølge (m)	['bølge]
cuaderno (m) de bitácora	loggbok (m/f)	['log͵bʉk]
anteojo (m)	langkikkert (m)	['laŋ͵kikeːt]
campana (f)	klokke (m/f)	['kloke]

bandera (f)	flagg (n)	['flɑg]
cabo (m) (maroma)	trosse (m/f)	['trʊsə]
nudo (m)	knute (m)	['knʉtə]
pasamano (m)	rekkverk (n)	['rɛkˌværk]
pasarela (f)	landgang (m)	['lɑnˌgɑŋ]
ancla (f)	anker (n)	['ɑnkər]
levar ancla	å lette anker	[ɔ 'letə 'ɑnkər]
echar ancla	å kaste anker	[ɔ 'kɑstə 'ɑnkər]
cadena (f) del ancla	ankerkjetting (m)	['ɑnkərˌçɛtiŋ]
puerto (m)	havn (m/f)	['hɑvn]
embarcadero (m)	kai (m/f)	['kɑj]
amarrar (vt)	å fortøye	[ɔ fɔːˈtøjə]
desamarrar (vt)	å kaste loss	[ɔ 'kɑstə lɔs]
viaje (m)	reise (m/f)	['ræjsə]
crucero (m) (viaje)	cruise (n)	['krʉs]
derrota (f) (rumbo)	kurs (m)	['kʉʂ]
itinerario (m)	rute (m/f)	['rʉtə]
canal (m) navegable	seilrende (m)	['sæjlˌrɛnə]
bajío (m)	grunne (m/f)	['grʉnə]
encallar (vi)	å gå på grunn	[ɔ 'gɔ pɔ 'grʉn]
tempestad (f)	storm (m)	['stɔrm]
señal (f)	signal (n)	[siŋ'nɑl]
hundirse (vr)	å synke	[ɔ 'sʏnkə]
¡Hombre al agua!	Mann over bord!	['mɑn ˌɔvər 'bʊr]
SOS	SOS (n)	[ɛsʊ'ɛs]
aro (m) salvavidas	livbøye (m/f)	['livˌbøjə]

172. El aeropuerto

aeropuerto (m)	flyplass (m)	['flyˌplɑs]
avión (m)	fly (n)	['fly]
compañía (f) aérea	flyselskap (n)	['flysəlˌskɑp]
controlador (m) aéreo	flygeleder (m)	['flygəˌledər]
despegue (m)	avgang (m)	['avˌgɑŋ]
llegada (f)	ankomst (m)	['anˌkomst]
llegar (en avión)	å ankomme	[ɔ 'anˌkomə]
hora (f) de salida	avgangstid (m/f)	['avgɑŋsˌtid]
hora (f) de llegada	ankomsttid (m/f)	[an'komsˌtid]
retrasarse (vr)	å bli forsinket	[ɔ 'bli fo'ʂinkət]
retraso (m) de vuelo	avgangsforsinkelse (m)	['avgɑŋs fo'ʂinkəlsə]
pantalla (f) de información	informasjonstavle (m/f)	[informa'ʂuns ˌtavlə]
información (f)	informasjon (m)	[informa'ʂun]
anunciar (vt)	å meddele	[ɔ 'mɛdˌdelə]
vuelo (m)	fly (n)	['fly]

| aduana (f) | toll (m) | ['tɔl] |
| aduanero (m) | tollbetjent (m) | ['tɔlbe‚tjɛnt] |

declaración (f) de aduana	tolldeklarasjon (m)	['tɔldɛklɑrɑ'ʂʉn]
rellenar (vt)	å utfylle	[ɔ 'ʉt‚fʏlə]
rellenar la declaración	å utfylle en tolldeklarasjon	[ɔ 'ʉt‚fʏlə en 'tɔldɛklɑrɑ‚ʂʉn]
control (m) de pasaportes	passkontroll (m)	['pɑskʉn‚trɔl]

equipaje (m)	bagasje (m)	[bɑ'gɑʂə]
equipaje (m) de mano	håndbagasje (m)	['hɔn‚bɑ'gɑʂə]
carrito (m) de equipaje	bagasjetralle (m/f)	[bɑ'gɑʂə‚trɑlə]

aterrizaje (m)	landing (m)	['lɑniŋ]
pista (f) de aterrizaje	landingsbane (m)	['lɑniŋs‚bɑnə]
aterrizar (vi)	å lande	[ɔ 'lɑnə]
escaleras (f pl) (de avión)	trapp (m/f)	['trɑp]

facturación (f) (check-in)	innsjekking (m/f)	['in‚ʂɛkiŋ]
mostrador (m) de facturación	innsjekkingsskranke (m)	['in‚ʂɛkiŋs ‚skrɑnkə]
hacer el check-in	å sjekke inn	[ɔ 'ʂɛkə in]
tarjeta (f) de embarque	boardingkort (n)	['bɔːɖiŋ‚kɔːt]
puerta (f) de embarque	gate (m/f)	['gejt]

tránsito (m)	transitt (m)	[trɑn'sit]
esperar (aguardar)	å vente	[ɔ 'vɛntə]
zona (f) de preembarque	ventehall (m)	['vɛntə‚hɑl]
despedir (vt)	å ta avskjed	[ɔ 'tɑ 'ɑf‚ʂɛd]
despedirse (vr)	å si farvel	[ɔ 'si far'vɛl]

173. La bicicleta. La motocicleta

bicicleta (f)	sykkel (m)	['sʏkəl]
scooter (m)	skooter (m)	['skutər]
motocicleta (f)	motorsykkel (m)	['mɔtʉr‚sʏkəl]

ir en bicicleta	å sykle	[ɔ 'sʏklə]
manillar (m)	styre (n)	['styrə]
pedal (m)	pedal (m)	[pe'dɑl]
frenos (m pl)	bremser (m pl)	['brɛmsər]
sillín (m)	sete (n)	['setə]

bomba (f)	pumpe (m/f)	['pʉmpə]
portaequipajes (m)	bagasjebrett (n)	[bɑ'gɑʂə‚brɛt]
faro (m)	lykt (m/f)	['lʏkt]
casco (m)	hjelm (m)	['jɛlm]

rueda (f)	hjul (n)	['jʉl]
guardabarros (m)	skjerm (m)	['ʂærm]
llanta (f)	felg (m)	['fɛlg]
rayo (m)	eik (m/f)	['æjk]

Los coches

coche (m)	bil (m)	['bil]
coche (m) deportivo	sportsbil (m)	['spɔː[ts͡bil]
limusina (f)	limousin (m)	[limʉ'sin]
todoterreno (m)	terrengbil (m)	[tɛ'rɛŋ͡bil]
cabriolé (m)	kabriolet (m)	[kabriʉ'le]
microbús (m)	minibuss (m)	['mini͡bʉs]
ambulancia (f)	ambulanse (m)	[ambʉ'lansə]
quitanieves (m)	snøplog (m)	['snø͡plɔg]
camión (m)	lastebil (m)	['lastə͡bil]
camión (m) cisterna	tankbil (m)	['tank͡bil]
camioneta (f)	skapbil (m)	['skap͡bil]
cabeza (f) tractora	trekkvogn (m/f)	['trɛk͡vɔŋn]
remolque (m)	tilhenger (m)	['til͡hɛŋər]
confortable (adj)	komfortabel	[kʉmfɔːˈtabəl]
de ocasión (adj)	brukt	['brʉkt]

capó (m)	panser (n)	['pansər]
guardabarros (m)	skjerm (m)	['ʂærm]
techo (m)	tak (n)	['tak]
parabrisas (m)	frontrute (m/f)	['frɔnt͡rʉtə]
espejo (m) retrovisor	bakspeil (n)	['bak͡spæjl]
limpiador (m)	vindusspyler (m)	['vindʉs͡spylər]
limpiaparabrisas (m)	viskerblader (n pl)	['viskə͡blɑər]
ventana (f) lateral	siderute (m/f)	['sidə͡rʉtə]
elevalunas (m)	vindusheis (m)	['vindʉs͡hæjs]
antena (f)	antenne (m)	[an'tɛnə]
techo (m) solar	takluke (m/f), soltak (n)	['tak͡lʉkə], ['sʉl͡tak]
parachoques (m)	støtfanger (m)	['støt͡faŋər]
maletero (m)	bagasjerom (n)	[ba'gaʂə͡rʉm]
baca (f) (portaequipajes)	takgrind (m/f)	['tak͡grin]
puerta (f)	dør (m/f)	['dœr]
tirador (m) de puerta	dørhåndtak (n)	['dœr͡hɔntak]
cerradura (f)	dørlås (m/n)	['dœr͡lɔs]
matrícula (f)	nummerskilt (n)	['nʉmər͡ʂilt]
silenciador (m)	lyddemper (m)	['lyd͡dɛmpər]

157

tanque (m) de gasolina	bensintank (m)	[bɛn'sin,tɑnk]
tubo (m) de escape	eksosrør (n)	['ɛksʊs,rør]
acelerador (m)	gass (m)	['gɑs]
pedal (m)	pedal (m)	[pe'dɑl]
pedal (m) de acelerador	gasspedal (m)	['gɑs pe'dɑl]
freno (m)	brems (m)	['brɛms]
pedal (m) de freno	bremsepedal (m)	['brɛmsə pe'dɑl]
frenar (vi)	å bremse	[ɔ 'brɛmsə]
freno (m) de mano	håndbrekk (n)	['hɔn,brɛk]
embrague (m)	koppling (m)	['kɔpliŋ]
pedal (m) de embrague	kopplingspedal (m)	['kɔpliŋs pe'dɑl]
disco (m) de embrague	koplingsskive (m/f)	['kɔpliŋs,sivə]
amortiguador (m)	støtdemper (m)	['støt,dɛmpər]
rueda (f)	hjul (n)	['jʉl]
rueda (f) de repuesto	reservehjul (n)	[re'sɛrvə jʉl]
neumático (m)	dekk (n)	['dɛk]
tapacubo (m)	hjulkapsel (m)	['jʉl,kɑpsəl]
ruedas (f pl) motrices	drivhjul (n pl)	['driv jʉl]
de tracción delantera	forhjulsdrevet	['fɔrjʉls,drevət]
de tracción trasera	bakhjulsdrevet	['bɑkjʉls,drevət]
de tracción integral	firehjulsdrevet	['firəjʉls,drevət]
caja (f) de cambios	girkasse (m/f)	['gir,kɑsə]
automático (adj)	automatisk	[aʉtʉ'mɑtisk]
mecánico (adj)	mekanisk	[me'kɑnisk]
palanca (f) de cambios	girspak (m)	['gi,spɑk]
faro (m) delantero	lyskaster (m)	['lys,kɑstər]
faros (m pl)	lyskastere (m pl)	['lys,kɑstərə]
luz (f) de cruce	nærlys (n)	['nær,lys]
luz (f) de carretera	fjernlys (n)	['fjæːn̪ lys]
luz (f) de freno	stopplys, bremselys (n)	['stɔp,lys], ['brɛmsə,lys]
luz (f) de posición	parkeringslys (n)	[pɑr'keriŋs,lys]
luces (f pl) de emergencia	varselblinklys (n)	['vɑʂəl,blink lys]
luces (f pl) antiniebla	tåkelys (n)	['to:kə,lys]
intermitente (m)	blinklys (n)	['blink,lys]
luz (f) de marcha atrás	baklys (n)	['bɑk,lys]

176. El coche. El compartimiento de pasajeros

habitáculo (m)	interiør (n), innredning (m/f)	[inter'jør], ['in,rɛdniŋ]
de cuero (adj)	lær-	['lær-]
de felpa (adj)	velur	[ve'lʉr]
tapizado (m)	trekk (n)	['trɛk]
instrumento (m)	instrument (n)	[instrʉ'mɛnt]
salpicadero (m)	dashbord (n)	['dɑʂbɔːd]

| velocímetro (m) | speedometer (n) | [spidu'metər] |
| aguja (f) | viser (m) | ['visər] |

cuentakilómetros (m)	kilometerteller (m)	[çilu'metər,tɛlər]
indicador (m)	indikator (m)	[indi'katur]
nivel (m)	nivå (n)	[ni'vo]
testigo (m) (~ luminoso)	varsellampe (m/f)	['vaşəl,lampə]

volante (m)	ratt (n)	['rat]
bocina (f)	horn (n)	['hu:ɳ]
botón (m)	knapp (m)	['knap]
interruptor (m)	bryter (m)	['brytər]

asiento (m)	sete (n)	['setə]
respaldo (m)	seterygg (m)	['setə,rʏg]
reposacabezas (m)	nakkestøtte (m/f)	['nakə,stœtə]
cinturón (m) de seguridad	sikkerhetsbelte (m)	['sikərhɛts,bɛltə]
abrocharse el cinturón	å spenne	[ɔ 'spɛnə
	fast sikkerhetsbeltet	fast 'sikərhets,bɛltə]
reglaje (m)	justering (m/f)	[jʉ'steriŋ]

| bolsa (f) de aire (airbag) | kollisjonspute (m/f) | ['kulişʉns,pʉtə] |
| climatizador (m) | klimaanlegg (n) | ['klima'an,leg] |

radio (m)	radio (m)	['radiʉ]
reproductor (m) de CD	CD-spiller (m)	['sɛdɛ ,spilər]
encender (vt)	å slå på	[ɔ 'şlɔ pɔ]
antena (f)	antenne (m)	[an'tɛnə]
guantera (f)	hanskerom (n)	['hanskə,rʉm]
cenicero (m)	askebeger (n)	['askə,begər]

177. El coche. El motor

motor (m)	motor (m)	['mɔtʉr]
diésel (adj)	diesel-	['disəl-]
a gasolina (adj)	bensin-	[bɛn'sin-]

volumen (m) del motor	motorvolum (n)	['mɔtʉr vɔ'lʉm]
potencia (f)	styrke (m)	['styrkə]
caballo (m) de fuerza	hestekraft (m/f)	['hɛstə,kraft]
pistón (m)	stempel (n)	['stɛmpəl]
cilindro (m)	sylinder (m)	[sy'lindər]
válvula (f)	ventil (m)	[vɛn'til]

inyector (m)	injektor (m)	[i'njɛktʉr]
generador (m)	generator (m)	[gene'ratʉr]
carburador (m)	forgasser (m)	[fɔr'gasər]
aceite (m) de motor	motorolje (m)	['mɔtʉr,ɔljə]

radiador (m)	radiator (m)	[radi'atʉr]
liquido (m) refrigerante	kjølevæske (m/f)	['çœlə,væskə]
ventilador (m)	vifte (m/f)	['viftə]
estárter (m)	starter (m)	['sta:tər]
encendido (m)	tenning (m/f)	['tɛniŋ]

bujía (f)	tennplugg (m)	['tɛn‚plʉg]
fusible (m)	sikring (m)	['sikriŋ]

batería (f)	batteri (n)	[batɛ'ri]
terminal (m)	klemme (m/f)	['klemə]
terminal (m) positivo	plussklemme (m/f)	['plʉs‚klemə]
terminal (m) negativo	minusklemme (m/f)	['minʉs‚klemə]

filtro (m) de aire	luftfilter (n)	['lʉft‚filtər]
filtro (m) de aceite	oljefilter (n)	['ɔljə‚filtər]
filtro (m) de combustible	brenselsfilter (n)	['brɛnsəls‚filtər]

178. El coche. Accidente de tráfico. La reparación

accidente (m)	bilulykke (m/f)	['bil ʉ'lʏkə]
accidente (m) de tráfico	trafikkulykke (m/f)	[tra'fik ʉ'lʏkə]
chocar contra ...	å kjøre inn i ...	[ɔ 'çœːrə in i ...]
tener un accidente	å havarere	[ɔ hava'rerə]
daño (m)	skade (m)	['skadə]
intacto (adj)	uskadd	['ʉ‚skad]

pana (f)	havari (n)	[hava'ri]
averiarse (vr)	å bryte sammen	[ɔ 'brytə 'samən]
remolque (m) (cuerda)	slepetau (n)	['ʂlepə‚taʉ]

pinchazo (m)	punktering (m)	[pʉn'teriŋ]
desinflarse (vr)	å være punktert	[ɔ 'værə pʉnk'tɛːt]
inflar (vt)	å pumpe opp	[ɔ 'pʉmpə ɔp]
presión (f)	trykk (n)	['trʏk]
verificar (vt)	å sjekke	[ɔ 'ʂɛkə]

reparación (f)	reparasjon (m)	[repara'ʂʉn]
taller (m)	bilverksted (n)	['bil 'værk‚sted]
parte (f) de repuesto	reservedel (m)	[re'sɛrvə‚del]
parte (f)	del (m)	['del]

perno (m)	bolt (m)	['bɔlt]
tornillo (m)	skrue (m)	['skrʉə]
tuerca (f)	mutter (m)	['mʉtər]
arandela (f)	skive (m/f)	['ʂivə]
rodamiento (m)	lager (n)	['lagər]

tubo (m)	rør (m)	['rør]
junta (f)	pakning (m/f)	['pakniŋ]
cable, hilo (m)	ledning (m)	['ledniŋ]

gato (m)	jekk (m), donkraft (m/f)	['jɛk], ['dɔn‚kraft]
llave (f) de tuerca	skrunøkkel (m)	['skrʉ‚nøkəl]
martillo (m)	hammer (m)	['hamər]
bomba (f)	pumpe (m/f)	['pʉmpə]
destornillador (m)	skrutrekker (m)	['skrʉ‚trɛkər]

extintor (m)	brannslukker (n)	['bran‚ʂlʉkər]
triángulo (m) de avería	varseltrekant (m)	['vaʂəl 'trɛ‚kant]

pararse, calarse (vr)	å skjære	[ɔ 'ʂæːrə]
parada (f) (del motor)	stans (m), stopp (m/n)	['stɑns], ['stɔp]
estar averiado	å være ødelagt	[ɔ 'væːrə 'ødə,lɑkt]
recalentarse (vr)	å bli overopphetet	[ɔ 'bli 'ɔvərɔp,hetət]
estar atascado	å bli tilstoppet	[ɔ 'bli til'stɔpət]
congelarse (vr)	å fryse	[ɔ 'frysə]
reventar (vi)	å sprekke, å briste	[ɔ 'sprɛkə], [ɔ 'bristə]
presión (f)	trykk (n)	['trʏk]
nivel (m)	nivå (n)	[ni'vo]
flojo (correa ~a)	slakk	['ʂlɑk]
abolladura (f)	bulk (m)	['bʉlk]
ruido (m) (en el motor)	bankelyd (m), dunk (m/n)	['bɑnkə,lyd], ['dʉnk]
grieta (f)	sprekk (m)	['sprɛk]
rozadura (f)	ripe (m/f)	['ripə]

179. El coche. El camino

camino (m)	vei (m)	['væj]
autovía (f)	hovedvei (m)	['hʉved,væj]
carretera (f)	motorvei (m)	['mɔtʉr,væj]
dirección (f)	retning (m/f)	['rɛtniŋ]
distancia (f)	avstand (m)	['ɑf,stɑn]
puente (m)	bro (m/f)	['brʉ]
aparcamiento (m)	parkeringsplass (m)	[pɑr'keriŋs,plɑs]
plaza (f)	torg (n)	['tɔr]
intercambiador (m)	trafikkmaskin (m)	[trɑ'fik mɑ,ʂin]
túnel (m)	tunnel (m)	['tʉnəl]
gasolinera (f)	bensinstasjon (m)	[bɛn'sin,stɑ'ʂʉn]
aparcamiento (m)	parkeringsplass (m)	[pɑr'keriŋs,plɑs]
surtidor (m)	bensinpumpe (m/f)	[bɛn'sin,pʉmpə]
taller (m)	bilverksted (n)	['bil 'værk,sted]
cargar gasolina	å tanke opp	[ɔ 'tɑnkə ɔp]
combustible (m)	brensel (n)	['brɛnsəl]
bidón (m) de gasolina	bensinkanne (m/t)	[bɛn'sin,kɑnə]
asfalto (m)	asfalt (m)	['ɑs,fɑlt]
señalización (f) vial	vegoppmerking (m/f)	['veg 'ɔp,mærkiŋ]
bordillo (m)	fortauskant (m)	['fɔːʈaʉs,kɑnt]
barrera (f) de seguridad	autovern, veirekkverk (n)	['aʉtɔ,væːɳ], ['væj,rekværk]
cuneta (f)	veigrøft (m/f)	['væj,grœft]
borde (m) de la carretera	veikant (m)	['væj,kɑnt]
farola (f)	lyktestolpe (m)	['lʏktə,stɔlpə]
conducir (vi, vt)	å kjøre	[ɔ 'çœːrə]
girar (~ a la izquierda)	å svinge	[ɔ 'sviŋə]
girar en U	å ta en U-sving	[ɔ 'ta en 'ʉː,sviŋ]
marcha (f) atrás	revers (m)	[re'væʂ]
tocar la bocina	å tute	[ɔ 'tʉtə]
bocinazo (m)	tut (n)	['tʉt]

atascarse (vr)	å kjøre seg fast	[ɔ 'çœːrə sæj 'fɑst]
patinar (vi)	å spinne	[ɔ 'spinə]
parar (el motor)	å stanse	[ɔ 'stɑnsə]

velocidad (f)	hastighet (m/f)	['hɑsti͵het]
exceder la velocidad	å overskride fartsgrensen	[ɔ 'ɔvə͵skridə 'fɑːʦ͵grɛnsən]
multar (vt)	å gi bot	[ɔ 'ji 'bʉt]
semáforo (m)	trafikklys (n)	[trɑ'fik͵lys]
permiso (m) de conducir	førerkort (n)	['førər͵kɔːt]

paso (m) a nivel	planovergang (m)	['plɑn 'ɔvər͵gɑŋ]
cruce (m)	veikryss (n)	['væjkrʏs]
paso (m) de peatones	fotgjengerovergang (m)	['fʉtjɛŋər 'ɔvər͵gɑŋ]
zona (f) de peatones	gågate (m/f)	['goː͵gɑtə]

180. Las señales de tráfico

reglas (f pl) de tránsito	trafikkregler (m pl)	[trɑ'fik͵reglər]
señal (m) de tráfico	trafikkskilt (n)	[trɑ'fik͵ʂilt]
adelantamiento (m)	forbikjøring (m/f)	['fɔrbi͵çœriŋ]
curva (f)	Sving	['sviŋ]
vuelta (f) en U	u-sving, u-vending	['ʉː͵sviŋ], ['ʉː͵vɛniŋ]
rotonda (f)	rundkjøring	['rʉn͵çœriŋ]

Prohibido el paso	Innkjøring forbudt	['in'çœriŋ fɔr'bʉt]
Circulación prohibida	Trafikkforbud	[trɑ'fik fɔr͵bʉt]
Prohibido adelantar	Forbikjøring forbudt	['fɔrbi͵çœriŋ fɔr'bʉt]
Prohibido aparcar	Parkering forbudt	[pɑr'keriŋ fɔr'bʉt]
Prohibido parar	Stans forbudt	['stɑns fɔr'bʉt]

curva (f) peligrosa	Farlig sving	['fɑːɭi ͵sviŋ]
bajada con fuerte pendiente	Bratt bakke	['brɑt ͵bɑkə]
sentido (m) único	Enveiskjøring	['ɛnvæjs͵ʂøriŋ]
paso (m) de peatones	fotgjengerovergang (m)	['fʉtjɛŋər 'ɔvər͵gɑŋ]
pavimento (m) deslizante	Glatt kjørebane	['glɑt 'çœːrə͵bɑnə]
ceda el paso	Vikeplikt	['vikə͵plikt]

LA GENTE. ACONTECIMIENTOS DE LA VIDA

181. Los días festivos. Los eventos

fiesta (f)	fest (m)	['fɛst]
fiesta (f) nacional	nasjonaldag (m)	[naʂu'nal̩da]
día (m) de fiesta	festdag (m)	['fɛst̩da]
celebrar (vt)	å feire	[ɔ 'fæjrə]
evento (m)	begivenhet (m/f)	[be'jiven̩het]
medida (f)	evenement (n)	[ɛvenə'maŋ]
banquete (m)	bankett (m)	[ban'kɛt]
recepción (f)	resepsjon (m)	[resɛp'ʂun]
festín (m)	fest (n)	['fɛst]
aniversario (m)	årsdag (m)	['oːʂ̩da]
jubileo (m)	jubileum (n)	[jʉbi'leʉm]
Año (m) Nuevo	nytt år (n)	['nʏt ̩oːr]
¡Feliz Año Nuevo!	Godt nytt år!	['gɔt nʏt ̩oːr]
Papá Noel (m)	Julenissen	['jʉlə̩nisən]
Navidad (f)	Jul (m/f)	['jʉl]
¡Feliz Navidad!	Gledelig jul!	['gledəli 'jʉl]
árbol (m) de Navidad	juletre (n)	['jʉlə̩trɛ]
fuegos (m pl) artificiales	fyrverkeri (n)	[ˌfyrværkə'ri]
boda (f)	bryllup (n)	['brʏlʉp]
novio (m)	brudgom (m)	['brʉd̩gɔm]
novia (f)	brud (m/f)	['brʉd]
invitar (vt)	å innby, å invitere	[ɔ 'inby], [ɔ invi'terə]
tarjeta (f) de invitación	innbydelse (m)	[in'bydəlse]
invitado (m)	gjest (m)	['jɛst]
visitar (vt) (a los amigos)	å besøke	[ɔ be'søkə]
recibir a los invitados	å hilse på gjestene	[ɔ 'hilsə pɔ 'jɛstenə]
regalo (m)	gave (m/f)	['gavə]
regalar (vt)	å gi	[ɔ 'ji]
recibir regalos	å få gaver	[ɔ 'fɔ 'gavər]
ramo (m) de flores	bukett (m)	[bʉ'kɛt]
felicitación (f)	lykkønskning (m/f)	['lʏk̩ønskniŋ]
felicitar (vt)	å gratulere	[ɔ gratʉ'lerə]
tarjeta (f) de felicitación	gratulasjonskort (n)	[gratʉla'ʂuns̩koːt]
enviar una tarjeta	å sende postkort	[ɔ 'sɛnə 'post̩koːt]
recibir una tarjeta	å få postkort	[ɔ 'fɔ 'post̩koːt]
brindis (m)	skål (m/f)	['skɔl]

| ofrecer (~ una copa) | å tilby | [ɔ 'tilby] |
| champaña (f) | champagne (m) | [ʂamˈpɑnjə] |

divertirse (vr)	å more seg	[ɔ 'mʉrə sæj]
diversión (f)	munterhet (m)	['mʉntər‚het]
alegría (f) (emoción)	glede (m/f)	['gledə]

| baile (m) | dans (m) | ['dɑns] |
| bailar (vi, vt) | å danse | [ɔ 'dɑnsə] |

| vals (m) | vals (m) | ['vɑls] |
| tango (m) | tango (m) | ['tɑŋgʉ] |

182. Los funerales. El entierro

cementerio (m)	gravplass, kirkegård (m)	['grɑv‚plɑs], ['çirkə‚gɔːr]
tumba (f)	grav (m)	['grɑv]
cruz (f)	kors (n)	['kɔːʂ]
lápida (f)	gravstein (m)	['grɑf‚stæjn]
verja (f)	gjerde (n)	['jærə]
capilla (f)	kapell (n)	[kɑˈpɛl]

muerte (f)	død (m)	['dø]
morir (vi)	å dø	[ɔ 'dø]
difunto (m)	den avdøde	[den 'ɑv‚dødə]
luto (m)	sorg (m/f)	['sɔr]

enterrar (vt)	å begrave	[ɔ beˈgrɑvə]
funeraria (f)	begravelsesbyrå (n)	[beˈgrɑvəlsəs byˌro]
entierro (m)	begravelse (m)	[beˈgrɑvəlsə]

corona (f) funeraria	krans (m)	['krɑns]
ataúd (m)	likkiste (m/f)	['lik‚çistə]
coche (m) fúnebre	likbil (m)	['lik‚bil]
mortaja (f)	likklede (n)	['lik‚kledə]

cortejo (m) fúnebre	gravfølge (n)	['grɑv‚følgə]
urna (f) funeraria	askeurne (m/f)	['ɑskə‚ʉːnə]
crematorio (m)	krematorium (n)	[krɛmɑ'tʉrium]

necrología (f)	nekrolog (m)	[nekrʉ'lɔg]
llorar (vi)	å gråte	[ɔ 'groːtə]
sollozar (vi)	å hulke	[ɔ 'hʉlkə]

183. La guerra. Los soldados

sección (f)	tropp (m)	['trɔp]
compañía (f)	kompani (n)	[kʉmpɑ'ni]
regimiento (m)	regiment (n)	[rɛgi'mɛnt]
ejército (m)	hær (m)	['hær]
división (f)	divisjon (m)	[divi'ʂʉn]
destacamento (m)	tropp (m)	['trɔp]

hueste (f)	hær (m)	['hær]
soldado (m)	soldat (m)	[sʊl'dɑt]
oficial (m)	offiser (m)	[ɔfi'sɛr]

soldado (m) raso	menig (m)	['meni]
sargento (m)	sersjant (m)	[sær'ʂɑnt]
teniente (m)	løytnant (m)	['løjt̩nɑnt]
capitán (m)	kaptein (m)	[kɑp'tæjn]
mayor (m)	major (m)	[mɑ'jɔr]
coronel (m)	oberst (m)	['ʊbɛʂt]
general (m)	general (m)	[gene'rɑl]

marino (m)	sjømann (m)	['ʂø̩mɑn]
capitán (m)	kaptein (m)	[kɑp'tæjn]
contramaestre (m)	båtsmann (m)	['bɔs̩mɑn]

artillero (m)	artillerist (m)	[ˌɑːt̡ile'rist]
paracaidista (m)	fallskjermjeger (m)	['fɑl̩ʂærm 'jɛːgər]
piloto (m)	flyger, flyver (m)	['flygər], ['flyvər]
navegador (m)	styrmann (m)	['styr̩mɑn]
mecánico (m)	mekaniker (m)	[me'kɑnikər]

zapador (m)	pioner (m)	[piʊ'ner]
paracaidista (m)	fallskjermhopper (m)	['fɑl̩ʂærm 'hɔpər]
explorador (m)	oppklaringssoldat (m)	['ɔp̩klɑriŋ sʊl'dɑt]
francotirador (m)	skarpskytte (m)	['skɑrp̩ʂʏtə]

patrulla (f)	patrulje (m)	[pɑ'trʉlje]
patrullar (vi, vt)	å patruljere	[ɔ patrʉ'ljerə]
centinela (m)	vakt (m)	['vɑkt]

guerrero (m)	kriger (m)	['krigər]
patriota (m)	patriot (m)	[patri'ɔt]
héroe (m)	helt (m)	['hɛlt]
heroína (f)	heltinne (m)	['hɛlt̩inə]

traidor (m)	forræder (m)	[fɔ'rædər]
traicionar (vt)	å forråde	[ɔ fɔ'rɔːdə]
desertor (m)	desertør (m)	[desæː'ʈør]
desertar (vi)	å desertere	[ɔ desæː'ʈerə]

mercenario (m)	leiesoldat (m)	['læjəsʊl̩dɑt]
recluta (m)	rekrutt (m)	[re'krʉt]
voluntario (m)	frivillig (m)	['fri̩vili]

muerto (m)	drept (m)	['drɛpt]
herido (m)	såret (m)	['soːrə]
prisionero (m)	fange (m)	['fɑŋə]

184. La guerra. El ámbito militar. Unidad 1

guerra (f)	krig (m)	['krig]
estar en guerra	å være i krig	[ɔ 'værə i ˌkrig]
guerra (f) civil	borgerkrig (m)	['bɔrgər̩krig]

pérfidamente (adv)	lumsk, forræderisk	['lʉmsk], [fɔ'rædərisk]
declaración (f) de guerra	krigserklæring (m)	['krigs ær‚klærin]
declarar (~ la guerra)	å erklære	[ɔ ær'klærə]
agresión (f)	aggresjon (m)	[agre'ʂʉn]
atacar (~ a un país)	å angripe	[ɔ 'an‚gripə]

invadir (vt)	å invadere	[ɔ inva'derə]
invasor (m)	angriper (m)	['an‚gripər]
conquistador (m)	erobrer (m)	[ɛ'rʉbrər]

defensa (f)	forsvar (n)	['fʉ‚svar]
defender (vt)	å forsvare	[ɔ fɔ'ʂvarə]
defenderse (vr)	å forsvare seg	[ɔ fɔ'ʂvarə sæj]

enemigo (m)	fiende (m)	['fiɛndə]
adversario (m)	motstander (m)	['mʉt‚stanər]
enemigo (adj)	fiendtlig	['fjɛntli]

estrategia (f)	strategi (m)	[strate'gi]
táctica (f)	taktikk (m)	[tak'tik]

orden (f)	ordre (m)	['ɔrdrə]
comando (m)	ordre, kommando (m/f)	['ɔrdrə], ['kʉ'mandʉ]
ordenar (vt)	å beordre	[ɔ be'ɔrdrə]
misión (f)	oppdrag (m)	['ɔpdrag]
secreto (adj)	hemmelig	['hɛməli]

batalla (f)	batalje (m)	[ba'taljə]
batalla (f)	slag (n)	['ʂlag]
combate (m)	kamp (m)	['kamp]

ataque (m)	angrep (n)	['an‚grɛp]
asalto (m)	storm (m)	['stɔrm]
tomar por asalto	å storme	[ɔ 'stɔrmə]
asedio (m), sitio (m)	beleiring (m/f)	[be'læjrin]

ofensiva (f)	offensiv (m), angrep (n)	['ɔfen‚sif], ['an‚grɛp]
tomar la ofensiva	å angripe	[ɔ 'an‚gripə]

retirada (f)	retrett (m)	[rɛ'trɛt]
retirarse (vr)	å retirere	[ɔ reti'rerə]

envolvimiento (m)	omringing (m/f)	['ɔm‚rinin]
cercar (vt)	å omringe	[ɔ 'ɔm‚rinə]

bombardeo (m)	bombing (m/f)	['bʉmbin]
lanzar una bomba	å slippe bombe	[ɔ 'ʂlipə 'bʉmbə]
bombear (vt)	å bombardere	[ɔ bʉmba:'d̩erə]
explosión (f)	eksplosjon (m)	[ɛksplʉ'ʂʉn]

tiro (m), disparo (m)	skudd (n)	['skʉd]
disparar (vi)	å skyte av	[ɔ 'ʂytə a:]
tiro (m) (de artillería)	skytning (m/f)	['sytnin]

apuntar a ...	å sikte på ...	[ɔ 'siktə pɔ ...]
encarar (apuntar)	å rette	[ɔ 'rɛtə]

alcanzar (el objetivo)	å treffe	[ɔ 'trɛfə]
hundir (vt)	å senke	[ɔ 'sɛnkə]
brecha (f) (~ en el casco)	hull (n)	['hʉl]
hundirse (vr)	å synke	[ɔ 'sʏnkə]

frente (m)	front (m)	['frɔnt]
evacuación (f)	evakuering (m/f)	[ɛvɑkʉ'eriŋ]
evacuar (vt)	å evakuere	[ɔ ɛvɑkʉ'erə]

trinchera (f)	skyttergrav (m)	['ʂytə,grɑv]
alambre (m) de púas	piggtråd (m)	['pig,trɔd]
barrera (f) (~ antitanque)	hinder (n), sperring (m/f)	['hindər], ['spɛriŋ]
torre (f) de vigilancia	vakttårn (n)	['vɑkt,tɔ:ɳ]

hospital (m)	militærsykehus (n)	[mili'tær,sykə'hʉs]
herir (vt)	å såre	[ɔ 'so:rə]
herida (f)	sår (n)	['sɔr]
herido (m)	såret (n)	['so:rə]
recibir una herida	å bli såret	[ɔ 'bli 'so:rət]
grave (herida)	alvorlig	[ɑl'vɔ:ˌli]

185. La guerra. El ámbito militar. Unidad 2

cautiverio (m)	fangeskap (n)	['fɑŋə,skɑp]
capturar (vt)	å ta til fange	[ɔ 'ta til 'fɑŋə]
estar en cautiverio	å være i fangeskap	[ɔ 'værə i 'fɑŋə,skɑp]
caer prisionero	å bli tatt til fange	[ɔ 'bli tɑt til 'fɑŋə]

campo (m) de concentración	konsentrasjonsleir (m)	[kʉnsəntrɑ'ʂʉns,læjr]
prisionero (m)	fange (m)	['fɑŋə]
escapar (de cautiverio)	å flykte	[ɔ 'flʏktə]

traicionar (vt)	å forråde	[ɔ fɔ'rɔ:də]
traidor (m)	forræder (m)	[fɔ'rædər]
traición (f)	forræderi (n)	[forædə'ri]

fusilar (vt)	å henrette ved skyting	[ɔ 'hɛn,rɛtə ve 'ʂytiŋ]
fusilamiento (m)	skyting (m/f)	['ʂytiŋ]

equipo (m) (uniforme, etc.)	mundering (m/f)	[mʉn'dɛriŋ]
hombrera (f)	skulderklaff (m)	['skʉldər,klɑf]
máscara (f) antigás	gassmaske (m/f)	['gɑs,mɑskə]

radio transmisor (m)	feltradio (m)	['fɛlt,rɑdiʉ]
cifra (f) (código)	chiffer (n)	['ʂifər]
conspiración (f)	hemmeligholdelse (m)	['hɛməli,hɔlələsə]
contraseña (f)	passord (n)	['pɑs,u:r]

mina (f) terrestre	mine (m/f)	['minə]
minar (poner minas)	å minelegge	[ɔ 'minə,legə]
campo (m) minado	minefelt (n)	['minə,fɛlt]

alarma (f) aérea	flyalarm (m)	['fly ɑ'lɑrm]
alarma (f)	alarm (m)	[ɑ'lɑrm]

señal (f)	signal (n)	[siŋ'nal]
cohete (m) de señales	signalrakett (m)	[siŋ'nal ra'kɛt]
estado (m) mayor	stab (m)	['stɑb]
reconocimiento (m)	oppklaring (m/f)	['ɔp‚klɑriŋ]
situación (f)	situasjon (m)	[situɑ'şʉn]
informe (m)	rapport (m)	[rɑ'pɔːt]
emboscada (f)	bakhold (n)	['bak‚hɔl]
refuerzo (m)	forsterkning (m/f)	[fɔ'ştærkniŋ]
blanco (m)	mål (n)	['mol]
terreno (m) de prueba	skytefelt (n)	['şytə‚fɛlt]
maniobras (f pl)	manøverer (m pl)	[mɑ'nøvər]
pánico (m)	panikk (m)	[pɑ'nik]
devastación (f)	ødeleggelse (m)	['ødə‚legəlsə]
destrucciones (f pl)	ruiner (m pl)	[rʉ'inər]
destruir (vt)	å ødelegge	[ɔ 'ødə‚legə]
sobrevivir (vi, vt)	å overleve	[ɔ 'ɔvə‚levə]
desarmar (vt)	å avvæpne	[ɔ 'av‚væpnə]
manejar (un arma)	å handtere	[ɔ han'terə]
¡Firmes!	Rett! | Gi-akt!	['rɛt], ['jiː'akt]
¡Descanso!	Hvil!	['vil]
hazaña (f)	bedrift (m)	[be'drift]
juramento (m)	ed (m)	['ɛd]
jurar (vt)	å sverge	[ɔ 'sværgə]
condecoración (f)	belønning (m/f)	[be'lœniŋ]
condecorar (vt)	å belønne	[ɔ be'lœnə]
medalla (f)	medalje (m)	[me'daljə]
orden (m) (~ de Merito)	orden (m)	['ɔrdən]
victoria (f)	seier (m)	['sæjər]
derrota (f)	nederlag (n)	['nedə‚lɑg]
armisticio (m)	våpenhvile (m)	['vɔpən‚vilə]
bandera (f)	fane (m)	['fɑnə]
gloria (f)	berømmelse (m)	[be'rœməlsə]
desfile (m) militar	parade (m)	[pɑ'rɑdə]
marchar (desfilar)	å marsjere	[ɔ mɑ'şerə]

186. Las armas

arma (f)	våpen (n)	['vɔpən]
arma (f) de fuego	skytevåpen (n)	['şytə‚vɔpən]
arma (f) blanca	blankvåpen (n)	['blank‚vɔpən]
arma (f) química	kjemisk våpen (n)	['çemisk ‚vɔpən]
nuclear (adj)	kjerne-	['çæːŋə-]
arma (f) nuclear	kjernevåpen (n)	['çæːŋə‚vɔpən]
bomba (f)	bombe (m)	['bʉmbə]

bomba (f) atómica	atombombe (m)	[aˈtʊmˌbʊmbə]
pistola (f)	pistol (m)	[piˈstʊl]
fusil (m)	gevær (n)	[geˈvær]
metralleta (f)	maskinpistol (m)	[maˈʂin piˌstʊl]
ametralladora (f)	maskingevær (n)	[maˈʂin geˌvær]

boca (f)	munning (m)	[ˈmʉniŋ]
cañón (m) (del arma)	løp (n)	[ˈløp]
calibre (m)	kaliber (m/n)	[kaˈlibər]

gatillo (m)	avtrekker (m)	[ˈavˌtrɛkər]
alza (f)	sikte (n)	[ˈsiktə]
cargador (m)	magasin (n)	[magaˈsin]
culata (f)	kolbe (m)	[ˈkɔlbə]

| granada (f) de mano | håndgranat (m) | [ˈhɔnˌgraˈnat] |
| explosivo (m) | sprengstoff (n) | [ˈsprɛŋˌstɔf] |

bala (f)	kule (m/f)	[ˈkʉːlə]
cartucho (m)	patron (m)	[paˈtrʊn]
carga (f)	ladning (m)	[ˈladniŋ]
pertrechos (m pl)	ammunisjon (m)	[amʉniˈʂʊn]

bombardero (m)	bombefly (n)	[ˈbʊmbəˌfly]
avión (m) de caza	jagerfly (n)	[ˈjagərˌfly]
helicóptero (m)	helikopter (n)	[heliˈkɔptər]

antiaéreo (m)	luftvernkanon (m)	[ˈlʉftvɛːɳ kaˈnʊn]
tanque (m)	stridsvogn (m/f)	[ˈstridsˌvɔŋn]
cañón (m) (de un tanque)	kanon (m)	[kaˈnʊn]

artillería (f)	artilleri (n)	[ˌaːʈileˈri]
cañón (m) (arma)	kanon (m)	[kaˈnʊn]
dirigir (un misil, etc.)	å rette	[ɔ ˈrɛtə]

mortero (m)	granatkaster (m)	[graˈnatˌkastər]
bomba (f) de mortero	granat (m/f)	[graˈnat]
obús (m)	projektil (m)	[prʉekˈtil]
trozo (m) de obús	splint (m)	[ˈsplint]

submarino (m)	ubåt (m)	[ˈʉːˌbɔt]
torpedo (m)	torpedo (m)	[tʊrˈpedʊ]
misil (m)	rakett (m)	[raˈkɛt]

cargar (pistola)	å lade	[ɔ ˈladə]
tirar (vi)	å skyte	[ɔ ˈʂytə]
apuntar a …	å sikte på …	[ɔ ˈsiktə pɔ …]
bayoneta (f)	bajonett (m)	[bajoˈnɛt]

espada (f) (duelo a ~)	kårde (m)	[ˈkoːrdə]
sable (m)	sabel (m)	[ˈsabəl]
lanza (f)	spyd (n)	[ˈspyd]
arco (m)	bue (m)	[ˈbʉːə]
flecha (f)	pil (m/f)	[ˈpil]
mosquete (m)	muskett (m)	[mʉˈskɛt]
ballesta (f)	armbrøst (m)	[ˈarmˌbrøst]

187. Los pueblos antiguos

primitivo (adj)	ur-	['ʉr-]
prehistórico (adj)	forhistorisk	['fɔrhi̯stʉrisk]
antiguo (adj)	oldtidens, antikkens	['ɔl̩tidəns], [an'tikəns]
Edad (f) de Piedra	Steinalderen	['stæjn̩ɑlderən]
Edad (f) de Bronce	bronsealder (m)	['brɔnsə̩ɑldər]
Edad (f) de Hielo	istid (m/f)	['is̩tid]
tribu (f)	stamme (m)	['stɑmə]
caníbal (m)	kannibal (m)	[kɑni'bɑl]
cazador (m)	jeger (m)	['jɛːgər]
cazar (vi, vt)	å jage	[ɔ 'jɑgə]
mamut (m)	mammut (m)	['mɑmʉt]
caverna (f)	grotte (m/f)	['grɔtə]
fuego (m)	ild (m)	['il]
hoguera (f)	bål (n)	['bɔl]
pintura (f) rupestre	helleristning (m/f)	['hɛlə̩ristniŋ]
herramienta (f), útil (m)	redskap (m/n)	['rɛd̩skɑp]
lanza (f)	spyd (n)	['spyd]
hacha (f) de piedra	steinøks (m/f)	['stæjn̩øks]
estar en guerra	å være i krig	[ɔ 'værə i ̩krig]
domesticar (vt)	å temme	[ɔ 'tɛmə]
ídolo (m)	idol (n)	[i'dʉl]
adorar (vt)	å dyrke	[ɔ 'dyrkə]
superstición (f)	overtro (m)	['ɔvə̩trʉ]
rito (m)	ritual (n)	[ritʉ'ɑl]
evolución (f)	evolusjon (m)	[ɛvɔlʉ'ʂʉn]
desarrollo (m)	utvikling (m/f)	['ʉt̩vikliŋ]
desaparición (f)	forsvinning (m/f)	[fɔ'ʂviniŋ]
adaptarse (vr)	å tilpasse seg	[ɔ 'til̩pɑsə sæj]
arqueología (f)	arkeologi (m)	[̩ɑrkeʉlʉ'gi]
arqueólogo (m)	arkeolog (m)	[̩ɑrkeʉ'lɔg]
arqueológico (adj)	arkeologisk	[̩ɑrkeʉ'lɔgisk]
sitio (m) de excavación	utgravingssted (n)	['ʉt̩grɑviŋs ̩sted]
excavaciones (f pl)	utgravinger (m/f pl)	['ʉt̩grɑviŋər]
hallazgo (m)	funn (n)	['fʉn]
fragmento (m)	fragment (n)	[frɑg'mɛnt]

188. La Edad Media

pueblo (m)	folk (n)	['fɔlk]
pueblos (m pl)	folk (n pl)	['fɔlk]
tribu (f)	stamme (m)	['stɑmə]
tribus (f pl)	stammer (m pl)	['stɑmər]
bárbaros (m pl)	barbarer (m pl)	[bɑr'bɑrər]

galos (m pl)	gallere (m pl)	['galere]
godos (m pl)	gotere (m pl)	['gɔterə]
eslavos (m pl)	slavere (m pl)	['slavɛrə]
vikingos (m pl)	vikinger (m pl)	['vikiŋər]

| romanos (m pl) | romere (m pl) | ['rʊmerə] |
| romano (adj) | romersk | ['rʊmæʂk] |

bizantinos (m pl)	bysantiner (m pl)	[bysɑn'tinər]
Bizancio (m)	Bysants	[by'sɑnts]
bizantino (adj)	bysantinsk	[bysɑn'tinsk]

emperador (m)	keiser (m)	['kæjsər]
jefe (m)	høvding (m)	['høvdiŋ]
poderoso (adj)	mektig	['mɛkti]
rey (m)	konge (m)	['kʊŋə]
gobernador (m)	hersker (m)	['hæʂkər]

caballero (m)	ridder (m)	['ridər]
señor (m) feudal	føydalherre (m)	['føjdɑl,hɛrə]
feudal (adj)	føydal	['føjdɑl]
vasallo (m)	vasall (m)	[vɑ'sɑl]

duque (m)	hertug (m)	['hæː[ʉg]
conde (m)	greve (m)	['grevə]
barón (m)	baron (m)	[bɑ'rʊn]
obispo (m)	biskop (m)	['biskɔp]

armadura (f)	rustning (m/f)	['rʉstniŋ]
escudo (m)	skjold (n)	['ʂɔl]
espada (f) (danza de ~s)	sverd (n)	['sværd]
visera (f)	visir (n)	[vi'sir]
cota (f) de malla	ringbrynje (m/f)	['riŋ,brynje]

| cruzada (f) | korstog (n) | ['kɔːʂ,tɔg] |
| cruzado (m) | korsfarer (m) | ['kɔːʂ,farər] |

territorio (m)	territorium (n)	[tɛri'tʊrium]
atacar (~ a un país)	å angripe	[ɔ 'an,gripə]
conquistar (vt)	å erobre	[ɔ ɛ'rʊbrə]
ocupar (invadir)	å okkupere	[ɔ ɔkʉ'perə]

asedio (m), sitio (m)	beleiring (m/f)	[be'læjriŋ]
sitiado (adj)	beleiret	[be'læjrət]
asediar, sitiar (vt)	å beleire	[ɔ be'læjre]

inquisición (f)	inkvisisjon (m)	[inkvisi'ʂʊn]
inquisidor (m)	inkvisitor (m)	[inkvi'sitʊr]
tortura (f)	tortur (m)	[tɔː'[ʉr]
cruel (adj)	brutal	[brʉ'tɑl]
hereje (m)	kjetter (m)	['çɛtər]
herejía (f)	kjetteri (n)	[çɛte'ri]

navegación (f) marítima	sjøfart (m)	['ʂø,fɑː[]
pirata (m)	pirat, sjørøver (m)	['pi'rɑt], ['ʂø,røvər]
piratería (f)	sjørøveri (n)	['ʂø røvɛ'ri]

abordaje (m)	entring (m/f)	['ɛntriŋ]
botín (m)	bytte (n)	['bʏtə]
tesoros (m pl)	skatter (m pl)	['skatər]

descubrimiento (m)	oppdagelse (m)	['ɔp‚dagəlsə]
descubrir (tierras nuevas)	å oppdage	[ɔ 'ɔp‚dagə]
expedición (f)	ekspedisjon (m)	[ɛkspedi'ʂʊn]

mosquetero (m)	musketer (m)	[mʉskə'ter]
cardenal (m)	kardinal (m)	[kɑːɖi'nal]
heráldica (f)	heraldikk (m)	[heral'dik]
heráldico (adj)	heraldisk	[he'raldisk]

189. El líder. El jefe. Las autoridades

rey (m)	konge (m)	['kʊŋə]
reina (f)	dronning (m/f)	['drɔniŋ]
real (adj)	kongelig	['kʊŋəli]
reino (m)	kongerike (n)	['kʊŋə‚rikə]

príncipe (m)	prins (m)	['prins]
princesa (f)	prinsesse (m/f)	[prin'sɛsə]

presidente (m)	president (m)	[prɛsi'dɛnt]
vicepresidente (m)	visepresident (m)	['visə prɛsi'dɛnt]
senador (m)	senator (m)	[se'natʊr]

monarca (m)	monark (m)	[mʊ'nark]
gobernador (m)	hersker (m)	['hæʂkər]
dictador (m)	diktator (m)	[dik'tatʊr]
tirano (m)	tyrann (m)	[ty'ran]
magnate (m)	magnat (m)	[maŋ'nat]

director (m)	direktør (m)	[dirɛk'tør]
jefe (m)	sjef (m)	['ʂɛf]
gerente (m)	forstander (m)	[fɔ'ʂtandər]
amo (m)	boss (m)	['bɔs]
dueño (m)	eier (m)	['æjər]

jefe (m), líder (m)	leder (m)	['ledər]
jefe (m) (~ de delegación)	leder (m)	['ledər]
autoridades (f pl)	myndigheter (m pl)	['mʏndi‚hetər]
superiores (m pl)	overordnede (pl)	['ɔvər‚ɔrdnedə]

gobernador (m)	guvernør (m)	[gʉver'nør]
cónsul (m)	konsul (m)	['kʊn‚sʉl]
diplomático (m)	diplomat (m)	[diplʉ'mat]
alcalde (m)	borgermester (m)	[bɔrgər'mɛstər]
sheriff (m)	sheriff (m)	[ʂɛ'rif]

emperador (m)	keiser (m)	['kæjsər]
zar (m)	tsar (m)	['tsɑr]
faraón (m)	farao (m)	['fɑrɑu]
jan (m), kan (m)	khan (m)	['kɑn]

190. La calle. El camino. Las direcciones

| camino (m) | vei (m) | ['væj] |
| vía (f) | vei (m) | ['væj] |

carretera (f)	motorvei (m)	['motʉr‚væj]
autovía (f)	hovedvei (m)	['hʉvəd‚væj]
camino (m) nacional	riksvei (m)	['riks‚væj]

| camino (m) principal | hovedvei (m) | ['hʉvəd‚væj] |
| camino (m) de tierra | bygdevei (m) | ['bʏgdə‚væj] |

| sendero (m) | sti (m) | ['sti] |
| senda (f) | sti (m) | ['sti] |

¿Dónde?	Hvor?	['vʉr]
¿A dónde?	Hvorhen?	['vʉrhen]
¿De dónde?	Hvorfra?	['vʉrfra]

| dirección (f) | retning (m/f) | ['rɛtniŋ] |
| mostrar (~ el camino) | å peke | [ɔ 'pekə] |

a la izquierda (girar ~)	til venstre	[til 'vɛnstrə]
a la derecha (girar)	til høyre	[til 'højrə]
todo recto (adv)	rett frem	['rɛt frem]
atrás (adv)	tilbake	[til'bakə]

curva (f)	kurve (m)	['kʉrvə]
girar (~ a la izquierda)	å svinge	[ɔ 'sviŋə]
girar en U	å ta en U-sving	[ɔ 'ta en 'ʉːˌsviŋ]

| divisarse (vr) | å være synlig | [ɔ 'værə 'sʏnli] |
| aparecer (vi) | å vise seg | [ɔ 'visə sæj] |

alto (m)	stopp (m), hvile (m/f)	['stɔp], ['vilə]
descansar (vi)	å hvile	[ɔ 'vilə]
reposo (m)	hvile (m/f)	['vilə]

perderse (vr)	å gå seg vill	[ɔ 'gɔ sæj 'vil]
llevar a ... (el camino)	å føre til ...	[ɔ 'førə til ...]
llegar a ...	å komme ut ...	[ɔ 'komə ʉt ...]
tramo (m) (~ del camino)	strekning (m)	['strɛkniŋ]

asfalto (m)	asfalt (m)	['asˌfalt]
bordillo (m)	fortauskant (m)	['foːˌtaʉsˌkant]
cuneta (f)	veigrøft (m/f)	['væjˌgrœft]
pozo (m) de alcantarillado	kum (m), kumlokk (n)	['kʉm], ['kʉmˌlɔk]
arcén (m)	veikant (m)	['væjˌkant]
bache (m)	grop (m/f)	['grʉp]

| ir (a pie) | å gå | [ɔ 'gɔ] |
| adelantar (vt) | å passere | [ɔ pa'serə] |

| paso (m) | skritt (n) | ['skrit] |
| a pie | til fots | [til 'fʉts] |

bloquear (vt)	å sperre	[ɔ 'spɛrə]
barrera (f) (~ automática)	bom (m)	['bʉm]
callejón (m) sin salida	blindgate (m/f)	['blin‚gɑtə]

191. Violar la ley. Los criminales. Unidad 1

bandido (m)	banditt (m)	[bɑn'dit]
crimen (m)	forbrytelse (m)	[fɔr'brytəlsə]
criminal (m)	forbryter (m)	[fɔr'brytər]

| ladrón (m) | tyv (m) | ['tyv] |
| robar (vt) | å stjele | [ɔ 'stjelə] |

secuestrar (vt)	å kidnappe	[ɔ 'kid‚nɛpə]
secuestro (m)	kidnapping (m)	['kid‚nɛpiŋ]
secuestrador (m)	kidnapper (m)	['kid‚nɛpər]

| rescate (m) | løsepenger (m pl) | ['løsə‚pɛŋər] |
| exigir un rescate | å kreve løsepenger | [ɔ 'krevə 'løsə‚pɛŋər] |

robar (vt)	å rane	[ɔ 'rɑnə]
robo (m)	ran (n)	['rɑn]
atracador (m)	raner (m)	['rɑnər]

extorsionar (vt)	å presse ut	[ɔ 'prɛsə ʉt]
extorsionista (m)	utpresser (m)	['ʉt‚prɛsər]
extorsión (f)	utpressing (m/f)	['ʉt‚prɛsiŋ]

matar, asesinar (vt)	å myrde	[ɔ 'mʏːdə]
asesinato (m)	mord (n)	['mʊr]
asesino (m)	morder (m)	['mʊrdər]

tiro (m), disparo (m)	skudd (n)	['skʉd]
disparar (vi)	å skyte av	[ɔ 'ʂytə ɑː]
matar (a tiros)	å skyte ned	[ɔ 'ʂytə ne]
tirar (vi)	å skyte	[ɔ 'ʂytə]
tiroteo (m)	skyting, skytning (m/f)	['ʂytiŋ], ['ʂytniŋ]

incidente (m)	hendelse (m)	['hɛndəlsə]
pelea (f)	slagsmål (n)	['ʂlɑks‚mol]
¡Socorro!	Hjelp!	['jɛlp]
víctima (f)	offer (n)	['ɔfər]

perjudicar (vt)	å skade	[ɔ 'skɑdə]
daño (m)	skade (m)	['skɑdə]
cadáver (m)	lik (n)	['lik]
grave (un delito ~)	alvorlig	[ɑl'vɔːli]

atacar (vt)	å anfalle	[ɔ 'ɑn‚fɑlə]
pegar (golpear)	å slå	[ɔ 'ʂlɔ]
apporear (vt)	å klå opp	[ɔ 'klɔ ɔp]
quitar (robar)	å berøve	[ɔ be'røvə]
acuchillar (vt)	å stikke i hjel	[ɔ 'stikə i 'jel]
mutilar (vt)	å lemleste	[ɔ 'lem‚lestə]

herir (vt)	å såre	[ɔ 'soːrə]
chantaje (m)	utpressing (m/f)	['ʉtˌprɛsiŋ]
hacer chantaje	å utpresse	[ɔ 'ʉtˌprɛsə]
chantajista (m)	utpresser (m)	['ʉtˌprɛsər]

extorsión (f)	utpressing (m/f)	['ʉtˌprɛsiŋ]
extorsionador (m)	utpresser (m)	['ʉtˌprɛsər]
gángster (m)	gangster (m)	['gɛŋstər]
mafia (f)	mafia (m)	['mafia]

carterista (m)	lommetyv (m)	['lʊməˌtyv]
ladrón (m) de viviendas	innbruddstyv (m)	['inbrʉdsˌtyv]
contrabandismo (m)	smugling (m/f)	['smʉgliŋ]
contrabandista (m)	smugler (m)	['smʉglər]

falsificación (f)	forfalskning (m/f)	[fɔr'falskniŋ]
falsificar (vt)	å forfalske	[ɔ fɔr'falskə]
falso (falsificado)	falsk	['falsk]

192. Violar la ley. Los criminales. Unidad 2

violación (f)	voldtekt (m)	['vɔlˌtɛkt]
violar (vt)	å voldta	[ɔ 'vɔlˌta]
violador (m)	voldtektsmann (m)	['vɔlˌtɛkts man]
maniaco (m)	maniker (m)	['manikər]

prostituta (f)	prostituert (m)	[prʊstitʉ'eːt]
prostitución (f)	prostitusjon (m)	[prʊstitʉ'ʂʊn]
chulo (m), proxeneta (m)	hallik (m)	['halik]

drogadicto (m)	narkoman (m)	[narkʉ'man]
narcotraficante (m)	narkolanger (m)	['narkɔˌlaŋər]

hacer explotar	å sprenge	[ɔ 'sprɛŋə]
explosión (f)	eksplosjon (m)	[ɛksplʊ'ʂʊn]
incendiar (vt)	å sette fyr	[ɔ 'sɛtə ˌfyr]
incendiario (m)	brannstifter (m)	['branˌstiftər]

terrorismo (m)	terrorisme (m)	[tɛrʊ'rismə]
terrorista (m)	terrorist (m)	[tɛrʊ'rist]
rehén (m)	gissel (m)	['jisəl]

estafar (vt)	å bedra	[ɔ be'dra]
estafa (f)	bedrag (n)	[be'drag]
estafador (m)	bedrager, svindler (m)	[be'dragər], ['svindlər]

sobornar (vt)	å bestikke	[ɔ be'stikə]
soborno (m) (delito)	bestikkelse (m)	[be'stikəlsə]
soborno (m) (dinero, etc.)	bestikkelse (m)	[be'stikəlsə]

veneno (m)	gift (m/f)	['jift]
envenenar (vt)	å forgifte	[ɔ fɔr'jiftə]
envenenarse (vr)	å forgifte seg selv	[ɔ fɔr'jiftə sæj sɛl]
suicidio (m)	selvmord (n)	['sɛlˌmʊr]

suicida (m, f)	selvmorder (m)	['sɛl,mʊrdər]
amenazar (vt)	å true	[ɔ 'trʉə]
amenaza (f)	trussel (m)	['trʉsəl]
atentar (vi)	å begå mordforsøk	[ɔ be'gɔ 'mʊrdfɔ,søk]
atentado (m)	mordforsøk (n)	['mʊrdfɔ,søk]
robar (un coche)	å stjele	[ɔ 'stjelə]
secuestrar (un avión)	å kapre	[ɔ 'kaprə]
venganza (f)	hevn (m)	['hɛvn]
vengar (vt)	å hevne	[ɔ 'hɛvnə]
torturar (vt)	å torturere	[ɔ tɔ:[ʉ'rerə]
tortura (f)	tortur (m)	[tɔ:'[ʉr]
atormentar (vt)	å plage	[ɔ 'plagə]
pirata (m)	pirat, sjørøver (m)	['pi'rat], ['sø,røvər]
gamberro (m)	bølle (m)	['bølə]
armado (adj)	bevæpnet	[be'væpnət]
violencia (f)	vold (m)	['vɔl]
ilegal (adj)	illegal	['ile,gal]
espionaje (m)	spionasje (m)	[spiʊ'naʂə]
espiar (vi, vt)	å spionere	[ɔ spiʊ'nerə]

193. La policía. La ley. Unidad 1

justicia (f)	justis (m), rettspleie (m/f)	['jʉ'stis], ['rɛts,plæje]
tribunal (m)	rettssal (m)	['rɛts,sal]
juez (m)	dommer (m)	['dɔmər]
jurados (m pl)	lagrettemedlemmer (n pl)	['lag,rɛtə medle'mer]
tribunal (m) de jurados	lagrette, juryordning (m)	['lag,rɛtə], ['jʉri,ordniŋ]
juzgar (vt)	å dømme	[ɔ 'dœmə]
abogado (m)	advokat (m)	[advʊ'kat]
acusado (m)	anklaget (m)	['an,klaget]
banquillo (m) de los acusados	anklagebenk (m)	[an'klagə,bɛnk]
inculpación (f)	anklage (m)	['an,klagə]
inculpado (m)	anklagede (m)	['an,klagedə]
sentencia (f)	dom (m)	['dɔm]
sentenciar (vt)	å dømme	[ɔ 'dœmə]
culpable (m)	skyldige (m)	['ʂyldiə]
castigar (vt)	å straffe	[ɔ 'strafə]
castigo (m)	straff, avstraffelse (m)	['straf], ['af,strafəlsə]
multa (f)	bot (m/f)	['bʊt]
cadena (f) perpetua	livsvarig fengsel (n)	['lifs,vari 'fɛŋsəl]
pena (f) de muerte	dødsstraff (m/f)	['død,straf]
silla (f) eléctrica	elektrisk stol (m)	[ɛ'lektrisk ,stʊl]
horca (f)	galge (m)	['galgə]

| ejecutar (vt) | å henrette | [ɔ 'hɛnˌrɛtə] |
| ejecución (f) | henrettelse (m) | ['hɛnˌrɛtəlsə] |

| prisión (f) | fengsel (n) | ['fɛŋsəl] |
| celda (f) | celle (m) | ['sɛlə] |

escolta (f)	eskorte (m)	[ɛs'kɔ:tə]
guardia (m) de prisiones	fangevokter (m)	['faŋəˌvɔktər]
prisionero (m)	fange (m)	['faŋə]

| esposas (f pl) | håndjern (n pl) | ['hɔnˌjæːr̩] |
| esposar (vt) | å sette håndjern | [ɔ 'sɛtə 'hɔnˌjæːr̩] |

escape (m)	flykt (m/f)	['flʏkt]
escaparse (vr)	å flykte, å rømme	[ɔ 'flʏktə], [ɔ 'rœmə]
desaparecer (vi)	å forsvinne	[ɔ fɔ'ṣvinə]
liberar (vt)	å løslate	[ɔ 'løsˌlatə]
amnistía (f)	amnesti (m)	[amnɛ'sti]

policía (f) (~ nacional)	politi (n)	[pʊli'ti]
policía (m)	politi (m)	[pʊli'ti]
comisaría (f) de policía	politistasjon (m)	[pʊli'tiˌsta'ṣʊn]
porra (f)	gummikølle (m/f)	['gʊmiˌkølə]
megáfono (m)	megafon (m)	[mega'fʊn]

coche (m) patrulla	patruljebil (m)	[pa'trʊljəˌbil]
sirena (f)	sirene (m/f)	[si'renə]
poner la sirena	å slå på sirenen	[ɔ 'ṣlɔ pɔ si'renən]
sonido (m) de sirena	sirene hyl (n)	[si'renə ˌhyl]

escena (f) del delito	åsted (n)	['ɔsted]
testigo (m)	vitne (n)	['vitnə]
libertad (f)	frihet (m)	['friˌhet]
cómplice (m)	medskyldig (m)	['mɛˌsyldi]
escapar de ...	å flykte	[ɔ 'flʏktə]
rastro (m)	spor (n)	['spʊr]

194. La policía. La ley. Unidad 2

búsqueda (f)	ettersøking (m/f)	['ɛtəˌsøkiŋ]
buscar (~ el criminal)	å søke etter ...	[ɔ 'søkə ˌɛtər ...]
sospecha (f)	mistanke (m)	['misˌtankə]
sospechoso (adj)	mistenkelig	[mis'tɛnkəli]
parar (~ en la calle)	å stoppe	[ɔ 'stɔpə]
retener (vt)	å anholde	[ɔ 'anˌholə]

causa (f) (~ penal)	sak (m/f)	['sak]
investigación (f)	etterforskning (m/f)	['ɛtərˌfɔṣkniŋ]
detective (m)	detektiv (m)	[detɛk'tiv]
investigador (m)	etterforsker (m)	['ɛtərˌfɔṣkər]
versión (f)	versjon (m)	[væ'ṣʊn]

| motivo (m) | motiv (n) | [mʊ'tiv] |
| interrogatorio (m) | forhør (n) | [fɔr'hør] |

interrogar (vt)	å forhøre	[ɔ fɔrˈhørə]
interrogar (al testigo)	å avhøre	[ɔ ˈavˌhørə]
control (m) (de vehículos, etc.)	sjekking (m/f)	[ˈʂɛkiŋ]
redada (f)	rassia, razzia (m)	[ˈrɑsiɑ]
registro (m) (~ de la casa)	ransakelse (m)	[ˈranˌsɑkəlsə]
persecución (f)	jakt (m/f)	[ˈjakt]
perseguir (vt)	å forfølge	[ɔ fɔrˈføle]
rastrear (~ al criminal)	å spore	[ɔ ˈspʊrə]
arresto (m)	arrest (m)	[aˈrɛst]
arrestar (vt)	å arrestere	[ɔ arɛˈsterə]
capturar (vt)	å fange	[ɔ ˈfaŋə]
captura (f)	pågripelse (m)	[ˈpɔˌgripəlsə]
documento (m)	dokument (n)	[dɔkʉˈmɛnt]
prueba (f)	bevis (n)	[beˈvis]
probar (vt)	å bevise	[ɔ beˈvisə]
huella (f) (pisada)	fotspor (n)	[ˈfutˌspʊr]
huellas (f pl) digitales	fingeravtrykk (n pl)	[ˈfiŋərˌavtrʏk]
elemento (m) de prueba	bevis (n)	[beˈvis]
coartada (f)	alibi (n)	[ˈɑlibi]
inocente (no culpable)	uskyldig	[ʉˈʂyldi]
injusticia (f)	urettferdighet (m)	[ˈʉrɛtfærdiˌhet]
injusto (adj)	urettferdig	[ˈʉrɛtˌfærdi]
criminal (adj)	kriminell	[krimiˈnɛl]
confiscar (vt)	å konfiskere	[ɔ kʉnfiˈskerə]
narcótico (m)	narkotika (m)	[narˈkɔtikɑ]
arma (f)	våpen (n)	[ˈvɔpən]
desarmar (vt)	å avvæpne	[ɔ ˈavˌvæpnə]
ordenar (vt)	å befale	[ɔ beˈfalə]
desaparecer (vi)	å forsvinne	[ɔ fɔˈʂvinə]
ley (f)	lov (m)	[ˈlɔv]
legal (adj)	lovlig	[ˈlɔvli]
ilegal (adj)	ulovlig	[ʉˈlɔvli]
responsabilidad (f)	ansvar (n)	[ˈanˌsvar]
responsable (adj)	ansvarlig	[ansˈvaːli]

LA NATURALEZA

La tierra. Unidad 1

195. El espacio

cosmos (m)	rommet, kosmos (n)	['rʊmə], ['kɔsmɔs]
espacial, cósmico (adj)	rom-	['rʊm-]
espacio (m) cósmico	ytre rom (n)	['ytrə ˌrʊm]
mundo (m)	verden (m)	['værdən]
universo (m)	univers (n)	[ʉni'væʂ]
galaxia (f)	galakse (m)	[ga'laksə]
estrella (f)	stjerne (m/f)	['stjæːɳə]
constelación (f)	stjernebilde (n)	['stjæːɳəˌbildə]
planeta (m)	planet (m)	[pla'net]
satélite (m)	satellitt (m)	[satɛ'lit]
meteorito (m)	meteoritt (m)	[meteʉ'rit]
cometa (m)	komet (m)	[kʊ'met]
asteroide (m)	asteroide (n)	[asterʉ'idə]
órbita (f)	bane (m)	['banə]
girar (vi)	å rotere	[ɔ rɔ'terə]
atmósfera (f)	atmosfære (m)	[atmʊ'sfærə]
Sol (m)	Solen	['sʊlən]
sistema (m) solar	solsystem (n)	['sʊl sʏ'stem]
eclipse (m) de Sol	solformørkelse (m)	['sʊl fɔr'mœrkəlsə]
Tierra (f)	Jorden	['juːrən]
Luna (f)	Månen	['moːnən]
Marte (m)	Mars	['maʂ]
Venus (f)	Venus	['venʉs]
Júpiter (m)	Jupiter	['jʉpitər]
Saturno (m)	Saturn	['saˌtʉːɳ]
Mercurio (m)	Merkur	[mær'kʉr]
Urano (m)	Uranus	[ʉ'ranʉs]
Neptuno (m)	Neptun	[nɛp'tʉn]
Plutón (m)	Pluto	['plʉtʉ]
la Vía Láctea	Melkeveien	['mɛlkəˌvæjən]
la Osa Mayor	den Store Bjørn	['dən 'stʉrə ˌbjœːɳ]
la Estrella Polar	Nordstjernen, Polaris	['nuːrˌstjæːɳən], [pɔ'laris]
marciano (m)	marsbeboer (m)	['maʂˌbebʊər]
extraterrestre (m)	utenomjordisk vesen (n)	['ʉtənɔmˌjuːrdisk 'vesən]

| planetícola (m) | romvesen (n) | ['rʊmˌvesən] |
| platillo (m) volante | flygende tallerken (m) | ['flygenə tɑ'lærkən] |

nave (f) espacial	romskip (n)	['rʊmˌşip]
estación (f) orbital	romstasjon (m)	['rʊmˌstɑ'şʊn]
despegue (m)	start (m), oppskyting (m/f)	['stɑːt̮], ['ɔpˌşytiŋ]

motor (m)	motor (m)	['mɔtʊr]
tobera (f)	dyse (m)	['dysə]
combustible (m)	brensel (n), drivstoff (n)	['brɛnsəl], ['drifˌstɔf]

carlinga (f)	cockpit (m), flydekk (n)	['kɔkpit], ['flyˌdɛk]
antena (f)	antenne (m)	[ɑn'tɛnə]
ventana (f)	koøye (n)	['kʊˌøjə]
batería (f) solar	solbatteri (n)	['sʊl batɛ'ri]
escafandra (f)	romdrakt (m/f)	['rʊmˌdrɑkt]

| ingravidez (f) | vektløshet (m/f) | ['vɛktløsˌhet] |
| oxígeno (m) | oksygen (n) | ['ɔksy'gen] |

| atraque (m) | dokking (m/f) | ['dɔkiŋ] |
| realizar el atraque | å dokke | [ɔ 'dɔkə] |

observatorio (m)	observatorium (n)	[ɔbsərvɑ'tʊrium]
telescopio (m)	teleskop (n)	[tele'skʊp]
observar (vt)	å observere	[ɔ ɔbsɛr'verə]
explorar (~ el universo)	å utforske	[ɔ 'ʉtˌføşkə]

196. La tierra

Tierra (f)	Jorden	['juːrən]
globo (m) terrestre	jordklode (m)	['juːrˌklɔdə]
planeta (m)	planet (m)	[plɑ'net]

atmósfera (f)	atmosfære (m)	[ɑtmʊ'sfærə]
geografía (f)	geografi (m)	[geʊgrɑ'fi]
naturaleza (f)	natur (m)	[nɑ'tʉr]

globo (m) terráqueo	globus (m)	['glɔbʉs]
mapa (m)	kart (n)	['kɑːt̮]
atlas (m)	atlas (n)	['ɑtlɑs]

| Europa (f) | Europa | [ɛʉ'rʊpɑ] |
| Asia (f) | Asia | ['ɑsiɑ] |

| África (f) | Afrika | ['ɑfrikɑ] |
| Australia (f) | Australia | [ɑʉ'strɑliɑ] |

América (f)	Amerika	[ɑ'merikɑ]
América (f) del Norte	Nord-Amerika	['nuːr ɑ'merikɑ]
América (f) del Sur	Sør-Amerika	['sør ɑ'merikɑ]

| Antártida (f) | Antarktis | [ɑn'tɑrktis] |
| Ártico (m) | Arktis | ['ɑrktis] |

197. Los puntos cardinales

norte (m)	nord (n)	['nu:r]
al norte	mot nord	[mut 'nu:r]
en el norte	i nord	[i 'nu:r]
del norte (adj)	nordlig	['nu:rli]
sur (m)	syd, sør	['syd], ['sør]
al sur	mot sør	[mut 'sør]
en el sur	i sør	[i 'sør]
del sur (adj)	sydlig, sørlig	['sydli], ['sø:[i]
oeste (m)	vest (m)	['vɛst]
al oeste	mot vest	[mut 'vɛst]
en el oeste	i vest	[i 'vɛst]
del oeste (adj)	vestlig, vest-	['vɛstli]
este (m)	øst (m)	['øst]
al este	mot øst	[mut 'øst]
en el este	i øst	[i 'øst]
del este (adj)	østlig	['østli]

198. El mar. El océano

mar (m)	hav (n)	['hav]
océano (m)	verdenshav (n)	[værdəns'hav]
golfo (m)	bukt (m/f)	['bukt]
estrecho (m)	sund (n)	['sun]
tierra (f) firme	fastland (n)	['fast,lan]
continente (m)	fastland, kontinent (n)	['fast,lan], [kunti'nɛnt]
isla (f)	øy (m/f)	['øj]
península (f)	halvøy (m/f)	['hal,ø:j]
archipiélago (m)	skjærgård (m), arkipelag (n)	['ṣær,gɔr], [arkipe'lag]
bahía (f)	bukt (m/f)	['bukt]
ensenada, bahía (f)	havn (m/f)	['havn]
laguna (f)	lagune (m)	[la'gunə]
cabo (m)	nes (n), kapp (n)	['nes], ['kap]
atolón (m)	atoll (m)	[a'tɔl]
arrecife (m)	rev (n)	['rev]
coral (m)	korall (m)	[ku'ral]
arrecife (m) de coral	korallrev (n)	[ku'ral,rɛv]
profundo (adj)	dyp	['dyp]
profundidad (f)	dybde (m)	['dybdə]
abismo (m)	avgrunn (m)	['av,grun]
fosa (f) oceánica	dyphavsgrop (m/f)	['dyphafs,grɔp]
corriente (f)	strøm (m)	['strøm]
bañar (rodear)	å omgi	[ɔ 'ɔmˌji]
orilla (f)	kyst (m)	['çyst]

costa (f)	kyst (m)	['çyst]
flujo (m)	flo (m/f)	['flʉ]
reflujo (m)	ebbe (m), fjære (m/f)	['ɛbə], ['fjærə]
banco (m) de arena	sandbanke (m)	['san,bankə]
fondo (m)	bunn (m)	['bʉn]

ola (f)	bølge (m)	['bølgə]
cresta (f) de la ola	bølgekam (m)	['bølgə,kam]
espuma (f)	skum (n)	['skʉm]

tempestad (f)	storm (m)	['stɔrm]
huracán (m)	orkan (m)	[ɔr'kan]
tsunami (m)	tsunami (m)	[tsʉ'nami]
bonanza (f)	stille (m/f)	['stilə]
calmo, tranquilo	stille	['stilə]

| polo (m) | pol (m) | ['pʉl] |
| polar (adj) | pol-, polar | ['pʉl-], [pʉ'lar] |

latitud (f)	bredde, latitude (m)	['brɛdə], ['lati,tʉdə]
longitud (f)	lengde (m/f)	['leŋdə]
paralelo (m)	breddegrad (m)	['brɛdə,grad]
ecuador (m)	ekvator (m)	[ɛ'kvatʉr]

cielo (m)	himmel (m)	['himəl]
horizonte (m)	horisont (m)	[hʉri'sɔnt]
aire (m)	luft (f)	['lʉft]

faro (m)	fyr (n)	['fyr]
bucear (vi)	å dykke	[ɔ 'dʏkə]
hundirse (vr)	å synke	[ɔ 'sʏnkə]
tesoros (m pl)	skatter (m pl)	['skatər]

199. Los nombres de los mares y los océanos

océano (m) Atlántico	Atlanterhavet	[at'lantər,have]
océano (m) Índico	Indiahavet	['india,have]
océano (m) Pacífico	Stillehavet	['stilə,have]
océano (m) Glacial Ártico	Polhavet	['pɔl,have]

mar (m) Negro	Svartehavet	['sva:tə,have]
mar (m) Rojo	Rødehavet	['rødə,have]
mar (m) Amarillo	Gulehavet	['gʉlə,have]
mar (m) Blanco	Kvitsjøen, Hvitehavet	['kvit,ʂø:n], ['vit,have]

mar (m) Caspio	Kaspihavet	['kaspi,have]
mar (m) Muerto	Dødehavet	['dødə'have]
mar (m) Mediterráneo	Middelhavet	['midəl,have]

| mar (m) Egeo | Egeerhavet | [ɛ'ge:ər,have] |
| mar (m) Adriático | Adriahavet | ['adria,have] |

| mar (m) Arábigo | Arabiahavet | [a'rabia,have] |
| mar (m) del Japón | Japanhavet | ['japan,have] |

| mar (m) de Bering | Beringhavet | ['beriŋ‚hɑve] |
| mar (m) de la China Meridional | Sør-Kina-havet | ['sør‚çinɑ 'hɑve] |

mar (m) del Coral	Korallhavet	[kʊ'rɑl‚hɑve]
mar (m) de Tasmania	Tasmanhavet	[tɑs'mɑn‚hɑve]
mar (m) Caribe	Karibhavet	[kɑ'rib‚hɑve]

| mar (m) de Barents | Barentshavet | ['bɑrɛns‚hɑve] |
| mar (m) de Kara | Karahavet | ['kɑrɑ‚hɑve] |

mar (m) del Norte	Nordsjøen	['nʊːr‚ʂøːn]
mar (m) Báltico	Østersjøen	['øste‚ʂøːn]
mar (m) de Noruega	Norskehavet	['nɔʂkə‚hɑve]

200. Las montañas

montaña (f)	fjell (n)	['fjɛl]
cadena (f) de montañas	fjellkjede (m)	['fjɛl‚çɛːdə]
cresta (f) de montañas	fjellrygg (m)	['fjɛl‚rʏg]

cima (f)	topp (m)	['tɔp]
pico (m)	tind (m)	['tin]
pie (m)	fot (m)	['fʊt]
cuesta (f)	skråning (m)	['skrɔniŋ]

volcán (m)	vulkan (m)	[vʉl'kɑn]
volcán (m) activo	virksom vulkan (m)	['virksɔm vʉl'kɑn]
volcán (m) apagado	utslukt vulkan (m)	['ʉt‚slʉkt vʉl'kɑn]

erupción (f)	utbrudd (n)	['ʉt‚brʉd]
cráter (m)	krater (n)	['krɑtər]
magma (m)	magma (m/n)	['mɑgmɑ]
lava (f)	lava (m)	['lɑvɑ]
fundido (lava ~a)	glødende	['glødenə]

cañón (m)	canyon (m)	['kɑnjən]
desfiladero (m)	gjel (n), kløft (m)	['jel], ['klœft]
grieta (f)	renne (m/f)	['rɛnə]
precipicio (m)	avgrunn (m)	['ɑv‚grʉn]

puerto (m) (paso)	pass (n)	['pɑs]
meseta (f)	platå (n)	[plɑ'to]
roca (f)	klippe (m)	['klipə]
colina (f)	ås (m)	['ɔs]

glaciar (m)	bre, jøkel (m)	['bre], ['jøkəl]
cascada (f)	foss (m)	['fɔs]
geiser (m)	geysir (m)	['gɛjsir]
lago (m)	innsjø (m)	['in'ʂø]

llanura (f)	slette (m/f)	['ʂletə]
paisaje (m)	landskap (n)	['lɑn‚skɑp]
eco (m)	ekko (n)	['ɛkʊ]

alpinista (m)	alpinist (m)	[alpi'nist]
escalador (m)	fjellklatrer (m)	['fjɛlˌklɑtrər]
conquistar (vt)	å erobre	[ɔ ɛ'rʉbrə]
ascensión (f)	bestigning (m/f)	[be'stigniŋ]

201. Los nombres de las montañas

Alpes (m pl)	Alpene	['ɑlpenə]
Montblanc (m)	Mont Blanc	[ˌmɔn'blɑn]
Pirineos (m pl)	Pyreneene	[pyre'ne:ənə]

Cárpatos (m pl)	Karpatene	[kɑr'pɑtenə]
Urales (m pl)	Uralfjellene	[ʉ'rɑl ˌfjɛlenə]
Cáucaso (m)	Kaukasus	['kaʉkɑsʉs]
Elbrus (m)	Elbrus	[ɛl'brʉs]

Altai (m)	Altaj	[ɑl'tɑj]
Tian-Shan (m)	Tien Shan	[ti'enˌsɑn]
Pamir (m)	Pamir	[pɑ'mir]
Himalayos (m pl)	Himalaya	[himɑ'lɑjɑ]
Everest (m)	Everest	['ɛve'rɛst]

| Andes (m pl) | Andes | ['ɑndəs] |
| Kilimanjaro (m) | Kilimanjaro | [kilimɑn'dʂɑrʉ] |

202. Los ríos

río (m)	elv (m/f)	['ɛlv]
manantial (m)	kilde (m)	['çildə]
lecho (m) (curso de agua)	elveleie (n)	['ɛlvəˌlæjə]
cuenca (f) fluvial	flodbasseng (n)	['flʉd bɑˌseŋ]
desembocar en ...	å munne ut ...	[ɔ 'mʉnə ʉt ...]

| afluente (m) | bielv (m/f) | ['biˌelv] |
| ribera (f) | bredd (m) | ['brɛd] |

corriente (f)	strøm (m)	['strøm]
río abajo (adv)	medstrøms	['meˌstrøms]
río arriba (adv)	motstrøms	['mʉtˌstrøms]

inundación (f)	oversvømmelse (m)	['ɔvəˌsvœmelsə]
riada (f)	flom (m)	['flɔm]
desbordarse (vr)	å overflø	[ɔ 'ɔvərˌflø]
inundar (vt)	å oversvømme	[ɔ 'ɔvəˌsvœmə]

| bajo (m) arenoso | grunne (m/f) | ['grʉnə] |
| rápido (m) | stryk (m/n) | ['stryk] |

presa (f)	demning (m)	['dɛmniŋ]
canal (m)	kanal (m)	[kɑ'nɑl]
lago (m) artificiale	reservoar (n)	[resɛrvʉ'ɑr]
esclusa (f)	sluse (m)	['ʂlʉsə]

cuerpo (m) de agua	vannmasse (m)	['vɑnˌmɑsə]
pantano (m)	myr, sump (m)	['myr], ['sʉmp]
ciénaga (f)	hengemyr (m)	['hɛŋeˌmyr]
remolino (m)	virvel (m)	['virvəl]
arroyo (m)	bekk (m)	['bɛk]
potable (adj)	drikke-	['drikə-]
dulce (agua ~)	fersk-	['fæʂk-]
hielo (m)	is (m)	['is]
helarse (el lago, etc.)	å fryse til	[ɔ 'frysə til]

203. Los nombres de los ríos

Sena (m)	Seine	['sɛːn]
Loira (m)	Loire	[lu'ɑːr]
Támesis (m)	Themsen	['tɛmsən]
Rin (m)	Rhinen	['riːnən]
Danubio (m)	Donau	['dɔnaʉ]
Volga (m)	Volga	['vɔlgɑ]
Don (m)	Don	['dɔn]
Lena (m)	Lena	['lenɑ]
Río (m) Amarillo	Huang He	[ˌhwɑn'hɛ]
Río (m) Azul	Yangtze	['jaŋtse]
Mekong (m)	Mekong	[me'kɔŋ]
Ganges (m)	Ganges	['gaŋes]
Nilo (m)	Nilen	['nilən]
Congo (m)	Kongo	['kɔngʉ]
Okavango (m)	Okavango	[ʉka'vaŋgʉ]
Zambeze (m)	Zambezi	[sam'besi]
Limpopo (m)	Limpopo	[limpo'pɔ]
Misisipi (m)	Mississippi	['misi'sipi]

204. El bosque

bosque (m)	skog (m)	['skʉg]
de bosque (adj)	skog-	['skʉg-]
espesura (f)	tett skog (n)	['tɛt ˌskʉg]
bosquecillo (m)	lund (m)	['lʉn]
claro (m)	glenne (m/f)	['glenə]
maleza (f)	krattskog (m)	['krɑtˌskʉg]
matorral (m)	kratt (n)	['krɑt]
senda (f)	sti (m)	['sti]
barranco (m)	ravine (m)	[ra'vinə]
árbol (m)	tre (n)	['trɛ]

hoja (f)	blad (n)	['bla]
follaje (m)	løv (n)	['løv]
caída (f) de hojas	løvfall (n)	['løv͵fal]
caer (las hojas)	å falle	[ɔ 'falə]
cima (f)	tretopp (m)	['trɛ͵tɔp]
rama (f)	kvist, gren (m)	['kvist], ['gren]
rama (f) (gruesa)	gren, grein (m/f)	['gren], ['græjn]
brote (m)	knopp (m)	['knɔp]
aguja (f)	nål (m/f)	['nɔl]
piña (f)	kongle (m/f)	['kʊŋlə]
agujero (m)	trehull (n)	['trɛ͵hʉl]
nido (m)	reir (n)	['ræjr]
tronco (m)	stamme (m)	['stamə]
raíz (f)	rot (m/f)	['rʊt]
corteza (f)	bark (m)	['bark]
musgo (m)	mose (m)	['mʊsə]
extirpar (vt)	å rykke opp med roten	[ɔ 'rʏkə ɔp me 'rutən]
talar (vt)	å felle	[ɔ 'fɛlə]
deforestar (vt)	å hogge ned	[ɔ 'hɔgə 'ne]
tocón (m)	stubbe (m)	['stʉbə]
hoguera (f)	bål (n)	['bɔl]
incendio (m) forestal	skogbrann (m)	['skʊg͵bran]
apagar (~ el incendio)	å slokke	[ɔ 'ʂløkə]
guarda (m) forestal	skogvokter (m)	['skʊg͵vɔktər]
protección (f)	vern (n), beskyttelse (m)	['væ:ɳ], ['be'ʂytəlsə]
proteger (vt)	å beskytte	[ɔ be'ʂytə]
cazador (m) furtivo	tyvskytter (m)	['tyf͵ʂytər]
cepo (m)	saks (m/f)	['saks]
recoger (setas, bayas)	å plukke	[ɔ 'plʉkə]
perderse (vr)	å gå seg vill	[ɔ 'gɔ sæj 'vil]

205. Los recursos naturales

recursos (m pl) naturales	naturressurser (m pl)	[na'tʉr rɛ'sʉʂər]
recursos (m pl) subterráneos	mineraler (n pl)	[minə'ralər]
depósitos (m pl)	forekomster (m pl)	['forə͵komstər]
yacimiento (m)	felt (m)	['fɛlt]
extraer (vt)	å utvinne	[ɔ 'ʉt͵vinə]
extracción (f)	utvinning (m/f)	['ʉt͵viniŋ]
mena (f)	malm (m)	['malm]
mina (f)	gruve (m/f)	['grʉvə]
pozo (m) de mina	gruvesjakt (m/f)	['grʉvə͵ʂakt]
minero (m)	gruvearbeider (m)	['grʉvə'ar͵bæjdər]
gas (m)	gass (m)	['gas]
gasoducto (m)	gassledning (m)	['gas͵ledniŋ]

petróleo (m)	olje (m)	['ɔljə]
oleoducto (m)	oljeledning (m)	['ɔljə͵ledniŋ]
pozo (m) de petróleo	oljebrønn (m)	['ɔljə͵brœn]
torre (f) de sondeo	boretårn (n)	['boːrə͵tɔːŋ]
petrolero (m)	tankskip (n)	['taŋk͵ʂip]

arena (f)	sand (m)	['san]
caliza (f)	kalkstein (m)	['kalk͵stæjn]
grava (f)	grus (m)	['grʉs]
turba (f)	torv (m/f)	['tɔrv]
arcilla (f)	leir (n)	['læjr]
carbón (m)	kull (n)	['kʉl]

hierro (m)	jern (n)	['jæːŋ]
oro (m)	gull (n)	['gʉl]
plata (f)	sølv (n)	['søl]
níquel (m)	nikkel (m)	['nikəl]
cobre (m)	kobber (n)	['kɔbər]

zinc (m)	sink (m/n)	['sink]
manganeso (m)	mangan (m/n)	[ma'ŋan]
mercurio (m)	kvikksølv (n)	['kvik͵søl]
plomo (m)	bly (n)	['bly]

mineral (m)	mineral (n)	[minə'ral]
cristal (m)	krystall (m/n)	[kry'stal]
mármol (m)	marmor (m/n)	['marmʉr]
uranio (m)	uran (m/n)	[ʉ'ran]

187

La tierra. Unidad 2

206. El tiempo

tiempo (m)	vær (n)	['vær]
previsión (f) del tiempo	værvarsel (n)	['vær,vaşəl]
temperatura (f)	temperatur (m)	[tɛmpərɑ'tʉr]
termómetro (m)	termometer (n)	[tɛrmʊ'metər]
barómetro (m)	barometer (n)	[barʉ'metər]
húmedo (adj)	fuktig	['fʉkti]
humedad (f)	fuktighet (m)	['fʉkti,het]
bochorno (m)	hete (m)	['he:tə]
tórrido (adj)	het	['het]
hace mucho calor	det er hett	[de ær 'het]
hace calor (templado)	det er varmt	[de ær 'vɑrmt]
templado (adj)	varm	['vɑrm]
hace frío	det er kaldt	[de ær 'kɑlt]
frío (adj)	kald	['kɑl]
sol (m)	sol (m/f)	['sʊl]
brillar (vi)	å skinne	[ɔ 'şinə]
soleado (un día ~)	solrik	['sʊl,rik]
elevarse (el sol)	å gå opp	[ɔ 'gɔ ɔp]
ponerse (vr)	å gå ned	[ɔ 'gɔ ne]
nube (f)	sky (m)	['şy]
nuboso (adj)	skyet	['şy:ət]
nubarrón (m)	regnsky (m/f)	['ræjn,şy]
nublado (adj)	mørk	['mœrk]
lluvia (f)	regn (n)	['ræjn]
está lloviendo	det regner	[de 'ræjnər]
lluvioso (adj)	regnværs-	['ræjn,væş-]
lloviznar (vi)	å småregne	[ɔ 'smo:ræjnə]
aguacero (m)	piskende regn (n)	['piskenə ,ræjn]
chaparrón (m)	styrtregn (n)	['sty:t,ræjn]
fuerte (la lluvia ~)	kraftig, sterk	['krɑfti], ['stærk]
charco (m)	vannpytt (m)	['vɑn,pʏt]
mojarse (vr)	å bli våt	[ɔ 'bli 'vɔt]
niebla (f)	tåke (m/f)	['to:kə]
nebuloso (adj)	tåke	['to:kə]
nieve (f)	snø (m)	['snø]
está nevando	det snør	[de 'snør]

207. Los eventos climáticos severos. Los desastres naturales

tormenta (f)	tordenvær (n)	['tʊrdən‚vær]
relámpago (m)	lyn (n)	['lyn]
relampaguear (vi)	å glimte	[ɔ 'glimtə]
trueno (m)	torden (m)	['tʊrdən]
tronar (vi)	å tordne	[ɔ 'tʊrdnə]
está tronando	det tordner	[de 'tʊrdnər]
granizo (m)	hagle (m/f)	['haglə]
está granizando	det hagler	[de 'haglər]
inundar (vt)	å oversvømme	[ɔ 'ove‚svœmə]
inundación (f)	oversvømmelse (m)	['ove‚svœmələse]
terremoto (m)	jordskjelv (n)	['juːr‚sɛlv]
sacudida (f)	skjelv (n)	['sɛlv]
epicentro (m)	episenter (n)	[ɛpi'sɛntər]
erupción (f)	utbrudd (n)	['ʉt‚brʉd]
lava (f)	lava (m)	['lava]
torbellino (m)	skypumpe (m/f)	['sy‚pʉmpə]
tornado (m)	tornado (m)	[tʊː'ŋadʉ]
tifón (m)	tyfon (m)	[ty'fʊn]
huracán (m)	orkan (m)	[ɔr'kan]
tempestad (f)	storm (m)	['stɔrm]
tsunami (m)	tsunami (m)	[tsʉ'nami]
ciclón (m)	syklon (m)	[sy'klun]
mal tiempo (m)	uvær (n)	['ʉː‚vær]
incendio (m)	brann (m)	['bran]
catástrofe (f)	katastrofe (m)	[kata'strɔfə]
meteorito (m)	meteoritt (m)	[meteʉ'rit]
avalancha (f)	lavine (m)	[la'vinə]
alud (m) de nieve	snøskred, snøras (n)	['snø‚skred], ['snøras]
ventisca (f)	snøstorm (m)	['snø‚stɔrm]
nevasca (f)	snøstorm (m)	['snø‚stɔrm]

208. Los ruidos. Los sonidos

silencio (m)	stillhet (m/f)	['stil‚het]
sonido (m)	lyd (m)	['lyd]
ruido (m)	støy (m)	['støj]
hacer ruido	å støye	[ɔ 'støjə]
ruidoso (adj)	støyende	['støjənə]
alto (adv)	høylytt	['højlʏt]
fuerte (~ voz)	høy	['høj]
constante (ruido, etc.)	konstant	[kʊn'stant]

189

grito (m)	skrik (n)	['skrik]
gritar (vi)	å skrike	[ɔ 'skrikə]
susurro (m)	hvisking (m/f)	['viskiŋ]
susurrar (vi, vt)	å hviske	[ɔ 'viskə]

| ladrido (m) | gjøing (m/f) | ['jøːiŋ] |
| ladrar (vi) | å gjø | [ɔ 'jø] |

gemido (m)	stønn (n)	['stœn]
gemir (vi)	å stønne	[ɔ 'stœnə]
tos (f)	hoste (m)	['hʊstə]
toser (vi)	å hoste	[ɔ 'hʊstə]

silbido (m)	plystring (m/f)	['plʏstriŋ]
silbar (vi)	å plystre	[ɔ 'plʏstrə]
toque (m) en la puerta	knakk (m/n)	['knɑk]
golpear (la puerta)	å knakke	[ɔ 'knɑkə]

| crepitar (vi) | å knake | [ɔ 'knɑkə] |
| crepitación (f) | knak (n) | ['knɑk] |

sirena (f)	sirene (m/f)	[si'renə]
pito (m) (de la fábrica)	fløyte (m/f)	['fløjtə]
pitar (un tren, etc.)	å tute	[ɔ 'tʉtə]
bocinazo (m)	tut (n)	['tʉt]
tocar la bocina	å tute	[ɔ 'tʉtə]

209. El invierno

invierno (m)	vinter (m)	['vintər]
de invierno (adj)	vinter-	['vintər-]
en invierno	om vinteren	[ɔm 'vinterən]

nieve (f)	snø (m)	['snø]
está nevando	det snør	[de 'snør]
nevada (f)	snøfall (n)	['snø,fal]
montón (m) de nieve	snødrive (m/f)	['snø,drivə]

copo (m) de nieve	snøfnugg (n)	['snø,fnʉg]
bola (f) de nieve	snøball (m)	['snø,bal]
monigote (m) de nieve	snømann (m)	['snø,man]
carámbano (m)	istapp (m)	['is,tap]

diciembre (m)	desember (m)	[de'sɛmbər]
enero (m)	januar (m)	['janʉ,ar]
febrero (m)	februar (m)	['febrʉ,ar]

| helada (f) | frost (m/f) | ['frɔst] |
| helado (~a noche) | frost | ['frɔst] |

bajo cero (adv)	under null	['ʉnər nʉl]
primeras heladas (f pl)	lett frost (m)	['let 'frɔst]
escarcha (f)	rimfrost (m)	['rim,frɔst]
frío (m)	kulde (m/f)	['kʉlə]

hace frío	det er kaldt	[de ær 'kɑlt]
abrigo (m) de piel	pels (m), pelskåpe (m/f)	['pɛls], ['pɛls‚koːpə]
manoplas (f pl)	votter (m pl)	['vɔtər]

enfermarse (vr)	å bli syk	[ɔ 'bli 'syk]
resfriado (m)	forkjølelse (m)	[fɔr'çœləlsə]
resfriarse (vr)	å forkjøle seg	[ɔ fɔr'çœlə sæj]

hielo (m)	is (m)	['is]
hielo (m) negro	islag (n)	['is‚lɑg]
helarse (el lago, etc.)	å fryse til	[ɔ 'frysə til]
bloque (m) de hielo	isflak (n)	['is‚flɑk]

esquís (m pl)	ski (m/f pl)	['ʂi]
esquiador (m)	skigåer (m)	['ʂi‚goər]
esquiar (vi)	å gå på ski	[ɔ 'gɔ pɔ 'ʂi]
patinar (vi)	å gå på skøyter	[ɔ 'gɔ pɔ 'ʂøjtər]

La fauna

210. Los mamíferos. Los predadores

carnívoro (m)	rovdyr (n)	['rɔvˌdyr]
tigre (m)	tiger (m)	['tigər]
león (m)	løve (m/f)	['løve]
lobo (m)	ulv (m)	['ʉlv]
zorro (m)	rev (m)	['rev]
jaguar (m)	jaguar (m)	[jagʉ'ɑr]
leopardo (m)	leopard (m)	[leʉ'pɑrd]
guepardo (m)	gepard (m)	[ge'pɑrd]
pantera (f)	panter (m)	['pɑntər]
puma (f)	puma (m)	['pʉmɑ]
leopardo (m) de las nieves	snøleopard (m)	['snø leʉ'pɑrd]
lince (m)	gaupe (m/f)	['gaʉpə]
coyote (m)	coyote, prærieulv (m)	[kɔ'jotə], ['præriˌʉlv]
chacal (m)	sjakal (m)	[ʂɑ'kɑl]
hiena (f)	hyene (m)	[hy'enə]

211. Los animales salvajes

animal (m)	dyr (n)	['dyr]
bestia (f)	best, udyr (n)	['bɛst], ['ʉˌdyr]
ardilla (f)	ekorn (n)	['ɛkʉːɳ]
erizo (m)	pinnsvin (n)	['pinˌsvin]
liebre (f)	hare (m)	['harə]
conejo (m)	kanin (m)	[kɑ'nin]
tejón (m)	grevling (m)	['grɛvliŋ]
mapache (m)	vaskebjørn (m)	['vɑskəˌbjœːɳ]
hámster (m)	hamster (m)	['hɑmstər]
marmota (f)	murmeldyr (n)	['mʉrməlˌdyr]
topo (m)	muldvarp (m)	['mʉlˌvɑrp]
ratón (m)	mus (m/f)	['mʉs]
rata (f)	rotte (m/f)	['rɔtə]
murciélago (m)	flaggermus (m/f)	['flɑgərˌmʉs]
armiño (m)	røyskatt (m)	['røjskɑt]
cebellina (f)	sobel (m)	['sʉbəl]
marta (f)	mår (m)	['mɔr]
comadreja (f)	snømus (m/f)	['snøˌmʉs]
visón (m)	mink (m)	['mink]

castor (m)	bever (m)	['bevər]
nutria (f)	oter (m)	['ʊtər]

caballo (m)	hest (m)	['hɛst]
alce (m)	elg (m)	['ɛlg]
ciervo (m)	hjort (m)	['jɔːt]
camello (m)	kamel (m)	[ka'mel]

bisonte (m)	bison (m)	['bisɔn]
uro (m)	urokse (m)	['ʉr,ʊksə]
búfalo (m)	bøffel (m)	['bøfəl]

cebra (f)	sebra (m)	['sebra]
antílope (m)	antilope (m)	[anti'lʊpə]
corzo (m)	rådyr (n)	['rɔ,dyr]
gamo (m)	dåhjort, dådyr (n)	['dɔ,jɔːt], ['dɔ,dyr]
gamuza (f)	gemse (m)	['gɛmsə]
jabalí (m)	villsvin (n)	['vil,svin]

ballena (f)	hval (m)	['val]
foca (f)	sel (m)	['sel]
morsa (f)	hvalross (m)	['val,rɔs]
oso (m) marino	pelssel (m)	['pɛls,sel]
delfín (m)	delfin (m)	[dɛl'fin]

oso (m)	bjørn (m)	['bjœːɳ]
oso (m) blanco	isbjørn (m)	['is,bjœːɳ]
panda (f)	panda (m)	['panda]

mono (m)	ape (m/f)	['ape]
chimpancé (m)	sjimpanse (m)	[ʂim'pansə]
orangután (m)	orangutang (m)	[ʊ'raŋgʉ,taŋ]
gorila (m)	gorilla (m)	[gɔ'rila]
macaco (m)	makak (m)	[ma'kak]
gibón (m)	gibbon (m)	['gibʊn]

elefante (m)	elefant (m)	[ɛle'fant]
rinoceronte (m)	neshorn (n)	['nes,hʊːɳ]
jirafa (f)	sjiraff (m)	[ʂi'raf]
hipopótamo (m)	flodhest (m)	['flʊd,hɛst]

canguro (m)	kenguru (m)	['kɛŋgʉrʉ]
koala (f)	koala (m)	[kʊ'ala]

mangosta (f)	mangust, mungo (m)	[maŋ'gʉst], ['mʉŋgu]
chinchilla (f)	chinchilla (m)	[ʂin'ʂila]
mofeta (f)	skunk (m)	['skunk]
espín (m)	hulepinnsvin (n)	['hʉlə,pinsvin]

212. Los animales domésticos

gata (f)	katt (m)	['kat]
gato (m)	hannkatt (m)	['han,kat]
perro (m)	hund (m)	['hʉɳ]

caballo (m)	hest (m)	['hɛst]
garañón (m)	hingst (m)	['hiŋst]
yegua (f)	hoppe, merr (m/f)	['hɔpə], ['mɛr]
vaca (f)	ku (f)	['kʉ]
toro (m)	tyr (m)	['tyr]
buey (m)	okse (m)	['ɔksə]
oveja (f)	sau (m)	['saʉ]
carnero (m)	vær, saubukk (m)	['vær], ['saʉˌbʉk]
cabra (f)	geit (m/f)	['jæjt]
cabrón (m)	geitebukk (m)	['jæjtəˌbʉk]
asno (m)	esel (n)	['ɛsəl]
mulo (m)	muldyr (n)	['mʉlˌdyr]
cerdo (m)	svin (n)	['svin]
cerdito (m)	gris (m)	['gris]
conejo (m)	kanin (m)	[ka'nin]
gallina (f)	høne (m/f)	['hønə]
gallo (m)	hane (m)	['hanə]
pato (m)	and (m/f)	['an]
ánade (m)	andrik (m)	['andrik]
ganso (m)	gås (m/f)	['gɔs]
pavo (m)	kalkunhane (m)	[kal'kʉnˌhanə]
pava (f)	kalkunhøne (m/f)	[kal'kʉnˌhønə]
animales (m pl) domésticos	husdyr (n pl)	['hʉsˌdyr]
domesticado (adj)	tam	['tam]
domesticar (vt)	å temme	[ɔ 'tɛmə]
criar (vt)	å avle, å oppdrette	[ɔ 'avlə], [ɔ 'ɔpˌdrɛtə]
granja (f)	farm, gård (m)	['farm], ['gɔːr]
aves (f pl) de corral	fjærfe (n)	['fjærˌfɛ]
ganado (m)	kveg (n)	['kvɛg]
rebaño (m)	flokk, bøling (m)	['flɔk], ['bøliŋ]
caballeriza (f)	stall (m)	['stal]
porqueriza (f)	grisehus (n)	['grisəˌhʉs]
vaquería (f)	kufjøs (m/n)	['kuˌfjøs]
conejal (m)	kaninbur (n)	[ka'ninˌbʉr]
gallinero (m)	hønsehus (n)	['hønsəˌhʉs]

213. Los perros. Las razas de perros

perro (m)	hund (m)	['hʉŋ]
perro (m) pastor	fårehund (m)	['foːrəˌhʉn]
pastor (m) alemán	schäferhund (m)	['ʂɛfærˌhʉn]
caniche (m)	puddel (m)	['pʉdəl]
teckel (m)	dachshund (m)	['daʂˌhʉŋ]
bulldog (m)	bulldogg (m)	['bʉlˌdɔg]

bóxer (m)	bokser (m)	['bɔksər]
mastín (m) inglés	mastiff (m)	[mɑs'tif]
rottweiler (m)	rottweiler (m)	['rɔt̩væjlər]
doberman (m)	dobermann (m)	['dɔbermɑn]

basset hound (m)	basset (m)	['basɛt]
bobtail (m)	bobtail (m)	['bɔbtɛjl]
dálmata (m)	dalmatiner (m)	[dɑlmɑ'tinər]
cocker spaniel (m)	cocker spaniel (m)	['kɔker ˌspɑniəl]

| terranova (m) | newfoundlandshund (m) | [njʉ'fɑwnd̩lənds 'hʉn] |
| san bernardo (m) | sankt bernhardshund (m) | [ˌsɑnkt 'bɛːn̩ads̩hʉn] |

husky (m)	husky (m)	['hɑski]
chow chow (m)	chihuahua (m)	[t̠ʂi'vɑvɑ]
pomerania (m)	spisshund (m)	['spis̩hʉn]
pug (m), carlino (m)	mops (m)	['mɔps]

214. Los sonidos de los animales

ladrido (m)	gjøing (m/f)	['jøːiŋ]
ladrar (vi)	å gjø	[ɔ 'jø]
maullar (vi)	å mjaue	[ɔ 'mjaʉe]
ronronear (vi)	å spinne	[ɔ 'spinə]

mugir (vi)	å raute	[ɔ 'raʉtə]
bramar (toro)	å belje, å brøle	[ɔ 'beljə], [ɔ 'brøle]
rugir (vi)	å knurre	[ɔ 'knʉrə]

aullido (m)	hyl (n)	['hyl]
aullar (vi)	å hyle	[ɔ 'hylə]
gañir (vi)	å klynke	[ɔ 'klʏnkə]

balar (vi)	å breke	[ɔ 'brekə]
gruñir (cerdo)	å grynte	[ɔ 'grʏntə]
chillar (vi)	å hvine	[ɔ 'vinə]

croar (vi)	å kvekke	[ɔ 'kvɛkə]
zumbar (vi)	å surre	[ɔ 'sʉrə]
chirriar (vi)	å gnisse	[ɔ 'gnisə]

215. Los animales jóvenes

cría (f)	unge (m)	['ʉŋə]
gatito (m)	kattunge (m)	['kɑt̩ʉŋə]
ratoncillo (m)	museunge (m)	['mʉsəˌʉŋə]
cachorro (m)	valp (m)	['vɑlp]

lebrato (m)	hareunge (m)	['hɑrəˌʉŋə]
gazapo (m)	kaninunge (m)	[kɑ'ninˌʉŋə]
lobato (m)	ulvunge (m)	['ʉlvˌʉŋə]
cachorro (m) de zorro	revevalp (m)	['revəˌvɑlp]

osito (m)	bjørnunge (m)	['bjœːn̩ˌɵŋə]
cachorro (m) de león	løveunge (m)	['løvəˌɵŋə]
cachorro (m) de tigre	tigerunge (m)	['tigərˌɵŋə]
elefante bebé (m)	elefantunge (m)	[ɛleˈfɑntˌɵŋə]
cerdito (m)	gris (m)	['gris]
ternero (m)	kalv (m)	['kalv]
cabrito (m)	kje (n), geitekilling (m)	['çe], ['jæjtəˌçiliŋ]
cordero (m)	lam (n)	['lam]
cervato (m)	hjortekalv (m)	['joːtəˌkalv]
cría (f) de camello	kamelunge (m)	[kɑˈmelˌɵŋə]
serpiente (f) joven	slangeyngel (m)	['ʂlɑŋəˌyŋəl]
rana (f) juvenil	froskeunge (m)	['frɔskəˌɵŋə]
polluelo (m)	fugleunge (m)	['fɵləˌɵŋə]
pollito (m)	kylling (m)	['çyliŋ]
patito (m)	andunge (m)	['anˌɵŋə]

216. Los pájaros

pájaro (m)	fugl (m)	['fɵl]
paloma (f)	due (m/f)	['dɵə]
gorrión (m)	spurv (m)	['spɵrv]
carbonero (m)	kjøttmeis (m/f)	['çœtˌmæjs]
urraca (f)	skjære (m/f)	['ʂæːrə]
cuervo (m)	ravn (m)	['ravn]
corneja (f)	kråke (m/f)	['kroːkə]
chova (f)	kaie (m/f)	['kɑjə]
grajo (m)	kornkråke (m/f)	['kuːn̩ˌkroːkə]
pato (m)	and (m/f)	['an]
ganso (m)	gås (m/f)	['gɔs]
faisán (m)	fasan (m)	[fɑ'san]
águila (f)	ørn (m/f)	['œːn̩]
azor (m)	hauk (m)	['hauk]
halcón (m)	falk (m)	['falk]
buitre (m)	gribb (m)	['grib]
cóndor (m)	kondor (m)	[kunˈdur]
cisne (m)	svane (m/f)	['svɑnə]
grulla (f)	trane (m/f)	['trɑnə]
cigüeña (f)	stork (m)	['stɔrk]
loro (m), papagayo (m)	papegøye (m)	[pɑpe'gøjə]
colibrí (m)	kolibri (m)	[ku'libri]
pavo (m) real	påfugl (m)	['pɔˌfɵl]
avestruz (m)	struts (m)	['strɵts]
garza (f)	hegre (m)	['hæjrə]
flamenco (m)	flamingo (m)	[flɑ'mingu]
pelícano (m)	pelikan (m)	[peli'kan]

| ruiseñor (m) | nattergal (m) | ['natər̩gal] |
| golondrina (f) | svale (m/f) | ['svalə] |

tordo (m)	trost (m)	['trʊst]
zorzal (m)	måltrost (m)	['mo:l̩trʊst]
mirlo (m)	svarttrost (m)	['sva:ˌtrʊst]

vencejo (m)	tårnseiler (m), tårnsvale (m/f)	['tɔ:n̩ˌsæjlə], ['tɔ:n̩ˌsvalə]
alondra (f)	lerke (m/f)	['lærkə]
codorniz (f)	vaktel (m)	['vaktəl]

pájaro carpintero (m)	hakkespett (m)	['hakəˌspɛt]
cuco (m)	gjøk, gauk (m)	['jøk], ['gaʊk]
lechuza (f)	ugle (m/f)	['ʉglə]
búho (m)	hubro (m)	['hʉbrʊ]
urogallo (m)	storfugl (m)	['stʊrˌfʉl]
gallo lira (m)	orrfugl (m)	['ɔrˌfʉl]
perdiz (f)	rapphøne (m/f)	['rapˌhønə]

estornino (m)	stær (m)	['stær]
canario (m)	kanarifugl (m)	[kaˈnariˌfʉl]
ortega (f)	jerpe (m/f)	['jærpə]
pinzón (m)	bokfink (m)	['bʊkˌfink]
camachuelo (m)	dompap (m)	['dʊmpap]

gaviota (f)	måke (m/f)	['mo:kə]
albatros (m)	albatross (m)	['albaˌtrɔs]
pingüino (m)	pingvin (m)	[piŋˈvin]

217. Los pájaros. El canto y los sonidos

cantar (vi)	å synge	[ɔ 'sʏŋə]
gritar, llamar (vi)	å skrike	[ɔ 'skrikə]
cantar (el gallo)	å gale	[ɔ 'galə]
quiquiriquí (m)	kykeliky	[kykəliˈky:]

cloquear (vi)	å kakle	[ɔ 'kaklə]
graznar (vi)	å krae	[ɔ 'kraə]
graznar, parpar (vi)	å snadre, å rappe	[ɔ 'snadrə], [ɔ 'rapə]
piar (vi)	å pipe	[ɔ 'pipə]
gorjear (vi)	å kvitre	[ɔ 'kvitrə]

218. Los peces. Los animales marinos

brema (f)	brasme (m/f)	['brasmə]
carpa (f)	karpe (m)	['karpə]
perca (f)	åbor (m)	['obɔr]
siluro (m)	malle (m)	['malə]
lucio (m)	gjedde (m/f)	['jɛdə]

| salmón (m) | laks (m) | ['laks] |
| esturión (m) | stør (m) | ['stør] |

arenque (m)	sild (m/f)	['sil]
salmón (m) del Atlántico	atlanterhavslaks (m)	[at'lantərhafs,laks]
caballa (f)	makrell (m)	[ma'krɛl]
lenguado (m)	rødspette (m/f)	['rø,spɛtə]

lucioperca (f)	gjørs (m)	['jøːʂ]
bacalao (m)	torsk (m)	['toʂk]
atún (m)	tunfisk (m)	['tʉn,fisk]
trucha (f)	ørret (m)	['øret]

anguila (f)	ål (m)	['ɔl]
raya (f) eléctrica	elektrisk rokke (m/f)	[ɛ'lektrisk ,rɔkə]
morena (f)	murene (m)	[mʉ'rɛnə]
piraña (f)	piraja (m)	[pi'raja]

tiburón (m)	hai (m)	['haj]
delfín (m)	delfin (m)	[dɛl'fin]
ballena (f)	hval (m)	['val]

centolla (f)	krabbe (m)	['krabə]
medusa (f)	manet (m/f), meduse (m)	['manet], [me'dʉsə]
pulpo (m)	blekksprut (m)	['blek,sprʉt]

estrella (f) de mar	sjøstjerne (m/f)	['ʂø,stjæːɳə]
erizo (m) de mar	sjøpinnsvin (n)	['ʂøː'pin,svin]
caballito (m) de mar	sjøhest (m)	['ʂø,hɛst]

ostra (f)	østers (m)	['østəʂ]
camarón (m)	reke (m/f)	['rekə]
bogavante (m)	hummer (m)	['hʉmər]
langosta (f)	langust (m)	[laŋ'gʉst]

219. Los anfibios. Los reptiles

| serpiente (f) | slange (m) | ['ʂlaŋə] |
| venenoso (adj) | giftig | ['jifti] |

víbora (f)	hoggorm, huggorm (m)	['hʉg,ɔrm], ['hʉg,ɔrm]
cobra (f)	kobra (m)	['kʉbra]
pitón (m)	pyton (m)	['pytɔn]
boa (f)	boaslange (m)	['boa,slaŋə]

culebra (f)	snok (m)	['snʉk]
serpiente (m) de cascabel	klapperslange (m)	['klapə,slaŋə]
anaconda (f)	anakonda (m)	[ana'kɔnda]

lagarto (m)	øgle (m/f)	['øglə]
iguana (f)	iguan (m)	[igʉ'an]
varano (m)	varan (n)	[va'ran]
salamandra (f)	salamander (m)	[sala'mandər]
camaleón (m)	kameleon (m)	[kaməle'ʉn]
escorpión (m)	skorpion (m)	[skɔrpi'ʉn]
tortuga (f)	skilpadde (m/f)	['ʂil,padə]
rana (f)	frosk (m)	['frɔsk]

| sapo (m) | padde (m/f) | ['padə] |
| cocodrilo (m) | krokodille (m) | [krʊkə'dilə] |

220. Los insectos

insecto (m)	insekt (n)	['insɛkt]
mariposa (f)	sommerfugl (m)	['sɔmər,fʉl]
hormiga (f)	maur (m)	['maʊr]
mosca (f)	flue (m/f)	['flʉə]
mosquito (m) (picadura de ~)	mygg (m)	['mʏg]
escarabajo (m)	bille (m)	['bilə]

avispa (f)	veps (m)	['vɛps]
abeja (f)	bie (m/f)	['biə]
abejorro (m)	humle (m/f)	['hʉmlə]
moscardón (m)	brems (m)	['brɛms]

| araña (f) | edderkopp (m) | ['ɛdər,kɔp] |
| telaraña (f) | edderkoppnett (n) | ['ɛdərkɔp,nɛt] |

libélula (f)	øyenstikker (m)	['øjən,stikər]
saltamontes (m)	gresshoppe (m/f)	['grɛs,hɔpə]
mariposa (f) nocturna	nattsvermer (m)	['nat,sværmər]

cucaracha (f)	kakerlakk (m)	[kakə'lak]
garrapata (f)	flått, midd (m)	['flɔt], ['mid]
pulga (f)	loppe (f)	['lɔpə]
mosca (f) negra	knott (m)	['knɔt]

langosta (f)	vandgresshoppe (m/f)	['van 'grɛs,hɔpə]
caracol (m)	snegl (m)	['snæjl]
grillo (m)	siriss (m)	['si,ris]
luciérnaga (f)	ildflue (m/f), lysbille (m)	['il,flʉə], ['lys,bilə]
mariquita (f)	marihøne (m/f)	['mari,hønə]
sanjuanero (m)	oldenborre (f)	['ɔldən,borə]

sanguijuela (f)	igle (m/f)	['iglə]
oruga (f)	sommerfugllarve (m/f)	['sɔmərfʉl,larvə]
lombriz (m) de tierra	meitemark (m)	['mæjtə,mark]
larva (f)	larve (m/f)	['larvə]

221. Los animales. Las partes del cuerpo

pico (m)	nebb (n)	['nɛb]
alas (f pl)	vinger (m pl)	['viŋər]
pata (f)	fot (m)	['fʊt]
plumaje (m)	fjærdrakt (m/f)	['fjær,drakt]
pluma (f)	fjær (m/f)	['fjær]
penacho (m)	fjærtopp (m)	['fjæ:tɔp]

| branquias (f pl) | gjeller (m/f pl) | ['jɛlər] |
| huevas (f pl) | rogn (m/f) | ['rɔŋn] |

larva (f)	larve (m/f)	['lɑrvə]
aleta (f)	finne (m)	['finə]
escamas (f pl)	skjell (n)	['ʂɛl]

colmillo (m)	hoggtann (m/f)	['hɔg,tɑn]
garra (f), pata (f)	pote (m)	['pɔ:tə]
hocico (m)	snute (m/f)	['snʉtə]
boca (f)	kjeft (m)	['çɛft]
cola (f)	hale (m)	['hɑlə]
bigotes (m pl)	værhår (n)	['vær,hɔr]

| casco (m) (pezuña) | klov, hov (m) | ['klɔv], ['hɔv] |
| cuerno (m) | horn (n) | ['hʉ:ɳ] |

caparazón (m)	ryggskjold (n)	['rʏg,ʂɔl]
concha (f) (de moluscos)	skall (n)	['skɑl]
cáscara (f) (de huevo)	eggeskall (n)	['ɛgə,skɑl]

| pelo (m) (de perro) | pels (m) | ['pɛls] |
| piel (f) (de vaca, etc.) | skinn (n) | ['ʂin] |

222. Los animales. Acciones. Conducta.

| volar (vi) | å fly | [ɔ 'fly] |
| dar vueltas | å kretse | [ɔ 'krɛtsə] |

| echar a volar | å fly bort | [ɔ 'fly ,bʉ:t] |
| batir las alas | å flakse | [ɔ 'flɑksə] |

| picotear (vt) | å pikke | [ɔ 'pikə] |
| empollar (vt) | å ruge på eggene | [ɔ 'rʉgə pɔ 'ɛgenə] |

| salir del cascarón | å klekkes | [ɔ 'klekəs] |
| hacer el nido | å bygge reir | [ɔ 'bʏgə 'ræir] |

reptar (serpiente)	å krype	[ɔ 'krypə]
picar (vt)	å stikke	[ɔ 'stikə]
morder (animal)	å bite	[ɔ 'bitə]

olfatear (vt)	å snuse	[ɔ 'snʉsə]
ladrar (vi)	å gjø	[ɔ 'jø]
sisear (culebra)	å hvese	[ɔ 'vesə]

| asustar (vt) | å skremme | [ɔ 'skrɛmə] |
| atacar (vt) | å overfalle | [ɔ 'ɔver,fɑlə] |

roer (vt)	å gnage	[ɔ 'gnɑgə]
arañar (vt)	å klore	[ɔ 'klɔrə]
esconderse (vr)	å gjemme seg	[ɔ 'jɛmə sæj]

jugar (gatitos, etc.)	å leke	[ɔ 'lekə]
cazar (vi, vt)	å jage	[ɔ 'jɑgə]
hibernar (vi)	å ligge i dvale	[ɔ 'ligə i 'dvɑlə]
extinguirse (vr)	å dø ut	[ɔ 'dø ʉt]

223. Los animales. El hábitat

hábitat (m)	habitat (n)	[habi'tat]
migración (f)	migrasjon (m)	[migra'ʂʊn]
montaña (f)	fjell (n)	['fjɛl]
arrecife (m)	rev (n)	['rev]
roca (f)	klippe (m)	['klipə]
bosque (m)	skog (m)	['skʊg]
jungla (f)	jungel (m)	['jʉŋəl]
sabana (f)	savanne (m)	[sa'vanə]
tundra (f)	tundra (m)	['tʉndra]
estepa (f)	steppe (m)	['stɛpə]
desierto (m)	ørken (m)	['œrkən]
oasis (m)	oase (m)	[ʊ'asə]
mar (m)	hav (n)	['hav]
lago (m)	innsjø (m)	['in'ʂø]
océano (m)	verdenshav (n)	[værdəns'hav]
pantano (m)	myr (m/f)	['myr]
de agua dulce (adj)	ferskvanns-	['fæʂk‚vans-]
estanque (m)	dam (m)	['dam]
río (m)	elv (m/f)	['ɛlv]
cubil (m)	hi (n)	['hi]
nido (m)	reir (n)	['ræjr]
agujero (m)	trehull (n)	['trɛ‚hʉl]
madriguera (f)	hule (m/f)	['hʉlə]
hormiguero (m)	maurtue (m/f)	['maʊː‚tʉə]

224. El cuidado de los animales

zoológico (m)	zoo, dyrepark (m)	['sʊː], [dyrə'park]
reserva (f) natural	naturreservat (n)	[na'tʉr resɛr'vat]
criadero (m)	oppdretter (m)	['ɔp‚drɛtər]
jaula (f) al aire libre	voliere (m)	[vɔ'ljer]
jaula (f)	bur (n)	['bʉr]
perrera (f)	kennel (m)	['kɛnəl]
palomar (m)	duehus (n)	['dʉə‚hʉs]
acuario (m)	akvarium (n)	[a'kvarium]
delfinario (m)	delfinarium (n)	[dɛlfi'narium]
criar (~ animales)	å avle, å oppdrette	[ɔ 'avlə], [ɔ 'ɔp‚drɛtə]
crías (f pl)	avkom (n)	['av‚kɔm]
domesticar (vt)	å temme	[ɔ 'tɛmə]
adiestrar (~ animales)	å dressere	[ɔ drɛ'serə]
pienso (m), comida (f)	fôr (n)	['fʉr]
dar de comer	å utfore	[ɔ 'ʉt‚forə]

tienda (f) de animales	dyrebutikk (m)	['dyrəbʉ'tik]
bozal (m) de perro	munnkurv (m)	['mʉn‚kʉrv]
collar (m)	halsbånd (n)	['hals‚bɔn]
nombre (m) (de perro, etc.)	navn (n)	['navn]
pedigrí (m)	stamtavle (m/f)	['stam‚tavlə]

225. Los animales. Miscelánea

manada (f) (de lobos)	flokk (m)	['flɔk]
bandada (f) (de pájaros)	flokk (m)	['flɔk]
banco (m) de peces	stim (m/n)	['stim]
caballada (f)	flokk (m)	['flɔk]
macho (m)	hann (m)	['han]
hembra (f)	hunn (m)	['hʉn]
hambriento (adj)	sulten	['sʉltən]
salvaje (adj)	vill	['vil]
peligroso (adj)	farlig	['faːlị]

226. Los caballos

caballo (m)	hest (m)	['hɛst]
raza (f)	rase (m)	['rasə]
potro (m)	føll (n)	['føl]
yegua (f)	hoppe, merr (m/f)	['hɔpə], ['mɛr]
mustang (m)	mustang (m)	['mʉstaŋ]
poni (m)	ponni (m)	['pɔni]
caballo (m) de tiro	kaldblodshest (m)	['kalblʉds‚hɛst]
crin (f)	man (m/f)	['man]
cola (f)	hale (m)	['halə]
casco (m) (pezuña)	hov (m)	['hɔv]
herradura (f)	hestesko (m)	['hɛstə‚skʉ]
herrar (vt)	å sko	[ɔ 'skʉː]
herrero (m)	smed, hovslager (m)	['sme], ['hɔfs‚lagər]
silla (f)	sal (m)	['sal]
estribo (m)	stigbøyle (m)	['stig‚bøjlə]
bridón (m)	bissel (n)	['bisəl]
riendas (f pl)	tømmer (m pl)	['tœmər]
fusta (f)	pisk (m)	['pisk]
jinete (m)	rytter (m)	['rʏtər]
ensillar (vt)	å sale	[ɔ 'salə]
montar al caballo	å stige opp på hesten	[ɔ 'stiːə ɔp pɔ 'hɛstən]
galope (m)	galopp (m)	[ga'lɔp]
ir al galope	å galoppere	[ɔ galɔ'perə]

trote (m)	trav (n)	['trɑv]
al trote (adv)	i trav	[i 'trɑv]
ir al trote, trotar (vi)	å trave	[ɔ 'trɑvə]
caballo (m) de carreras	veddeløpshest (m)	['vɛde͵løps hɛst]
carreras (f pl)	hesteveddeløp (n)	['hɛstə 'vede͵løp]
caballeriza (f)	stall (m)	['stɑl]
dar de comer	å utfore	[ɔ 'ʉt͵fɔrə]
heno (m)	høy (n)	['høj]
dar de beber	å vanne	[ɔ 'vɑnə]
limpiar (el caballo)	å børste	[ɔ 'bøʂtə]
carro (m)	hestevogn (m/f)	['hɛstə͵vɔŋn]
pastar (vi)	å beite	[ɔ 'bæjtə]
relinchar (vi)	å vrinske, å knegge	[ɔ 'vrinskə], [ɔ 'knɛgə]
cocear (vi)	å sparke bakut	[ɔ 'spɑrkə 'bɑk͵ʉt]

La flora

árbol (m)	tre (n)	['trɛ]
foliáceo (adj)	løv-	['løv-]
conífero (adj)	bar-	['bɑr-]
de hoja perenne	eviggrønt	['ɛvi‚grœnt]
manzano (m)	epletre (n)	['ɛplə‚trɛ]
peral (m)	pæretre (n)	['pæərə‚trɛ]
cerezo (m)	morelltre (n)	[mʊ'rɛl‚trɛ]
guindo (m)	kirsebærtre (n)	['çiʂəbær‚trɛ]
ciruelo (m)	plommetre (n)	['plʊmə‚trɛ]
abedul (m)	bjørk (f)	['bjœrk]
roble (m)	eik (f)	['æjk]
tilo (m)	lind (m/f)	['lin]
pobo (m)	osp (m/f)	['ɔsp]
arce (m)	lønn (m/f)	['lœn]
pícea (f)	gran (m/f)	['grɑn]
pino (m)	furu (m/f)	['fʉrʉ]
alerce (m)	lerk (m)	['lærk]
abeto (m)	edelgran (m/f)	['ɛdəl‚grɑn]
cedro (m)	seder (m)	['sedər]
álamo (m)	poppel (m)	['pɔpəl]
serbal (m)	rogn (m/f)	['rɔŋn]
sauce (m)	pil (m/f)	['pil]
aliso (m)	or, older (m/f)	['ʊr], ['ɔldər]
haya (f)	bøk (m)	['bøk]
olmo (m)	alm (m)	['ɑlm]
fresno (m)	ask (m/f)	['ɑsk]
castaño (m)	kastanjetre (n)	[kɑ'stɑnje‚trɛ]
magnolia (f)	magnolia (m)	[mɑŋ'nʊlia]
palmera (f)	palme (m)	['pɑlmə]
ciprés (m)	sypress (m)	[sʏ'prɛs]
mangle (m)	mangrove (m)	[mɑŋ'grʊvə]
baobab (m)	apebrødtre (n)	['ɑpebrø‚trɛ]
eucalipto (m)	eukalyptus (m)	[ɛvkɑ'lyptʉs]
secoya (f)	sequoia (m)	['sek‚vɔja]

mata (f)	busk (m)	['bʉsk]
arbusto (m)	busk (m)	['bʉsk]

vid (f)	vinranke (m)	['vin‚ranke]
viñedo (m)	vinmark (m/f)	['vin‚mark]

frambueso (m)	bringebærbusk (m)	['brinə‚bær busk]
grosellero (m) negro	solbærbusk (m)	['sulbær‚busk]
grosellero (m) rojo	ripsbusk (m)	['rips‚busk]
grosellero (m) espinoso	stikkelsbærbusk (m)	['stikelsbær‚busk]

acacia (f)	akasie (m)	[a'kasiə]
berberís (m)	berberis (m)	['bærberis]
jazmín (m)	sjasmin (m)	[ṣas'min]

enebro (m)	einer (m)	['æjnər]
rosal (m)	rosenbusk (m)	['rusən‚busk]
escaramujo (m)	steinnype (m/f)	['stæjn‚nypə]

229. Los hongos

seta (f)	sopp (m)	['sɔp]
seta (f) comestible	spiselig sopp (m)	['spiseli ‚sɔp]
seta (f) venenosa	giftig sopp (m)	['jifti ‚sɔp]
sombrerete (m)	hatt (m)	['hat]
estipe (m)	stilk (m)	['stilk]

seta calabaza (f)	steinsopp (m)	['stæjn‚sɔp]
boleto (m) castaño	rødskrubb (m/n)	['rø‚skrub]
boleto (m) áspero	brunskrubb (m/n)	['brun‚skrub]
rebozuelo (m)	kantarell (m)	[kanta'rel]
rúsula (f)	kremle (m/f)	['krɛmlə]

colmenilla (f)	morkel (m)	['mɔrkəl]
matamoscas (m)	fluesopp (m)	['flue‚sɔp]
oronja (f) verde	grønn fluesopp (m)	['grœn 'flue‚sɔp]

230. Las frutas. Las bayas

fruto (m)	frukt (m/f)	['frukt]
frutos (m pl)	frukter (m/f pl)	['fruktər]
manzana (f)	eple (n)	['ɛplə]
pera (f)	pære (m/f)	['pærə]
ciruela (f)	plomme (m/f)	['plumə]

fresa (f)	jordbær (n)	['juːr‚bær]
guinda (f)	kirsebær (n)	['çiṣə‚bær]
cereza (f)	morell (m)	[mu'rɛl]
uva (f)	drue (m)	['drue]

frambuesa (f)	bringebær (n)	['brinə‚bær]
grosella (f) negra	solbær (n)	['sul‚bær]
grosella (f) roja	rips (n)	['rips]
grosella (f) espinosa	stikkelsbær (n)	['stikels‚bær]
arándano (m) agrio	tranebær (n)	['tranə‚bær]

naranja (f)	appelsin (m)	[apel'sin]
mandarina (f)	mandarin (m)	[manda'rin]
piña (f)	ananas (m)	['ananas]
banana (f)	banan (m)	[ba'nan]
dátil (m)	daddel (m)	['dadəl]

limón (m)	sitron (m)	[si'trun]
albaricoque (m)	aprikos (m)	[apri'kus]
melocotón (m)	fersken (m)	['fæʂkən]
kiwi (m)	kiwi (m)	['kivi]
toronja (f)	grapefrukt (m/f)	['grɛjp‚frʉkt]

baya (f)	bær (n)	['bær]
bayas (f pl)	bær (n pl)	['bær]
arándano (m) rojo	tyttebær (n)	['tʏtə‚bær]
fresa (f) silvestre	markjordbær (n)	['mark juːr‚bær]
arándano (m)	blåbær (n)	['blɔ‚bær]

231. Las flores. Las plantas

flor (f)	blomst (m)	['blɔmst]
ramo (m) de flores	bukett (m)	[bʉ'kɛt]

rosa (f)	rose (m/f)	['rusə]
tulipán (m)	tulipan (m)	[tʉli'pan]
clavel (m)	nellik (m)	['nɛlik]
gladiolo (m)	gladiolus (m)	[gladi'ɔlʉs]

aciano (m)	kornblomst (m)	['kuːn̩‚blɔmst]
campanilla (f)	blåklokke (m/f)	['blɔ‚klɔkə]
diente (m) de león	løvetann (m/f)	['løvə‚tan]
manzanilla (f)	kamille (m)	[ka'milə]

áloe (m)	aloe (m)	['alʉe]
cacto (m)	kaktus (m)	['kaktʉs]
ficus (m)	gummiplante (m/f)	['gʉmi‚plantə]

azucena (f)	lilje (m)	['liljə]
geranio (m)	geranium (m)	[ge'ranium]
jacinto (m)	hyasint (m)	[hia'sint]

mimosa (f)	mimose (m/f)	[mi'mɔsə]
narciso (m)	narsiss (m)	[na'ʂis]
capuchina (f)	blomkarse (m)	['blɔm‚kaʂə]

orquídea (f)	orkidé (m)	[ɔrki'de]
peonía (f)	peon, pion (m)	[pe'ʉn], [pi'ʉn]
violeta (f)	fiol (m)	[fi'ʉl]

trinitaria (f)	stemorsblomst (m)	['stemuʂ‚blɔmst]
nomeolvides (f)	forglemmegei (m)	[fɔr'glemə‚jæj]
margarita (f)	tusenfryd (m)	['tʉsən‚fryd]
amapola (f)	valmue (m)	['valmʉe]
cáñamo (m)	hamp (m)	['hamp]

menta (f)	mynte (m/f)	['mʏntə]
muguete (m)	liljekonvall (m)	['liljə kɔn'val]
campanilla (f) de las nieves	snøklokke (m/f)	['snøˌklɔkə]

ortiga (f)	nesle (m/f)	['nɛslə]
acedera (f)	syre (m/f)	['syrə]
nenúfar (m)	nøkkerose (m/f)	['nøkəˌrʉse]
helecho (m)	bregne (m/f)	['brɛjnə]
liquen (m)	lav (m/n)	['lav]

invernadero (m) tropical	drivhus (n)	['drivˌhʉs]
césped (m)	gressplen (m)	['grɛsˌplen]
macizo (m) de flores	blomsterbed (n)	['blɔmstərˌbed]

planta (f)	plante (m/f), vekst (m)	['plantə], ['vɛkst]
hierba (f)	gras (n)	['gras]
hoja (f) de hierba	grasstrå (n)	['grasˌstrɔ]

hoja (f)	blad (n)	['bla]
pétalo (m)	kronblad (n)	['krɔnˌbla]
tallo (m)	stilk (m)	['stilk]
tubérculo (m)	rotknoll (m)	['rʉtˌknɔl]

| retoño (m) | spire (m/f) | ['spirə] |
| espina (f) | torn (m) | ['tʉːɳ] |

florecer (vi)	å blomstre	[ɔ 'blɔmstrə]
marchitarse (vr)	å visne	[ɔ 'visnə]
olor (m)	lukt (m/f)	['lʉkt]
cortar (vt)	å skjære av	[ɔ 'ʂæːrə aː]
coger (una flor)	å plukke	[ɔ 'plʉkə]

232. Los cereales, los granos

grano (m)	korn (n)	['kuːɳ]
cereales (m pl) (plantas)	cerealer (n pl)	[sere'alər]
espiga (f)	aks (n)	['aks]

trigo (m)	hvete (m)	['vetə]
centeno (m)	rug (m)	['rʉg]
avena (f)	havre (m)	['havrə]

| mijo (m) | hirse (m) | ['hiʂə] |
| cebada (f) | bygg (m/n) | ['bʏg] |

maíz (m)	mais (m)	['mais]
arroz (m)	ris (m)	['ris]
alforfón (m)	bokhvete (m)	['bʉkˌvetə]

guisante (m)	ert (m/f)	['æːt]
fréjol (m)	bønne (m/f)	['bœnə]
soya (f)	soya (m)	['sɔja]
lenteja (f)	linse (m/f)	['linsə]
habas (f pl)	bønner (m/f pl)	['bœnər]

233. Los vegetales. Las verduras

| legumbres (f pl) | grønnsaker (m pl) | ['grœn‚sakər] |
| verduras (f pl) | grønnsaker (m pl) | ['grœn‚sakər] |

tomate (m)	tomat (m)	[tʊ'mɑt]
pepino (m)	agurk (m)	[a'gʉrk]
zanahoria (f)	gulrot (m/f)	['gʉl‚rʊt]
patata (f)	potet (m/f)	[pʊ'tet]
cebolla (f)	løk (m)	['løk]
ajo (m)	hvitløk (m)	['vit‚løk]

col (f)	kål (m)	['kɔl]
coliflor (f)	blomkål (m)	['blɔm‚kɔl]
col (f) de Bruselas	rosenkål (m)	['rʊsən‚kɔl]
brócoli (m)	brokkoli (m)	['brɔkɔli]

remolacha (f)	rødbete (m/f)	['rø‚betə]
berenjena (f)	aubergine (m)	[ɔbɛr'şin]
calabacín (m)	squash (m)	['skvɔş]
calabaza (f)	gresskar (n)	['grɛskɑr]
nabo (m)	nepe (m/f)	['nepə]

perejil (m)	persille (m/f)	[pæ'şilə]
eneldo (m)	dill (m)	['dil]
lechuga (f)	salat (m)	[sɑ'lɑt]
apio (m)	selleri (m/n)	[sɛle‚ri]
espárrago (m)	asparges (m)	[a'spɑrşəs]
espinaca (f)	spinat (m)	[spi'nɑt]

guisante (m)	erter (m pl)	['æ:ţər]
habas (f pl)	bønner (m/f pl)	['bœnər]
maíz (m)	mais (m)	['mɑis]
fréjol (m)	bønne (m/f)	['bœnə]

pimentón (m)	pepper (m)	['pɛpər]
rábano (m)	reddik (m)	['rɛdik]
alcachofa (f)	artisjokk (m)	[‚ɑ:ţi'şɔk]

GEOGRAFÍA REGIONAL

234. Europa occidental

Europa (f)	**Europa**	[ɛʉˈrʊpa]
Unión (f) Europea	**Den Europeiske Union**	[dɛn ɛʉrʊˈpɛiskə ʉniˈɔn]
europeo (m)	**europeer** (m)	[ɛʉrʊˈpeər]
europeo (adj)	**europeisk**	[ɛʉrʊˈpɛisk]
Austria (f)	**Østerrike**	[ˈøstəˌrikə]
austriaco (m)	**østerriker** (m)	[ˈøstəˌrikər]
austriaca (f)	**østerriksk kvinne** (m/f)	[ˈøstəˌriksk ˌkvinə]
austriaco (adj)	**østerriksk**	[ˈøstəˌriksk]
Gran Bretaña (f)	**Storbritannia**	[ˈstʊr briˌtania]
Inglaterra (f)	**England**	[ˈɛŋlan]
inglés (m)	**brite** (m)	[ˈbritə]
inglesa (f)	**brite** (m)	[ˈbritə]
inglés (adj)	**engelsk, britisk**	[ˈɛŋelsk], [ˈbritisk]
Bélgica (f)	**Belgia**	[ˈbɛlgia]
belga (m)	**belgier** (m)	[ˈbɛlgiər]
belga (f)	**belgisk kvinne** (m/f)	[ˈbɛlgisk ˌkvinə]
belga (adj)	**belgisk**	[ˈbɛlgisk]
Alemania (f)	**Tyskland**	[ˈtʏsklan]
alemán (m)	**tysker** (m)	[ˈtʏskər]
alemana (f)	**tysk kvinne** (m/f)	[ˈtʏsk ˌkvinə]
alemán (adj)	**tysk**	[ˈtʏsk]
Países Bajos (m pl)	**Nederland**	[ˈnedəˌlan]
Holanda (f)	**Holland**	[ˈhɔlan]
holandés (m)	**hollender** (m)	[ˈhɔˌlendər]
holandesa (f)	**hollandsk kvinne** (m/f)	[ˈhɔˌlansk ˌkvinə]
holandés (adj)	**hollandsk**	[ˈhɔˌlansk]
Grecia (f)	**Hellas**	[ˈhɛlas]
griego (m)	**greker** (m)	[ˈgrekər]
griega (f)	**gresk kvinne** (m/f)	[ˈgrɛsk ˌkvinə]
griego (adj)	**gresk**	[ˈgrɛsk]
Dinamarca (f)	**Danmark**	[ˈdanmark]
danés (m)	**danske** (m)	[ˈdanskə]
danesa (f)	**dansk kvinne** (m/f)	[ˈdansk ˌkvinə]
danés (adj)	**dansk**	[ˈdansk]
Irlanda (f)	**Irland**	[ˈirlan]
irlandés (m)	**irlender, irlending** (m)	[ˈirˌlenər], [ˈirˌleniŋ]
irlandesa (f)	**irsk kvinne** (m/f)	[ˈiːʂk ˌkvinə]
irlandés (adj)	**irsk**	[ˈiːʂk]

Islandia (f)	Island	['islɑn]
islandés (m)	islending (m)	['isˌleniŋ]
islandesa (f)	islandsk kvinne (m/f)	['isˌlɑnsk ˌkvinə]
islandés (adj)	islandsk	['isˌlɑnsk]
España (f)	Spania	['spɑniɑ]
español (m)	spanier (m)	['spɑniər]
española (f)	spansk kvinne (m/f)	['spɑnsk ˌkvinə]
español (adj)	spansk	['spɑnsk]
Italia (f)	Italia	[i'tɑliɑ]
italiano (m)	italiener (m)	[itɑ'ljɛnər]
italiana (f)	italiensk kvinne (m/f)	[itɑ'ljɛnsk ˌkvinə]
italiano (adj)	italiensk	[itɑ'ljɛnsk]
Chipre (m)	Kypros	['kyprʊs]
chipriota (m)	kypriot (m)	[kypri'ʊt]
chipriota (f)	kypriotisk kvinne (m/f)	[kypri'ʊtisk ˌkvinə]
chipriota (adj)	kypriotisk	[kypri'ʊtisk]
Malta (f)	Malta	['mɑltɑ]
maltés (m)	malteser (m)	[mɑl'tesər]
maltesa (f)	maltesisk kvinne (m/f)	[mɑl'tesisk ˌkvinə]
maltés (adj)	maltesisk	[mɑl'tesisk]
Noruega (f)	Norge	['nɔrgə]
noruego (m)	nordmann (m)	['nʊːrmɑn]
noruega (f)	norsk kvinne (m/f)	['nɔʂk ˌkvinə]
noruego (adj)	norsk	['nɔʂk]
Portugal (m)	Portugal	[pɔːʉ'gɑl]
portugués (m)	portugiser (m)	[pɔːʉ'gisər]
portuguesa (f)	portugisisk kvinne (m/f)	[pɔːʉ'gisisk ˌkvinə]
portugués (adj)	portugisisk	[pɔːʉ'gisisk]
Finlandia (f)	Finland	['finlɑn]
finlandés (m)	finne (m)	['finə]
finlandesa (f)	finsk kvinne (m/f)	['finsk ˌkvinə]
finlandés (adj)	finsk	['finsk]
Francia (f)	Frankrike	['frɑnkrikə]
francés (m)	franskmann (m)	['frɑnskˌmɑn]
francesa (f)	fransk kvinne (m/f)	['frɑnsk ˌkvinə]
francés (adj)	fransk	['frɑnsk]
Suecia (f)	Sverige	['sværiə]
sueco (m)	svenske (m)	['svɛnskə]
sueca (f)	svensk kvinne (m/f)	['svɛnsk ˌkvinə]
sueco (adj)	svensk	['svɛnsk]
Suiza (f)	Sveits	['svæjts]
suizo (m)	sveitser (m)	['svæjtsər]
suiza (f)	sveitsisk kvinne (m/f)	['svæjtsisk ˌkvinə]
suizo (adj)	sveitsisk	['svæjtsisk]
Escocia (f)	Skottland	['skɔtlɑn]
escocés (m)	skotte (m)	['skɔtə]

| escocesa (f) | skotsk kvinne (m/f) | ['skɔtsk ˌkvinə] |
| escocés (adj) | skotsk | ['skɔtsk] |

Vaticano (m)	Vatikanet	['vatiˌkɑnə]
Liechtenstein (m)	Liechtenstein	['lihtɛnʂtæjn]
Luxemburgo (m)	Luxembourg	['lʉksɛmˌbʉrg]
Mónaco (m)	Monaco	[mʉ'nɑkʉ]

235. Europa central y oriental

Albania (f)	Albania	[ɑl'bɑniɑ]
albanés (m)	albaner (m)	[ɑl'bɑnər]
albanesa (f)	albansk kvinne (m)	[ɑl'bɑnsk ˌkvinə]
albanés (adj)	albansk	[ɑl'bɑnsk]

Bulgaria (f)	Bulgaria	[bʉl'gɑriɑ]
búlgaro (m)	bulgarer (m)	[bʉl'gɑrər]
búlgara (f)	bulgarsk kvinne (m/f)	[bʉl'gɑʂk ˌkvinə]
búlgaro (adj)	bulgarsk	[bʉl'gɑʂk]

Hungría (f)	Ungarn	['ʉŋɑːŋ]
húngaro (m)	ungarer (m)	['ʉŋɑrər]
húngara (f)	ungarsk kvinne (m/f)	['ʉŋɑʂk ˌkvinə]
húngaro (adj)	ungarsk	['ʉŋɑʂk]

Letonia (f)	Latvia	['lɑtviɑ]
letón (m)	latvier (m)	['lɑtviər]
letona (f)	latvisk kvinne (m/f)	['lɑtvisk ˌkvinə]
letón (adj)	latvisk	['lɑtvisk]

Lituania (f)	Litauen	['liˌtɑʉən]
lituano (m)	litauer (m)	['liˌtɑʉər]
lituana (f)	litauisk kvinne (m/f)	['liˌtɑʉisk ˌkvinə]
lituano (adj)	litauisk	['liˌtɑʉisk]

Polonia (f)	Polen	['pʉlen]
polaco (m)	polakk (m)	[pʉ'lɑk]
polaca (f)	polsk kvinne (m/f)	['pʉlsk ˌkvinə]
polaco (adj)	polsk	['pʉlsk]

Rumania (f)	Romania	[rʉ'mɑniɑ]
rumano (m)	rumener (m)	[rʉ'menər]
rumana (f)	rumensk kvinne (m/f)	[rʉ'mɛnsk ˌkvinə]
rumano (adj)	rumensk	[rʉ'mɛnsk]

Serbia (f)	Serbia	['særbiɑ]
serbio (m)	serber (m)	['særbər]
serbia (f)	serbisk kvinne (m/f)	['særbisk ˌkvinə]
serbio (adj)	serbisk	['særbisk]

Eslovaquia (f)	Slovakia	[ʂlʉ'vɑkiɑ]
eslovaco (m)	slovak (m)	[ʂlʉ'vɑk]
eslovaca (f)	slovakisk kvinne (m/f)	[ʂlʉ'vɑkisk ˌkvinə]
eslovaco (adj)	slovakisk	[ʂlʉ'vɑkisk]

Croacia (f)	Kroatia	[kru'atia]
croata (m)	kroat (m)	[kru'at]
croata (f)	kroatisk kvinne (m/f)	[kru'atisk ˌkvinə]
croata (adj)	kroatisk	[kru'atisk]

Chequia (f)	Tsjekkia	['tʂɛkija]
checo (m)	tsjekker (m)	['tʂɛkər]
checa (f)	tsjekkisk kvinne (m/f)	['tʂɛkisk ˌkvinə]
checo (adj)	tsjekkisk	['tʂɛkisk]

Estonia (f)	Estland	['ɛstlan]
estonio (m)	estlender (m)	['ɛstˌlendər]
estonia (f)	estisk kvinne (m/f)	['ɛstisk ˌkvinə]
estonio (adj)	estisk	['ɛstisk]

Bosnia y Herzegovina	Bosnia-Hercegovina	['bɔsnia hersegoˌvina]
Macedonia	Makedonia	[make'dɔnia]
Eslovenia	Slovenia	[slu'venia]
Montenegro (m)	Montenegro	['mɔntəˌnɛgru]

236. Los países de la antes Unión Soviética

Azerbaiyán (m)	Aserbajdsjan	[aserbajd'ʂan]
azerbaiyano (m)	aserbajdsjaner (m)	[aserbajd'ʂanər]
azerbaiyana (f)	aserbajdsjansk kvinne (m)	[aserbajd'ʂansk ˌkvinə]
azerbaiyano (adj)	aserbajdsjansk	[aserbajd'ʂansk]

Armenia (f)	Armenia	[ar'menia]
armenio (m)	armener (m)	[ar'menər]
armenia (f)	armensk kvinne (m)	[ar'mensk ˌkvinə]
armenio (adj)	armensk	[ar'mensk]

Bielorrusia (f)	Hviterussland	['vitəˌruslan]
bielorruso (m)	hviterusser (m)	['vitəˌrusər]
bielorrusa (f)	hviterussisk kvinne (m/f)	['vitəˌrusisk ˌkvinə]
bielorruso (adj)	hviterussisk	['vitəˌrusisk]

Georgia (f)	Georgia	[ge'ɔrgia]
georgiano (m)	georgier (m)	[ge'ɔrgiər]
georgiana (f)	georgisk kvinne (m/f)	[ge'ɔrgisk ˌkvinə]
georgiano (adj)	georgisk	[ge'ɔrgisk]

Kazajstán (m)	Kasakhstan	[ka'sakˌstan]
kazajo (m)	kasakh (m)	[ka'sak]
kazaja (f)	kasakhisk kvinne (m/f)	[ka'sakisk ˌkvinə]
kazajo (adj)	kasakhisk	[ka'sakisk]

Kirguizistán (m)	Kirgisistan	[kir'gisiˌstan]
kirguís (m)	kirgiser (m)	[kir'gisər]
kirguisa (f)	kirgisisk kvinne (m/f)	[kir'gisisk ˌkvinə]
kirguís (adj)	kirgisisk	[kir'gisisk]

| Moldavia (f) | Moldova | [mɔl'dɔva] |
| moldavo (m) | moldover (m) | [mɔl'dɔvər] |

| moldava (f) | moldovsk kvinne (m/f) | [mɔl'dɔvsk ˌkvinə] |
| moldavo (adj) | moldovsk | [mɔl'dɔvsk] |

Rusia (f)	Russland	['rʉslan]
ruso (m)	russer (m)	['rʉsər]
rusa (f)	russisk kvinne (m/f)	['rʉsisk ˌkvinə]
ruso (adj)	russisk	['rʉsisk]

Tayikistán (m)	Tadsjikistan	[ta'dʂikiˌstan]
tayiko (m)	tadsjik, tadsjiker (m)	[ta'dʂik], [ta'dʂikər]
tayika (f)	tadsjikisk kvinne (m/f)	[ta'dʂikisk ˌkvinə]
tayiko (adj)	tadsjikisk	[ta'dʂikisk]

Turkmenistán (m)	Turkmenistan	[tʉrk'meniˌstan]
turkmeno (m)	turkmen (m)	[tʉrk'men]
turkmena (f)	turkmensk kvinne (m/f)	[tʉrk'mensk ˌkvinə]
turkmeno (adj)	turkmensk	[tʉrk'mensk]

Uzbekistán (m)	Usbekistan	[ʉs'bekiˌstan]
uzbeko (m)	usbek, usbeker (m)	[ʉs'bek], [ʉs'bekər]
uzbeka (f)	usbekisk kvinne (m/f)	[ʉs'bekisk ˌkvinə]
uzbeko (adj)	usbekisk	[ʉs'bekisk]

Ucrania (f)	Ukraina	[ʉkra'ina]
ucraniano (m)	ukrainer (m)	[ʉkra'inər]
ucraniana (f)	ukrainsk kvinne (m/f)	[ʉkra'insk ˌkvinə]
ucraniano (adj)	ukrainsk	[ʉkra'insk]

237. Asia

| Asia (f) | Asia | ['asia] |
| asiático (adj) | asiatisk | [asi'atisk] |

Vietnam (m)	Vietnam	['vjɛtnam]
vietnamita (m)	vietnameser (m)	[vjɛtna'mesər]
vietnamita (f)	vietnamesisk kvinne (m/f)	[vjɛtna'mesisk ˌkvinə]
vietnamita (adj)	vietnamesisk	[vjɛtna'mesisk]

India (f)	India	['india]
indio (m)	inder (m)	['indər]
india (f)	indisk kvinne (m/f)	['indisk ˌkvinə]
indio (adj)	indisk	['indisk]

Israel (m)	Israel	['israəl]
israelí (m)	israeler (m)	[isra'elər]
israelí (f)	israelsk kvinne (m/f)	[isra'elsk ˌkvinə]
israelí (adj)	israelsk	[isra'elsk]

hebreo (m)	jøde (m)	['jødə]
hebrea (f)	jødisk kvinne (m/f)	['jødisk ˌkvinə]
hebreo (adj)	jødisk	['jødisk]

| China (f) | Kina | ['çina] |
| chino (m) | kineser (m) | [çi'nesər] |

| china (f) | kinesisk kvinne (m/f) | [çi'nesisk ˌkvinə] |
| chino (adj) | kinesisk | [çi'nesisk] |

Corea (f) del Sur	Sør-Korea	['sør kuˌrea]
Corea (f) del Norte	Nord-Korea	['nuːr ku'rɛa]
coreano (m)	koreaner (m)	[kure'anər]
coreana (f)	koreansk kvinne (m/f)	[kure'ansk ˌkvinə]
coreano (adj)	koreansk	[kure'ansk]

Líbano (m)	Libanon	['libanɔn]
libanés (m)	libaneser (m)	[liba'nesər]
libanesa (f)	libanesisk kvinne (m/f)	[liba'nesisk ˌkvinə]
libanés (adj)	libanesisk	[liba'nesisk]

Mongolia (f)	Mongolia	[muŋ'gulia]
mongol (m)	mongol (m)	[muŋ'gul]
mongola (f)	mongolsk kvinne (m/f)	[mun'golsk ˌkvinə]
mongol (adj)	mongolsk	[mun'golsk]

Malasia (f)	Malaysia	[ma'lajsia]
malayo (m)	malayer (m)	[ma'lajər]
malaya (f)	malayisk kvinne (m/f)	[ma'lajisk ˌkvinə]
malayo (adj)	malayisk	[ma'lajisk]

Pakistán (m)	Pakistan	['pakiˌstan]
pakistaní (m)	pakistaner (m)	[paki'stanər]
pakistaní (f)	pakistansk kvinne (m/f)	[paki'stansk ˌkvinə]
pakistaní (adj)	pakistansk	[paki'stansk]

Arabia (f) Saudita	Saudi-Arabia	['saudi a'rabia]
árabe (m)	araber (m)	[a'rabər]
árabe (f)	arabisk kvinne (m)	[a'rabisk ˌkvinə]
árabe (adj)	arabisk	[a'rabisk]

Tailandia (f)	Thailand	['tajlan]
tailandés (m)	thailender (m)	['tajlendər]
tailandesa (f)	thailandsk kvinne (m/f)	['tajlansk ˌkvinə]
tailandés (adj)	thailandsk	['tajlansk]

Taiwán (m)	Taiwan	['tajˌvan]
taiwanés (m)	taiwaner (m)	[taj'vanər]
taiwanesa (f)	taiwansk kvinne (m/f)	[taj'vansk ˌkvinə]
taiwanés (adj)	taiwansk	[taj'vansk]

Turquía (f)	Tyrkia	[tyrkia]
turco (m)	tyrker (m)	['tyrkər]
turca (f)	tyrkisk kvinne (m/f)	['tyrkisk ˌkvinə]
turco (adj)	tyrkisk	['tyrkisk]

Japón (m)	Japan	['japan]
japonés (m)	japaner (m)	[ja'panər]
japonesa (f)	japansk kvinne (m/f)	['japansk ˌkvinə]
japonés (adj)	japansk	['japansk]

| Afganistán (m) | Afghanistan | [af'ganiˌstan] |
| Bangladesh (m) | Bangladesh | [bangla'dɛʂ] |

| Indonesia (f) | Indonesia | [indʉ'nesia] |
| Jordania (f) | Jordan | ['jɔrdan] |

Irak (m)	Irak	['irak]
Irán (m)	Iran	['iran]
Camboya (f)	Kambodsja	[kam'bɔdşa]
Kuwait (m)	Kuwait	['kʉvajt]

Laos (m)	Laos	['laɔs]
Myanmar (m)	Myanmar	['mjænma]
Nepal (m)	Nepal	['nepal]
Emiratos (m pl) Árabes Unidos	Forente Arabiske Emiratene	[fɔ'rentə a'rabiskə ɛmi'ratenə]

| Siria (f) | Syria | ['syria] |
| Palestina (f) | Palestina | [pale'stina] |

238. América del Norte

Estados Unidos de América (m pl)	Amerikas Forente Stater	[a'merikas fɔ'rɛntə 'statər]
americano (m)	amerikaner (m)	[ameri'kanər]
americana (f)	amerikansk kvinne (m)	[ameri'kansk ˌkvinə]
americano (adj)	amerikansk	[ameri'kansk]

Canadá (f)	Canada	['kanada]
canadiense (m)	kanadier (m)	[ka'nadiər]
canadiense (f)	kanadisk kvinne (m/f)	[ka'nadisk ˌkvinə]
canadiense (adj)	kanadisk	[ka'nadisk]

Méjico (m)	Mexico	['mɛksikʉ]
mejicano (m)	meksikaner (m)	[mɛksi'kanər]
mejicana (f)	meksikansk kvinne (m/f)	[mɛksi'kansk ˌkvinə]
mejicano (adj)	meksikansk	[mɛksi'kansk]

239. Centroamérica y Sudamérica

Argentina (f)	Argentina	[argɛn'tina]
argentino (m)	argentiner (m)	[argɛn'tinər]
argentina (f)	argentinsk kvinne (m)	[argɛn'tinsk ˌkvinə]
argentino (adj)	argentinsk	[argɛn'tinsk]

Brasil (m)	Brasilia	[bra'silia]
brasileño (m)	brasilianer (m)	[brasili'anər]
brasileña (f)	brasiliansk kvinne (m/f)	[brasili'ansk ˌkvinə]
brasileño (adj)	brasiliansk	[brasili'ansk]

Colombia (f)	Colombia	[kɔ'lʉmbia]
colombiano (m)	colombianer (m)	[kɔlʉmbi'anər]
colombiana (f)	colombiansk kvinne (m/f)	[kɔlʉmbi'ansk ˌkvinə]
colombiano (adj)	colombiansk	[kɔlʉmbi'ansk]
Cuba (f)	Cuba	['kʉba]

cubano (m)	kubaner (m)	[kʉˈbɑnər]
cubana (f)	kubansk kvinne (m/f)	[kʉˈbɑnsk ˌkvinə]
cubano (adj)	kubansk	[kʉˈbɑnsk]

Chile (m)	Chile	[ˈtʂilə]
chileno (m)	chilener (m)	[tʂiˈlenər]
chilena (f)	chilensk kvinne (m/f)	[tʂiˈlensk ˌkvinə]
chileno (adj)	chilensk	[tʂiˈlensk]

Bolivia (f)	Bolivia	[bɔˈlivia]
Venezuela (f)	Venezuela	[venesʉˈɛla]
Paraguay (m)	Paraguay	[pɑrɑgˈwaj]
Perú (m)	Peru	[peˈruː]

Surinam (m)	Surinam	[ˈsʉriˌnam]
Uruguay (m)	Uruguay	[ʉrygʉˈaj]
Ecuador (m)	Ecuador	[ɛkʊɑˈdɔr]

Islas (f pl) Bahamas	Bahamas	[bɑˈhamas]
Haití (m)	Haiti	[hɑˈiti]
República (f) Dominicana	Dominikanske Republikken	[dʉminiˈkɑnskə repʉˈblikən]
Panamá (f)	Panama	[ˈpanama]
Jamaica (f)	Jamaica	[ʂɑˈmajka]

240. África

Egipto (m)	Egypt	[ɛˈgypt]
egipcio (m)	egypter (m)	[ɛˈgyptər]
egipcia (f)	egyptisk kvinne (m/f)	[ɛˈgyptisk ˌkvinə]
egipcio (adj)	egyptisk	[ɛˈgyptisk]

Marruecos (m)	Marokko	[maˈrɔkʊ]
marroquí (m)	marokkaner (m)	[marɔˈkanər]
marroquí (f)	marokkansk kvinne (m/f)	[marɔˈkansk ˌkvinə]
marroquí (adj)	marokkansk	[marɔˈkansk]

Túnez (m)	Tunisia	[ˈtʉˈnisia]
tunecino (m)	tuneser (m)	[tʉˈnesər]
tunecina (f)	tunesisk kvinne (m/f)	[tʉˈnesisk ˌkvinə]
tunecino (adj)	tunesisk	[tʉˈnesisk]

Ghana (f)	Ghana	[ˈgana]
Zanzíbar (m)	Zanzibar	[ˈsansibar]
Kenia (f)	Kenya	[ˈkenya]
Libia (f)	Libya	[ˈlibia]
Madagascar (m)	Madagaskar	[madaˈgaskar]
Namibia (f)	Namibia	[naˈmibia]
Senegal (m)	Senegal	[seneˈgal]
Tanzania (f)	Tanzania	[ˈtansaˌnia]
República (f) Sudafricana	Republikken Sør-Afrika	[repʉˈbliken ˈsørˌafrika]

africano (m)	afrikaner (m)	[afriˈkanər]
africana (f)	afrikansk kvinne (m)	[afriˈkansk ˌkvinə]
africano (adj)	afrikansk	[afriˈkansk]

241. Australia. Oceanía

Australia (f)	Australia	[au'strɑlia]
australiano (m)	australier (m)	[au'straliər]
australiana (f)	australsk kvinne (m/f)	[au'strɑlsk ˌkvinə]
australiano (adj)	australsk	[au'strɑlsk]
Nueva Zelanda (f)	New Zealand	[njʉ'selɑn]
neocelandés (m)	newzealender (m)	[njʉ'selendər]
neocelandesa (f)	newzealandsk kvinne (m/f)	[njʉ'selɑnsk ˌkvinə]
neocelandés (adj)	newzealandsk	[njʉ'selɑnsk]
Tasmania (f)	Tasmania	[tɑs'mɑnia]
Polinesia (f) Francesa	Fransk Polynesia	['frɑnsk pɔly'nesia]

242. Las ciudades

Ámsterdam	Amsterdam	['amstɛrˌdam]
Ankara	Ankara	['ankara]
Atenas	Athen, Aten	[a'ten]
Bagdad	Bagdad	['bagdad]
Bangkok	Bangkok	['bankɔk]
Barcelona	Barcelona	[barsə'luna]
Beirut	Beirut	['bæjˌrʉt]
Berlín	Berlin	[bɛr'lin]
Mumbai	Bombay	['bɔmbɛj]
Bonn	Bonn	['bɔn]
Bratislava	Bratislava	[brati'slava]
Bruselas	Brussel	['brʉsɛl]
Bucarest	Bukarest	['bʉka'rɛst]
Budapest	Budapest	['bʉdapɛst]
Burdeos	Bordeaux	[bɔr'dɔː]
El Cairo	Kairo	['kajrʉ]
Calcuta	Calcutta	[kal'kʉta]
Chicago	Chicago	[ʂi'kagʉ]
Copenhague	København	['çøbənˌhavn]
Dar-es-Salam	Dar-es-Salaam	['daresaˌlam]
Delhi	Delhi	['dɛli]
Dubai	Dubai	['dʉbaj]
Dublín	Dublin	['døblin]
Dusseldorf	Düsseldorf	['dʉsəlˌdɔrf]
Estambul	Istanbul	['istanbʉl]
Estocolmo	Stockholm	['stɔkhɔlm]
Florencia	Firenze	[fi'rɛnsə]
Fráncfort del Meno	Frankfurt	['frankfʉːt]
Ginebra	Genève	[ʂe'nɛv]
La Habana	Havana	[ha'vɑna]
Hamburgo	Hamburg	['hambʉrg]

Hanói	Hanoi	['hanɔj]
La Haya	Haag	['hag]
Helsinki	Helsinki	['hɛlsinki]
Hiroshima	Hiroshima	[hiru'ʂima]
Hong Kong	Hongkong	['hɔn,kɔŋ]
Jerusalén	Jerusalem	[je'rʉsalem]
Kiev	Kiev	['ki:ef]
Kuala Lumpur	Kuala Lumpur	[kʉ'ala 'lʉmpʉr]
Lisboa	Lisboa	['lisbʉa]
Londres	London	['londɔn]
Los Ángeles	Los Angeles	[‚lɔs'ændʒələs]
Lyon	Lyon	[li'ɔn]
Madrid	Madrid	[ma'drid]
Marsella	Marseille	[mar'sɛj]
Ciudad de México	Mexico City	['mɛksikʉ 'siti]
Miami	Miami	[ma'jami]
Montreal	Montreal	[mɔntri'ɔl]
Moscú	Moskva	[mɔ'skva]
Múnich	München	['mʉnhən]
Nairobi	Nairobi	[naj'rʉbi]
Nápoles	Napoli	['napʉli]
Niza	Nice	['nis]
Nueva York	New York	[njʉ 'jork]
Oslo	Oslo	['ɔʂlʉ]
Ottawa	Ottawa	['ɔtava]
París	Paris	[pa'ris]
Pekín	Peking, Beijing	['pekiŋ], ['bɛjʒin]
Praga	Praha	['praha]
Río de Janeiro	Rio de Janeiro	['riu de ʂa'næjrʉ]
Roma	Roma	['rʉma]
San Petersburgo	Sankt Petersburg	[‚sankt 'petɛʂ‚bʉrg]
Seúl	Seoul	[se'u:l]
Shanghái	Shanghai	['ʂaŋhaj]
Singapur	Singapore	['siŋa'pɔr]
Sydney	Sydney	['sidni]
Taipei	Taipei	['tajpæj]
Tokio	Tokyo	['tɔkiʉ]
Toronto	Toronto	[tɔ'rɔntʉ]
Varsovia	Warszawa	[va'ʂava]
Venecia	Venezia	[ve'netsia]
Viena	Wien	['vin]
Washington	Washington	['vɔʂiŋtən]

243. La política. El gobierno. Unidad 1

política (f)	politikk (m)	[pʉli'tik]
político (adj)	politisk	[pʉ'litisk]

político (m)	politiker (m)	[puˈlitikər]
estado (m)	stat (m)	[ˈstat]
ciudadano (m)	statsborger (m)	[ˈstatsˌbɔrgər]
ciudadanía (f)	statsborgerskap (n)	[ˈstatsborgəˌskap]

| escudo (m) nacional | riksvåpen (n) | [ˈriksˌvɔpən] |
| himno (m) nacional | nasjonalsang (m) | [naʂuˈnalˌsaŋ] |

gobierno (m)	regjering (m/f)	[rɛˈjeriŋ]
jefe (m) de estado	landets leder (m)	[ˈlanɛts ˌledər]
parlamento (m)	parlament (n)	[paːˌlaˈmɛnt]
partido (m)	parti (n)	[paːˈti]

| capitalismo (m) | kapitalisme (n) | [kapitaˈlismə] |
| capitalista (adj) | kapitalistisk | [kapitaˈlistisk] |

| socialismo (m) | sosialisme (m) | [susiaˈlismə] |
| socialista (adj) | sosialistisk | [susiaˈlistisk] |

comunismo (m)	kommunisme (m)	[kumuˈnismə]
comunista (adj)	kommunistisk	[kumuˈnistisk]
comunista (m)	kommunist (m)	[kumuˈnist]

democracia (f)	demokrati (n)	[demukraˈti]
demócrata (m)	demokrat (m)	[demuˈkrat]
democrático (adj)	demokratisk	[demuˈkratisk]
Partido (m) Democrático	demokratisk parti (n)	[demuˈkratisk paːˈti]

| liberal (m) | liberaler (m) | [libəˈralər] |
| liberal (adj) | liberal | [libəˈral] |

| conservador (m) | konservativ (m) | [kunˈsɛrvaˌtiv] |
| conservador (adj) | konservativ | [kunˈsɛrvaˌtiv] |

república (f)	republikk (m)	[repuˈblik]
republicano (m)	republikaner (m)	[republiˈkanər]
Partido (m) Republicano	republikanske parti (n)	[republiˈkanskə paːˈti]

elecciones (f pl)	valg (n)	[ˈvalg]
elegir (vi)	å velge	[ɔ ˈvɛlgə]
elector (m)	velger (m)	[ˈvɛlgər]
campaña (f) electoral	valgkampanje (m)	[ˈvalg kamˈpanjə]

votación (f)	avstemning, votering (m)	[ˈafˌstɛmniŋ], [ˈvoteriŋ]
votar (vi)	å stemme	[ɔ ˈstɛmə]
derecho (m) a voto	stemmerett (m)	[ˈstɛməˌrɛt]

candidato (m)	kandidat (m)	[kandiˈdat]
presentarse como candidato	å kandidere	[ɔ kandiˈderə]
campaña (f)	kampanje (m)	[kamˈpanjə]

| de oposición (adj) | opposisjons- | [ɔpusiˈʂuns-] |
| oposición (f) | opposisjon (m) | [ɔpusiˈʂun] |

| visita (f) | besøk (n) | [beˈsøk] |
| visita (f) oficial | offisielt besøk (n) | [ɔfiˈsjɛlt beˈsøk] |

internacional (adj)	internasjonal	[ˈintɛːŋaʂuˌnɑl]
negociaciones (f pl)	forhandlinger (m pl)	[fɔrˈhɑndliŋər]
negociar (vi)	å forhandle	[ɔ fɔrˈhɑndlə]

244. La política. El gobierno. Unidad 2

sociedad (f)	samfunn (n)	[ˈsɑmˌfʉn]
constitución (f)	grunnlov (m)	[ˈgrʉnˌlɔv]
poder (m)	makt (m)	[ˈmɑkt]
corrupción (f)	korrupsjon (m)	[kʉrʉpˈʂʉn]

| ley (f) | lov (m) | [ˈlɔv] |
| legal (adj) | lovlig | [ˈlɔvli] |

| justicia (f) | rettferdighet (m) | [rɛtˈfærdiˌhet] |
| justo (adj) | rettferdig | [rɛtˈfærdi] |

comité (m)	komité (m)	[kʉmiˈte]
proyecto (m) de ley	lovforslag (n)	[ˈlɔvˌfoʂlɑg]
presupuesto (m)	budsjett (n)	[bʉdˈʂɛt]
política (f)	politikk (m)	[pʉliˈtik]
reforma (f)	reform (m/f)	[rɛˈfɔrm]
radical (adj)	radikal	[rɑdiˈkɑl]

potencia (f) (~ militar, etc.)	kraft (m/f)	[ˈkrɑft]
poderoso (adj)	mektig	[ˈmɛkti]
partidario (m)	tilhenger (m)	[ˈtilˌheŋər]
influencia (f)	innflytelse (m)	[ˈinˌflytəlsə]

régimen (m)	regime (n)	[rɛˈʂimə]
conflicto (m)	konflikt (m)	[kʉnˈflikt]
complot (m)	sammensvergelse (m)	[ˈsɑmənˌsværgəlsə]
provocación (f)	provokasjon (m)	[prʉvʉkaˈʂʉn]

derrocar (al régimen)	å styrte	[ɔ ˈstyːʈə]
derrocamiento (m)	styrting (m/f)	[ˈstyːʈiŋ]
revolución (f)	revolusjon (m)	[revʉlʉˈʂʉn]

| golpe (m) de estado | statskupp (n) | [ˈstɑtsˌkʉp] |
| golpe (m) militar | militærkupp (n) | [miliˈtærˌkʉp] |

crisis (f)	krise (m/f)	[ˈkrisə]
recesión (f) económica	økonomisk nedgang (m)	[økʉˈnɔmisk ˈnedˌgɑŋ]
manifestante (m)	demonstrant (m)	[demɔnˈstrɑnt]
manifestación (f)	demonstrasjon (m)	[demɔnstraˈʂʉn]
ley (f) marcial	krigstilstand (m)	[ˈkrigstilˌstɑn]
base (f) militar	militærbase (m)	[miliˈtærˌbasə]

| estabilidad (f) | stabilitet (m) | [stabiliˈtet] |
| estable (adj) | stabil | [stɑˈbil] |

explotación (f)	utbytting (m/f)	[ˈʉtˌbytiŋ]
explotar (vt)	å utbytte	[ɔ ˈʉtˌbytə]
racismo (m)	rasisme (m)	[rɑˈsismə]

racista (m)	rasist (m)	[rɑ'sist]
fascismo (m)	fascisme (m)	[fɑ'ʂismə]
fascista (m)	fascist (m)	[fɑ'ʂist]

245. Los países. Miscelánea

extranjero (m)	utlending (m)	['ʉtˌleniŋ]
extranjero (adj)	utenlandsk	['ʉtənˌlɑnsk]
en el extranjero	i utlandet	[i 'ʉtˌlɑnə]

emigrante (m)	emigrant (m)	[ɛmi'grɑnt]
emigración (f)	emigrasjon (m)	[ɛmigrɑ'ʂʉn]
emigrar (vi)	å emigrere	[ɔ ɛmi'grɛrə]

Oeste (m)	Vesten	['vɛstən]
Oriente (m)	Østen	['østən]
Extremo Oriente (m)	Det fjerne østen	['de 'fjæːɳə ˌøstɛn]
civilización (f)	sivilisasjon (m)	[sivilisɑ'ʂʉn]
humanidad (f)	menneskehet (rr)	['mɛnəskeˌhet]
mundo (m)	verden (m)	['værdən]
paz (f)	fred (m)	['frɛd]
mundial (adj)	verdens-	['værdəns-]

patria (f)	fedreland (n)	['fædrəˌlɑn]
pueblo (m)	folk (n)	['fɔlk]
población (f)	befolkning (m)	[be'fɔlkniŋ]
gente (f)	folk (n)	['fɔlk]
nación (f)	nasjon (m)	[nɑ'ʂʉn]
generación (f)	generasjon (m)	[generɑ'ʂʉn]
territorio (m)	territorium (n)	[tɛri'tʉrium]
región (f)	region (m)	[rɛgi'ʉn]
estado (m) (parte de un país)	delstat (m)	['delˌstɑt]

tradición (f)	tradisjon (m)	[trɑdi'ʂʉn]
costumbre (f)	skikk, sedvane (m)	['ʂik], ['sɛdˌvɑnə]
ecología (f)	økologi (m)	[økʉlʉ'gi]

indio (m)	indianer (m)	[indi'ɑnər]
gitano (m)	sigøyner (m)	[si'gøjnər]
gitana (f)	sigøynerske (m/f)	[si'gøjnəʂkə]
gitano (adj)	sigøynersk	[si'gøjnəʂk]

imperio (m)	imperium, keiserrike (n)	['im'perium], ['kæjsəˌrike]
colonia (f)	koloni (m)	[kʉlu'ni]
esclavitud (f)	slaveri (n)	[slɑvɛ'ri]
invasión (f)	invasjon (m)	[invɑ'ʂʉn]
hambruna (f)	hungersnød (m/f)	['hʉŋɛʂˌnød]

246. Grupos religiosos principales. Las confesiones

| religión (f) | religion (m) | [religi'ʉn] |
| religioso (adj) | religiøs | [reli'gjøs] |

creencia (f)	tro (m)	['truː]
creer (en Dios)	å tro	[ɔ 'truː]
creyente (m)	troende (m)	['truɛnə]
ateísmo (m)	ateisme (m)	[ate'ismə]
ateo (m)	ateist (m)	[ate'ist]
cristianismo (m)	kristendom (m)	['kristən‚dɔm]
cristiano (m)	kristen (m)	['kristən]
cristiano (adj)	kristelig	['kristəli]
catolicismo (m)	katolisisme (m)	[katʊli'sismə]
católico (m)	katolikk (m)	[katʊ'lik]
católico (adj)	katolsk	[ka'tʊlsk]
protestantismo (m)	protestantisme (m)	[prʊtɛstan'tismə]
Iglesia (f) protestante	den protestantiske kirke	[den prʊtɛ'stantiskə ‚çirkə]
protestante (m)	protestant (m)	[prʊtɛ'stant]
ortodoxia (f)	ortodoksi (m)	[ɔ:tʊdʊk'si]
Iglesia (f) ortodoxa	den ortodokse kirke	[den ɔ:tʊ'dɔksə ‚çirkə]
ortodoxo (m)	ortodoks (n)	[ɔ:tʊ'dɔks]
presbiterianismo (m)	presbyterianisme (m)	[prɛsbytæria'nismə]
Iglesia (f) presbiteriana	den presbyterianske kirke	[den prɛsbyteri'anskə ‚çirkə]
presbiteriano (m)	presbyterianer (m)	[prɛsbytæri'anər]
Iglesia (f) luterana	lutherdom (m)	[lʉtər'dɔm]
luterano (m)	lutheraner (m)	[lʉtə'ranər]
Iglesia (f) bautista	baptisme (m)	[bap'tismə]
bautista (m)	baptist (m)	[bap'tist]
Iglesia (f) anglicana	den anglikanske kirke	[den aŋli'kanskə ‚çirkə]
anglicano (m)	anglikaner (m)	[aŋli'kanər]
mormonismo (m)	mormonisme (m)	[mɔrmɔ'nismə]
mormón (m)	mormon (m)	[mʊr'mʊn]
judaísmo (m)	judaisme (m)	['jʉda‚ismə]
judío (m)	judeer (m)	['jʉ'deər]
budismo (m)	buddhisme (m)	[bʉ'dismə]
budista (m)	buddhist (m)	[bʉ'dist]
hinduismo (m)	hinduisme (m)	[hindʉ'ismə]
hinduista (m)	hindu (m)	['hindʉ]
Islam (m)	islam	['islam]
musulmán (m)	muslim (m)	[mʉ'slim]
musulmán (adj)	muslimsk	[mʉ'slimsk]
chiísmo (m)	sjiisme (m)	[ʂi'ismə]
chiita (m)	sjiitt (m)	[ʂi'it]
sunismo (m)	sunnisme (m)	[sʉ'nismə]
suní (m, f)	sunnimuslim (m)	['sʉni mʉs‚lim]

247. Las religiones. Los sacerdotes

sacerdote (m)	prest (m)	['prɛst]
Papa (m)	Paven	['pɑvən]
monje (m)	munk (m)	['mʉnk]
monja (f)	nonne (m/f)	['nɔnə]
pastor (m)	pastor (m)	['pɑstʉr]
abad (m)	abbed (m)	['ɑbed]
vicario (m)	sogneprest (m)	['sɔŋnə,prɛst]
obispo (m)	biskop (m)	['biskɔp]
cardenal (m)	kardinal (m)	[kɑːdi'nɑl]
predicador (m)	predikant (m)	[prɛdi'kɑnt]
prédica (f)	preken (m)	['prɛkən]
parroquianos (pl)	menighet (m/f)	['meni,het]
creyente (m)	troende (m)	['trʉenə]
ateo (m)	ateist (m)	[ɑte'ist]

248. La fe. El cristianismo. El islamismo

Adán	Adam	['ɑdɑm]
Eva	Eva	['ɛvɑ]
Dios (m)	Gud (m)	['gʉd]
Señor (m)	Herren	['hærən]
el Todopoderoso	Den Allmektige	[den ɑl'mɛktiə]
pecado (m)	synd (m/f)	['sʏn]
pecar (vi)	å synde	[ɔ 'sʏnə]
pecador (m)	synder (m)	['sʏnər]
pecadora (f)	synderinne (m)	['sʏnə,rinə]
infierno (m)	helvete (n)	['hɛlvetə]
paraíso (m)	paradis (n)	['pɑrɑ,dis]
Jesús	Jesus	['jesʉs]
Jesucristo (m)	Jesus Kristus	['jesʉs ,kristʉs]
el Espíritu Santo	Den Hellige Ånd	[dən 'hɛliə ,on]
el Salvador	Frelseren	['frelserən]
la Virgen María	Jomfru Maria	['jomfrʉ mɑ,riɑ]
el Diablo	Djevel (m)	['djevəl]
diabólico (adj)	djevelsk	['djevəlsk]
Satán (m)	Satan	['sɑtɑn]
satánico (adj)	satanisk	[sɑ'tɑnisk]
ángel (m)	engel (m)	['ɛŋəl]
ángel (m) custodio	skytsengel (m)	['ʂʏts,ɛŋəl]
angelical (adj)	engle-	['ɛŋlə-]

apóstol (m)	apostel (m)	[a'pɔstəl]
arcángel (m)	erkeengel (m)	['ærkə‚æŋəl]
anticristo (m)	Antikrist	['anti‚krist]

Iglesia (f)	kirken (m)	['çirkən]
Biblia (f)	bibel (m)	['bibəl]
bíblico (adj)	bibelsk	['bibəlsk]

Antiguo Testamento (m)	Det Gamle Testamente	[de 'gamlə tɛsta'mentə]
Nuevo Testamento (m)	Det Nye Testamente	[de 'nye tɛsta'mentə]
Evangelio (m)	evangelium (n)	[ɛvan'gelium]
Sagrada Escritura (f)	Den Hellige Skrift	[dən 'hɛliə ‚skrift]
cielo (m)	Himmerike (n)	['himə‚rikə]

mandamiento (m)	bud (n)	['bʉd]
profeta (m)	profet (m)	[prʊ'fet]
profecía (f)	profeti (m)	[prʊfe'ti]

Alá	Allah	['ala]
Mahoma	Muhammed	[mʉ'hamed]
Corán, Korán (m)	Koranen	[kʊ'ranən]

mezquita (f)	moské (m)	[mʊ'ske]
mulá (m), mullah (m)	mulla (m)	['mʉla]
oración (f)	bønn (m)	['bœn]
orar, rezar (vi)	å be	[ɔ 'be]

peregrinación (f)	pilegrimsreise (m/f)	['pilɛgrims‚ræjsə]
peregrino (m)	pilegrim (m)	['pilɛgrim]
La Meca	Mekka	['mɛka]

iglesia (f)	kirke (m/f)	['çirkə]
templo (m)	tempel (n)	['tɛmpəl]
catedral (f)	katedral (m)	[kate'dral]
gótico (adj)	gotisk	['gɔtisk]
sinagoga (f)	synagoge (m)	[syna'gʊgə]
mezquita (f)	moské (m)	[mʊ'ske]

capilla (f)	kapell (n)	[ka'pɛl]
abadía (f)	abbedi (n)	['abedi]
convento (m)	kloster (n)	['klɔstər]
monasterio (m)	kloster (n)	['klɔstər]

campana (f)	klokke (m/f)	['klɔkə]
campanario (m)	klokketårn (n)	['klɔkə‚toːŋ]
sonar (vi)	å ringe	[ɔ 'riŋə]

cruz (f)	kors (n)	['kɔːʂ]
cúpula (f)	kuppel (m)	['kʉpəl]
icono (m)	ikon (m/n)	[i'kʊn]

alma (f)	sjel (m)	['ʂɛl]
destino (m)	skjebne (m)	['ʂɛbnə]
maldad (f)	ondskap (n)	['ʊn‚skap]
bien (m)	godhet (m)	['gʊ‚het]
vampiro (m)	vampyr (m)	[vam'pyr]

bruja (f)	heks (m)	['hɛks]
demonio (m)	demon (m)	[de'mʊn]
espíritu (m)	ånd (m)	['ɔn]

| redención (f) | forløsning (m/f) | [fɔ:'lϕsniŋ] |
| redimir (vt) | å sone | [ɔ 'sʊnə] |

culto (m), misa (f)	gudstjeneste (m)	['gʉts͵tjenɛstə]
decir misa	å holde gudstjeneste	[ɔ 'hɔldə 'gʉts͵tjenɛstə]
confesión (f)	skriftemål (n)	['skriftə͵mol]
confesarse (vr)	å skrifte	[ɔ 'skriftə]

santo (m)	helgen (m)	['hɛlgən]
sagrado (adj)	hellig	['hɛli]
agua (f) santa	vievann (n)	['viə͵vɑn]

rito (m)	ritual (n)	[ritʉ'ɑl]
ritual (adj)	rituell	[ritʉ'ɛl]
sacrificio (m)	ofring (m/f)	['ɔfriŋ]

superstición (f)	overtro (m)	['ɔvə͵trʊ]
supersticioso (adj)	overtroisk	['ɔvə͵trʊisk]
vida (f) de ultratumba	livet etter dette	['livə ͵ɛtər 'dɛtə]
vida (f) eterna	det evige liv	[de ͵eviə 'liv]

MISCELÁNEA

249. Varias palabras útiles

Español	Noruego	Pronunciación
alto (m) (parada temporal)	stopp (m), hvile (m/f)	['stɔp], ['vilə]
ayuda (f)	hjelp (m)	['jɛlp]
balance (m)	balanse (m)	[ba'lansə]
barrera (f)	hinder (n)	['hindər]
base (f) (~ científica)	basis (n)	['basis]
categoría (f)	kategori (m)	[kategʊ'ri]
causa (f)	årsak (m/f)	['oːˌsɑk]
coincidencia (f)	sammenfall (n)	['samənˌfɑl]
comienzo (m) (principio)	begynnelse (m)	[be'jinəlsə]
comparación (f)	sammenlikning (m)	['samənˌlikniŋ]
compensación (f)	kompensasjon (m)	[kʊmpɛnsa'ʂʊn]
confortable (adj)	bekvem	[be'kvem]
cosa (f) (objeto)	ting (m)	['tiŋ]
crecimiento (m)	vekst (m)	['vɛkst]
desarrollo (m)	utvikling (m/f)	['ʉtˌvikliŋ]
diferencia (f)	skilnad, forskjell (m)	['ʂilnad], ['fɔːʂɛl]
efecto (m)	effekt (m)	[ɛ'fɛkt]
ejemplo (m)	eksempel (n)	[ɛk'sɛmpəl]
variedad (f) (selección)	valg (n)	['valg]
elemento (m)	element (n)	[ɛle'mɛnt]
error (m)	feil (m)	['fæjl]
esfuerzo (m)	anstrengelse (m)	['anˌstrɛŋəlsə]
estándar (adj)	standard-	['stanˌdɑr-]
estándar (m)	standard (m)	['stanˌdɑr]
estilo (m)	stil (m)	['stil]
fin (m)	slutt (m)	['ʂlʉt]
fondo (m) (color de ~)	bakgrunn (m)	['bakˌgrʉn]
forma (f) (contorno)	form (m/f)	['fɔrm]
frecuente (adj)	hyppig	['hʏpi]
grado (m) (en mayor ~)	grad (m)	['grad]
hecho (m)	faktum (n)	['faktum]
ideal (m)	ideal (n)	[ide'al]
laberinto (m)	labyrint (m)	[laby'rint]
modo (m) (de otro ~)	måte (m)	['moːtə]
momento (m)	moment (n)	[mɔ'mɛnt]
objeto (m)	objekt (n)	[ɔb'jɛkt]
obstáculo (m)	hindring (m/f)	['hindriŋ]
original (m)	original (m)	[ɔrigi'nal]
parte (f)	del (m)	['del]

partícula (f)	partikel (m)	[pɑ:'ʈikəl]
pausa (f)	pause (m)	['pausə]
posición (f)	posisjon (m)	[pɔsi'ʂʊn]
principio (m) (tener por ~)	prinsipp (n)	[prin'sip]
problema (m)	problem (n)	[prʊ'blem]

proceso (m)	prosess (m)	[prʊ'sɛs]
progreso (m)	fremskritt (n)	['frɛm‚skrit]
propiedad (f) (cualidad)	egenskap (m)	['ɛgən‚skɑp]
reacción (f)	reaksjon (m)	[rɛak'ʂʊn]

riesgo (m)	risiko (m)	['risikʊ]
secreto (m)	hemmelighet (m/f)	['hɛməli‚het]
serie (f)	serie (m)	['seriə]
sistema (m)	system (n)	[sʏ'stem]
situación (f)	situasjon (m)	[situa'ʂʊn]

solución (f)	løsning (m)	['løsniŋ]
tabla (f) (~ de multiplicar)	tabell (m)	[ta'bɛl]
tempo (m) (ritmo)	tempo (n)	['tɛmpʊ]
término (m)	term (m)	['tɛrm]

tipo (m) (p.ej. ~ de deportes)	slags (n)	['ʂlɑks]
tipo (m) (no es mi ~)	type (m)	['typə]
turno (m) (esperar su ~)	tur (m)	['tʉr]
urgente (adj)	omgående	['ɔm‚gɔ:nə]

urgentemente	omgående	['ɔm‚gɔ:nə]
utilidad (f)	nytte (m/f)	['nʏtə]
variante (f)	variant (m)	[vari'ant]
verdad (f)	sannhet (m)	['san‚het]
zona (f)	sone (m/f)	['sʊnə]

250. Los adjetivos. Unidad 1

abierto (adj)	åpen	['ɔpən]
adicional (adj)	ytterligere	['ytə‚ḷiərə]
agradable (~ voz)	trivelig, behagelig	['trivli], [be'hɑgli]
agradecido (adj)	takknemlig	[tak'nɛmli]

agrio (sabor ~)	sur	['sʉr]
agudo (adj)	skarp	['skɑrp]
alegre (adj)	glad, munter	['glɑ], ['mʉntər]
amargo (adj)	bitter	['bitər]

amplio (~a habitación)	rommelig	['rʊmeli]
ancho (camino ~)	bred	['bre]
antiguo (adj)	oldtidens, antikkens	['ɔl‚tidəns], [ɑn'tikəns]
apretado (falda ~a)	trange	['traŋə]

arriesgado (adj)	risikabel	[risi'kabəl]
artificial (adj)	kunstig	['kʉnsti]
azucarado, dulce (adj)	søt	['søt]
bajo (voz ~a)	lav	['lɑv]

barato (adj)	billig	['bili]
bello (hermoso)	vakker	['vakər]
blando (adj)	bløt	['bløt]
bronceado (adj)	solbrent	['sʊlˌbrɛnt]
bueno (de buen corazón)	god	['gʊ]

bueno (un libro, etc.)	bra	['bra]
caliente (adj)	het, varm	['het], ['varm]
calmo, tranquilo	rolig	['rʊli]
cansado (adj)	trett	['trɛt]

cariñoso (un padre ~)	omsorgsfull	['ɔmˌsɔrgsfʊl]
caro (adj)	dyr	['dyr]
central (adj)	sentral	[sɛn'tral]
cerrado (adj)	stengt	['stɛŋt]
ciego (adj)	blind	['blin]

civil (derecho ~)	sivil	[si'vil]
clandestino (adj)	hemmelig	['hɛməli]
claro (color)	lys	['lys]
claro (explicación, etc.)	klar	['klar]
compatible (adj)	forenelig	[fɔ'renli]

congelado (pescado ~)	frossen, dypfryst	['frɔsən], ['dypˌfryst]
conjunto (decisión ~a)	felles	['fɛləs]
considerable (adj)	betydelig	[be'tydəli]
contento (adj)	nøgd, tilfreds	['nøgd], [til'frɛds]
continuo (adj)	langvarig	['laŋˌvari]

continuo (incesante)	uavbrutt	[ʉ:'avˌbrʉt]
conveniente (apto)	egnet	['æjnət]
correcto (adj)	riktig	['rikti]
cortés (adj)	høflig	['høfli]
corto (adj)	kort	['kʊːt]

crudo (huevos ~s)	rå	['rɔ]
de atrás (adj)	bak-	['bak-]
de corta duración (adj)	kortvarig	['kʊːtˌvari]
de segunda mano	brukt, secondhand	['brʉkt], ['sekɔnˌhɛŋ]
delgado (adj)	slank, tynn	['ʂlaŋk], ['tʏn]

flaco, delgado (adj)	benete, mager	['benetə], ['magər]
denso (~a niebla)	tykk	['tʏk]
derecho (adj)	høyre	['højrə]
diferente (adj)	ulike	['ʉlikə]
difícil (decisión)	svær	['svær]

difícil (problema ~)	komplisert	[kʊmpli'sɛːt]
distante (adj)	fjern	['fjæːn]
dulce (agua ~)	fersk-	['fæʂk-]
duro (material, etc.)	hard	['har]

el más alto	høyest	['højɛst]
el más importante	viktigste	['viktigstə]
el más próximo	nærmeste	['nærmɛstə]
enfermo (adj)	syk	['syk]

enorme (adj)	enorm	[ɛ'nɔrm]
entero (adj)	hel	['hel]
especial (adj)	spesial	[spesi'al]
espeso (niebla ~a)	tykk	['tʏk]
estrecho (calle, etc.)	smal	['smal]

exacto (adj)	presis, eksakt	[prɛ'sis], [ɛk'sakt]
excelente (adj)	utmerket	['ʉt‚mærkət]
excesivo (adj)	overdreven	['ɔvə‚dɽevən]
exterior (adj)	ytre	['ytrə]
extranjero (adj)	utenlandsk	['ʉtən‚lansk]

fácil (adj)	lett	['let]
fatigoso (adj)	trøttende	['trœtɛnə]
feliz (adj)	lykkelig	['lʏkəli]
fértil (la tierra ~)	fruktbar	['frʉkt‚bɑr]

frágil (florero, etc.)	skjør	['ʂør]
fresco (está ~ hoy)	kjølig	['çœli]
fresco (pan, etc.)	fersk	['fæʂk]
frío (bebida ~a, etc.)	kald	['kal]

fuerte (~ voz)	høy	['høj]
fuerte (adj)	sterk	['stærk]
grande (en dimensiones)	stor	['stʉr]
graso (alimento ~)	fet	['fet]

gratis (adj)	gratis	['gratis]
grueso (muro, etc.)	tykk	['tʏk]
hambriento (adj)	sulten	['sʉltən]
hermoso (~ palacio)	vakker	['vakər]
hostil (adj)	fiendtlig	['fjɛntli]

húmedo (adj)	fuktig	['fʉkti]
igual, idéntico (adj)	samme, lik	['samə], ['lik]
importante (adj)	viktig	['vikti]
imposible (adj)	umulig	[ʉ'mʉli]

imprescindible (adj)	nødvendig	['nød‚vɛndi]
indescifrable (adj)	uforståelig	[ʉfɔ'ʂtɔəli]
infantil (adj)	barne-	['bɑː‚ŋə-]
inmóvil (adj)	ubevegelig, urørlig	[ʉbe'vɛgli], [ʉ'røːli]
insignificante (adj)	ubetydelig	[ʉbe'tydəli]

inteligente (adj)	klok	['klʉk]
interior (adj)	indre	['indrə]
izquierdo (adj)	venstre	['vɛnstrə]
joven (adj)	ung	['ʉŋ]

251. Los adjetivos. Unidad 2

largo (camino)	lang	['laŋ]
legal (adj)	lovlig	['lɔvli]
lejano (adj)	fjern	['fjæːn̩]

libre (acceso ~)	fri	['fri]
ligero (un metal ~)	lett	['let]

limitado (adj)	begrenset	[be'grɛnsət]
limpio (camisa ~)	ren	['ren]
líquido (adj)	flytende	['flytnə]
liso (piel, pelo, etc.)	glatt	['glat]
lleno (adj)	full	['fʉl]

maduro (fruto, etc.)	moden	['mʊdən]
malo (adj)	dårlig	['do:ḷi]
mas próximo	nær	['nær]
mate (sin brillo)	matt	['mat]
meticuloso (adj)	nøyaktig	['nøjakti]

miope (adj)	nærsynt	['næˌsynt]
misterioso (adj)	mystisk	['mʏstisk]
mojado (adj)	våt	['vɔt]
moreno (adj)	mørkhudet	['mœrkˌhʉdət]
muerto (adj)	død	['dø]

natal (país ~)	hjem-	['jɛm-]
necesario (adj)	nødvendig	['nødˌvɛndi]
negativo (adj)	negativ	['negaˌtiv]
negligente (adj)	slurvet	['ṣlʉrvət]
nervioso (adj)	nervøs	[nær'vøs]

no difícil (adj)	lett	['let]
no muy grande (adj)	liten, ikke stor	['litən], [ˌikə 'stʊr]
normal (adj)	normal	[nɔr'mal]
nuevo (adj)	ny	['ny]
obligatorio (adj)	obligatorisk	[ɔbligaˈtʊrisk]

opuesto (adj)	motsatt	['mʊtˌsat]
ordinario (adj)	vanlig	['vanli]
original (inusual)	original	[ɔrigi'nal]
oscuro (cuarto ~)	mørk	['mœrk]
pasado (tiempo ~)	forrige	['foriə]

peligroso (adj)	farlig	['fɑ:ḷi]
pequeño (adj)	liten	['litən]
perfecto (adj)	utmerket	['ʉtˌmærkət]
permanente (adj)	fast, permanent	['fast], ['pɛrmaˌnɛnt]
personal (adj)	personlig	[pæ'ṣʊnli]

pesado (adj)	tung	['tʉŋ]
plano (pantalla ~a)	flat	['flat]
plano (superficie ~a)	jevn	['jɛvn]
pobre (adj)	fattig	['fati]
indigente (adj)	utfattig	['ʉtˌfati]

poco claro (adj)	uklar	['ʉˌklɑr]
poco profundo (adj)	grunn	['grʉn]
posible (adj)	mulig	['mʉli]
precedente (adj)	foregående	['fɔrəˌgo:ŋə]
presente (momento ~)	nåværende	['nɔˌværenə]

principal (~ idea)	hoved-, prinsipal	['hɔvəd-], ['prinsi‚pɑl]
principal (la entrada ~)	hoved-	['hɔvəd-]
privado (avión ~)	privat	[pri'vɑt]
probable (adj)	sannsynlig	[sɑn'sʏnli]
próximo (cercano)	nær	['nær]
público (adj)	offentlig	['ɔfentli]
puntual (adj)	punktlig	['pʉnktli]
rápido (adj)	hastig	['hɑsti]
raro (adj)	sjelden	['ʂɛlən]
recto (línea ~a)	rett	['rɛt]
sabroso (adj)	lekker	['lekər]
salado (adj)	salt	['sɑlt]
satisfecho (cliente)	fornøyd, tilfreds	[fɔr'nøjd], [til'frɛds]
seco (adj)	tørr	['tœr]
seguro (no peligroso)	sikker	['sikər]
siguiente (avión, etc.)	neste	['nɛstə]
similar (adj)	lik	['lik]
simpático, amable (adj)	snill	['snil]
simple (adj)	enkel	['ɛnkəl]
sin experiencia (adj)	uerfaren	[ʉer'fɑrən]
sin nubes (adj)	skyfri	['ʂy‚fri]
soleado (un día ~)	solrik	['sʉl‚rik]
sólido (~a pared)	solid, holdbar	[sʉ'lid], ['hɔl‚bɑr]
sombrío (adj)	mørk	['mœrk]
sucio (no limpio)	skitten	['ʂitən]
templado (adj)	varm	['vɑrm]
tenue (una ~ luz)	svak	['svɑk]
tierno (afectuoso)	øm	['øm]
tonto (adj)	dum	['dʉm]
tranquilo (adj)	rolig	['rʉli]
transparente (adj)	transparent	['trɑnspɑ‚rɑŋ]
triste (adj)	sørgmodig	[sør'mʉdi]
triste (mirada ~)	trist	['trist]
último (~a oportunidad)	sist	['sist]
último (~a vez)	forrige	['fɔriə]
único (excepcional)	unik	[ʉ'nik]
vacío (vaso medio ~)	tom	['tɔm]
vario (adj)	forskjellig	[fɔ'ʂɛli]
vecino (casa ~a)	nabo-	['nɑbʉ-]
viejo (casa ~a)	gammel	['gɑməl]

LOS 500 VERBOS PRINCIPALES

252. Los verbos A-C

abandonar (vt)	å forlate, å etterlate	[ɔ fɔ'lɑtə], [ɔ ɛtə'lɑtə]
abrazar (vt)	å omfavne	[ɔ 'ɔmˌfɑvnə]
abrir (vt)	å åpne	[ɔ 'ɔpnə]
aburrirse (vr)	å kjede seg	[ɔ 'çedə sæj]
acariciar (~ el cabello)	å stryke	[ɔ 'strykə]
acercarse (vr)	å nærme seg	[ɔ 'nærmə sæj]
acompañar (vt)	å følge	[ɔ 'følə]
aconsejar (vt)	å råde	[ɔ 'roːdə]
actuar (vi)	å handle	[ɔ 'handlə]
acusar (vt)	å anklage	[ɔ 'anˌklɑgə]
adiestrar (~ animales)	å dressere	[ɔ drɛ'serə]
adivinar (vt)	å gjette	[ɔ 'jɛtə]
admirar (vt)	å beundre	[ɔ be'ʉndrə]
adular (vt)	å smigre	[ɔ 'smigrə]
advertir (avisar)	å advare	[ɔ 'adˌvɑrə]
afeitarse (vr)	å barbere seg	[ɔ bɑr'berə sæj]
afirmar (vt)	å påstå	[ɔ 'poˌstɔ]
agitar la mano	å vinke	[ɔ 'vinkə]
agradecer (vt)	å takke	[ɔ 'takə]
ahogarse (vr)	å drukne	[ɔ 'drʉknə]
aislar (al enfermo, etc.)	å isolere	[ɔ isʉ'lerə]
alabarse (vr)	å prale	[ɔ 'prɑlə]
alimentar (vt)	å mate	[ɔ 'mɑtə]
almorzar (vi)	å spise lunsj	[ɔ 'spisə ˌlʉnʂ]
alquilar (~ una casa)	å leie	[ɔ 'læjə]
alquilar (barco, etc.)	å leie	[ɔ 'læjə]
aludir (vi)	å insinuere	[ɔ insinʉ'erə]
alumbrar (vt)	å belyse	[ɔ be'lysə]
amarrar (vt)	å fortøye	[ɔ fɔː'tøjə]
amenazar (vt)	å true	[ɔ 'trʉə]
amputar (vt)	å amputere	[ɔ ampʉ'terə]
añadir (vt)	å tilføye	[ɔ 'tilˌføjə]
anotar (vt)	å notere	[ɔ nʉ'terə]
anular (vt)	å avlyse, å annullere	[ɔ 'avˌlysə], [ɔ anʉ'lerə]
apagar (~ la luz)	å slokke	[ɔ 'ʂløkə]
aparecer (vi)	å dukke opp	[ɔ 'dʉkə ɔp]
aplastar (insecto, etc.)	å knuse	[ɔ 'knʉsə]
aplaudir (vi, vt)	å applaudere	[ɔ aplau'derə]

apoyar (la decisión)	å støtte	[ɔ 'stœtə]
apresurar (vt)	å skynde	[ɔ 'şynə]
apuntar a ...	å sikte på ...	[ɔ 'siktə pɔ ...]
arañar (vt)	å klore	[ɔ 'klɔrə]
arrancar (vt)	å rive av	[ɔ 'rivə ɑ:]

arrepentirse (vr)	å beklage	[ɔ be'klɑgə]
arriesgar (vt)	å risikere	[ɔ risi'kerə]
asistir (vt)	å assistere	[ɔ ɑsi'sterə]
aspirar (~ a algo)	å aspirere	[ɔ ɑspi'rerə]

atacar (mil.)	å angripe	[ɔ 'ɑnˌgripə]
atar (cautivo)	å binde	[ɔ 'binə]
atar a ...	å binde fast	[ɔ 'binə 'fɑst]
aumentar (vt)	å øke	[ɔ 'økə]
aumentarse (vr)	å øke	[ɔ 'økə]

autorizar (vt)	å tillate	[ɔ 'tiˌlɑtə]
avanzarse (vr)	å gå framover	[ɔ 'gɔ ˌfrɑm'ɔvər]
avistar (vt)	å bemerke	[ɔ be'mærkə]
ayudar (vt)	å hjelpe	[ɔ 'jɛlpə]

bajar (vt)	å heise ned	[ɔ 'hæjsə ne]
bañar (~ al bebé)	å bade	[ɔ 'bɑdə]
bañarse (vr)	å bade	[ɔ 'bɑdə]
beber (vi, vt)	å drikke	[ɔ 'drikə]
borrar (vt)	å viske ut	[ɔ 'viskə ʉt]

brillar (vi)	å skinne	[ɔ 'şinə]
bromear (vi)	å spøke	[ɔ 'spøkə]
bucear (vi)	å dykke	[ɔ 'dʏkə]
burlarse (vr)	å håne	[ɔ 'hɔ:nə]

buscar (vt)	å søke ...	[ɔ 'søkə ...]
calentar (vt)	å varme	[ɔ 'vɑrmə]
callarse (no decir nada)	å tie	[ɔ 'tie]
calmar (vt)	å berolige	[ɔ be'rʉliə]
cambiar (de opinión)	å endre	[ɔ 'ɛndrə]

cambiar (vt)	å veksle	[ɔ 'vɛkslə]
cansar (vt)	å trette	[ɔ 'trɛtə]
cargar (camión, etc.)	å laste	[ɔ 'lɑstə]
cargar (pistola)	å lade	[ɔ 'lɑdə]
casarse (con una mujer)	å gifte seg	[ɔ 'jiftə sæj]

castigar (vt)	å straffe	[ɔ 'strɑfə]
cavar (fosa, etc.)	å grave	[ɔ 'grɑvə]
cazar (vi, vt)	å jage	[ɔ 'jɑgə]
ceder (vi, vt)	å gi etter	[ɔ 'ji 'ɛtər]

cegar (deslumbrar)	å blende	[ɔ 'blenə]
cenar (vi)	å spise middag	[ɔ 'spisə 'miˌdɑ]
cerrar (vt)	å lukke	[ɔ 'lʉkə]
cesar (vt)	å slutte	[ɔ 'şlʉtə]
citar (vt)	å sitere	[ɔ si'terə]
coger (flores, etc.)	å plukke	[ɔ 'plʉkə]

coger (pelota, etc.)	å fange	[ɔ 'faŋə]
colaborar (vi)	å samarbeide	[ɔ 'samar,bæjdə]
colgar (vt)	å henge	[ɔ 'hɛŋe]
colocar (poner)	å plassere	[ɔ pla'serə]
combatir (vi)	å kjempe	[ɔ 'çɛmpə]
comenzar (vt)	å begynne	[ɔ be'jinə]
comer (vi, vt)	å spise	[ɔ 'spisə]
comparar (vt)	å sammenlikne	[ɔ 'samən,liknə]
compensar (vt)	å kompensere	[ɔ kʊmpen'serə]
competir (vi)	å konkurrere	[ɔ kʊnkʊ'rerə]
compilar (~ una lista)	å sammenstille	[ɔ 'samən,stilə]
complicar (vt)	å komplisere	[ɔ kʊmpli'serə]
componer (música)	å komponere	[ɔ kʊmpʊ'nerə]
comportarse (vr)	å oppføre seg	[ɔ 'ɔp,førə sæj]
comprar (vt)	å kjøpe	[ɔ 'çœ:pə]
comprender (vt)	å forstå	[ɔ fo'ʂtɔ]
comprometer (vt)	å kompromittere	[ɔ kʊmprʊmi'terə]
informar (~ a la policía)	å meddele	[ɔ 'mɛd,delə]
concentrarse (vr)	å konsentrere seg	[ɔ kʊnsen'trerə sæj]
condecorar (vt)	å belønne	[ɔ be'lœnə]
conducir el coche	å kjøre bil	[ɔ 'çœ:rə ,bil]
confesar (un crimen)	å tilstå	[ɔ 'til,stɔ]
confiar (vt)	å stole på	[ɔ 'stʊlə pɔ]
confundir (vt)	å forveksle	[ɔ for'vɛkʂlə]
conocer (~ a alguien)	å kjenne	[ɔ 'çɛnə]
consultar (a un médico)	å konsultere	[ɔ kʊnsʊl'terə]
contagiar (vt)	å smitte	[ɔ 'smitə]
contagiarse (de …)	å bli smittet	[ɔ 'bli 'smitət]
contar (dinero, etc.)	å telle	[ɔ 'tɛlə]
contar (una historia)	å fortelle	[ɔ fɔ:'ʈɛlə]
contar con …	å regne med …	[ɔ 'rɛjnə me …]
continuar (vt)	å fortsette	[ɔ 'fɔrt,sɛtə]
contratar (~ a un abogado)	å ansette	[ɔ 'an,sɛtə]
controlar (vt)	å kontrollere	[ɔ kʊntrɔ'lerə]
convencer (vt)	å overbevise	[ɔ 'ɔvərbe,visə]
convencerse (vr)	å være overbevist	[ɔ 'værə 'ɔvərbe,vist]
coordinar (vt)	å koordinere	[ɔ kɔ:ɖi'nerə]
corregir (un error)	å rette	[ɔ 'rɛtə]
correr (vi)	å løpe	[ɔ 'løpə]
cortar (un dedo, etc.)	å skjære av	[ɔ 'ʂæ:rə a:]
costar (vt)	å koste	[ɔ 'kɔstə]
crear (vt)	å opprette	[ɔ 'ɔp,rɛtə]
creer (vt)	å tro	[ɔ 'trʊ]
cultivar (plantas)	å avle	[ɔ 'avlə]
curar (vt)	å behandle	[ɔ be'handlə]

234

253. Los verbos D-E

dar (algo a alguien)	å gi	[ɔ 'ji]
darse prisa	å skynde seg	[ɔ 'ʂynə sæj]
darse un baño	å vaske seg	[ɔ 'vɑskə sæj]
datar de ...	å datere seg	[ɔ dɑ'terə sæj]

deber (v aux)	å måtte	[ɔ 'mo:tə]
decidir (vt)	å beslutte	[ɔ be'ʂlʉtə]
decir (vt)	å si	[ɔ 'si]
decorar (para la fiesta)	å pryde	[ɔ 'prydə]

dedicar (vt)	å tilegne	[ɔ 'til,egnə]
defender (vt)	å forsvare	[ɔ fɔ'ʂvɑrə]
defenderse (vr)	å forsvare seg	[ɔ fɔ'ʂvɑrə sæj]
dejar caer	å tappe	[ɔ 'tɑpə]

dejar de hablar	å slutte å snakke	[ɔ 'ʂlʉtə ɔ 'snɑkə]
denunciar (vt)	å angi	[ɔ 'an,ji]
depender de ...	å avhenge av ...	[ɔ 'av,heŋə ɑ: ...]
derramar (líquido)	å spille	[ɔ 'spilə]

desamarrar (vt)	å kaste loss	[ɔ 'kɑstə lɔs]
desaparecer (vi)	å forsvinne	[ɔ fɔ'ʂvinə]
desatar (vt)	å løse opp	[ɔ 'løsə ɔp]
desayunar (vi)	å spise frokost	[ɔ 'spisə ,frʉkɔst]

descansar (vi)	å hvile	[ɔ 'vilə]
descender (vi)	å gå ned	[ɔ 'gɔ ne]
descubrir (tierras nuevas)	å oppdage	[ɔ 'ɔp,dɑgə]
desear (vt)	å ønske	[ɔ 'ønskə]

desparramarse (azúcar)	å bli spilt	[ɔ 'bli 'spilt]
emitir (~ un olor)	å spre, å spredə	[ɔ 'spre], [ɔ 'spredə]
despegar (el avión)	å løfte	[ɔ 'lœftə]
despertar (vt)	å vekke	[ɔ 'vɛkə]

despreciar (vt)	å forakte	[ɔ fɔ'rɑktə]
destruir (~ las pruebas)	å ødelegge	[ɔ 'ødə,legə]
devolver (paquete, etc.)	å sende tilbake	[ɔ 'sɛnə til'bɑkə]
diferenciarse (vr)	å skille seg fra ...	[ɔ 'ʂilə sæj frɑ ...]

distribuir (~ folletos)	å dele ut	[ɔ 'delə ʉt]
dirigir (administrar)	å styre, å lede	[ɔ 'styrə], [ɔ 'ledə]
dirigirse (~ al jurado)	å tiltale	[ɔ 'til,talə]
disculpar (vt)	å unnskylde	[ɔ 'ʉn,ʂylə]
disculparse (vr)	å unnskylde seg	[ɔ 'ʉn,ʂylə sæj]

discutir (vt)	å diskutere	[ɔ disku'terə]
disminuir (vt)	å minske	[ɔ 'minskə]
distribuir (comida, agua)	å dele ut	[ɔ 'delə ʉt]
divertirse (vr)	å more seg	[ɔ 'mʉrə sæj]

| dividir (~ 7 entre 5) | å dividere | [ɔ divi'derə] |
| doblar (p.ej. capital) | å fordoble | [ɔ fɔr'dɔblə] |

| dudar (vt) | å tvile | [ɔ 'tvilə] |
| elevarse (alzarse) | å rage over | [ɔ 'rɑgə 'ɔvər] |

eliminar (obstáculo)	å fjerne	[ɔ 'fjæːŋə]
emerger (submarino)	å dykke opp	[ɔ 'dʏkə ɔp]
empaquetar (vt)	å pakke inn	[ɔ 'pɑkə in]
emplear (utilizar)	å anvende	[ɔ 'anˌvɛnə]

emprender (~ acciones)	å foreta	[ɔ 'fɔrəˌtɑ]
empujar (vt)	å skubbe, å støte	[ɔ 'skʉbə], [ɔ 'støtə]
enamorarse (de ...)	å forelske seg i ...	[ɔ fɔ'rɛlskə sæj i ...]
encabezar (vt)	å lede	[ɔ 'ledə]

encaminar (vt)	å vise vei	[ɔ 'visə væj]
encender (hoguera)	å tenne	[ɔ 'tɛnə]
encender (radio, etc.)	å slå på	[ɔ 'şlɔ pɔ]
encontrar (hallar)	å finne	[ɔ 'finə]

enfadar (vt)	å gjøre sint	[ɔ 'jørə ˌsint]
enfadarse (con ...)	å være vred på ...	[ɔ 'værə vred pɔ ...]
engañar (vi, vt)	å fuske	[ɔ 'fʉskə]
enrojecer (vi)	å rødme	[ɔ 'rødmə]

enseñar (vi, vt)	å undervise	[ɔ 'ʉnərˌvisə]
ensuciarse (vr)	å skitne seg til	[ɔ 'şitnə sæj til]
entrar (vi)	å komme inn	[ɔ 'kɔmə in]
entrenar (vt)	å trene	[ɔ 'trenə]

entrenarse (vr)	å trene	[ɔ 'trenə]
entretener (vt)	å underholde	[ɔ 'ʉnərˌhɔlə]
enviar (carta, etc.)	å sende	[ɔ 'sɛnə]
envidiar (vt)	å misunne	[ɔ 'misˌʉnə]

equipar (vt)	å utstyre	[ɔ 'ʉtˌstyrə]
equivocarse (vr)	å gjøre feil	[ɔ 'jørə ˌfæjl]
escoger (vt)	å velge	[ɔ 'vɛlgə]
esconder (vt)	å gjemme	[ɔ 'jɛmə]
escribir (vt)	å skrive	[ɔ 'skrivə]

escuchar (vt)	å lye, å lytte	[ɔ 'lye], [ɔ 'lʏtə]
escuchar a hurtadillas	å tyvlytte	[ɔ 'tyvˌlʏtə]
escupir (vi)	å spytte	[ɔ 'spʏtə]
esperar (aguardar)	å vente	[ɔ 'vɛntə]

esperar (anticipar)	å forvente	[ɔ fɔr'vɛntə]
esperar (tener esperanza)	å håpe	[ɔ 'hoːpə]
estar (~ sobre la mesa)	å ligge	[ɔ 'ligə]

estar acostado	å ligge	[ɔ 'ligə]
estar basado (en ...)	å være basert på ...	[ɔ 'værə bɑ'sɛːt pɔ ...]
estar cansado	å bli trett	[ɔ 'bli 'trɛt]
estar conservado	å bevares	[ɔ be'vɑrəs]
estar de acuerdo	å samtykke	[ɔ 'sɑmˌtʏkə]

| estar en guerra | å være i krig | [ɔ 'værə i ˌkrig] |
| estar perplejo | å være forvirret | [ɔ 'værə fɔr'virət] |

estar sentado	å sitte	[ɔ 'sitə]
estremecerse (vr)	å gyse	[ɔ 'jisə]
estudiar (vt)	å studere	[ɔ stʉ'derə]

evitar (peligro, etc.)	å unngå	[ɔ 'ʉŋˌgɔ]
examinar (propuesta)	å undersøke	[ɔ 'ʉnəˌsøkə]
excluir (vt)	å uteslutte	[ɔ 'ʉtəˌslʉtə]
exigir (vt)	å kreve	[ɔ 'krevə]

existir (vi)	å eksistere	[ɔ ɛksi'sterə]
explicar (vt)	å forklare	[ɔ fɔr'klɑrə]
expresar (vt)	å uttrykke	[ɔ 'ʉtˌrʏkə]
expulsar (ahuyentar)	å jage bort	[ɔ 'jagə 'bʊːt]

254. Los verbos F-M

facilitar (vt)	å lette	[ɔ 'letə]
faltar (a las clases)	å skulke	[ɔ 'skʉlkə]
fascinar (vt)	å sjarmere	[ɔ 'ʂɑrˌmerə]
felicitar (vt)	å gratulere	[ɔ grɑtʉ'lerə]

firmar (~ el contrato)	å underskrive	[ɔ 'ʉnəˌskrivə]
formar (vt)	å danne, å forme	[ɔ 'danə], [ɔ 'fɔrmə]
fortalecer (vt)	å styrke	[ɔ 'styrkə]
forzar (obligar)	å tvinge	[ɔ 'tviŋə]

fotografiar (vt)	å fotografere	[ɔ fɔtɔgrɑ'ferə]
garantizar (vt)	å garantere	[ɔ gɑrɑn'terə]
girar (~ a la izquierda)	å svinge	[ɔ 'sviŋə]
golpear (la puerta)	å knakke	[ɔ 'knɑkə]

gritar (vi)	å skrike	[ɔ 'skrikə]
guardar (cartas, etc.)	å beholde	[ɔ be'holə]
gustar (el tenis, etc.)	å elske	[ɔ 'ɛlskə]
gustar (vi)	å like	[ɔ 'likə]
habitar (vi, vt)	å bo	[ɔ 'bʊ]

hablar con …	å tale med …	[ɔ 'tɑlə me …]
hacer (vt)	å gjøre	[ɔ 'jørə]
hacer conocimiento	å stifte bekjentskap med …	[ɔ 'stiftə be'çɛnˌskɑp me …]
hacer copias	å kopiere	[ɔ kʉ'pjerə]

hacer la limpieza	å rydde	[ɔ 'rʏdə]
hacer una conclusión	å konkludere	[ɔ kʊnklʉ'derə]
hacerse (vr)	å bli	[ɔ 'bli]
hachear (vt)	å hugge av	[ɔ 'hʉgə ɑː]
heredar (vt)	å arve	[ɔ 'ɑrvə]

imaginarse (vr)	å forestille seg	[ɔ 'fɔrəˌstilə sæj]
imitar (vt)	å imitere	[ɔ imi'terə]
importar (vt)	å importere	[ɔ impɔː'terə]
indignarse (vr)	å bli indignert	[ɔ 'bli indi'gnɛːt]
influir (vi)	å påvirke	[ɔ 'pɔˌvirkə]
informar (vt)	å informere	[ɔ infɔr'merə]

informarse (vr)	å få vite	[ɔ 'fɔ 'vitə]
inquietar (vt)	å bekymre, å uroe	[ɔ be'çymrə], [ɔ 'ʉːrʊə]
inquietarse (vr)	å bekymre seg	[ɔ be'çymrə sæj]
inscribir (en la lista)	å skrive inn	[ɔ 'skrivə in]
insertar (~ la llave)	å sette inn	[ɔ 'sɛtə in]
insistir (vi)	å insistere	[ɔ insi'sterə]
inspirar (vt)	å inspirere	[ɔ inspi'rerə]
instruir (enseñar)	å instruere	[ɔ instrʉ'erə]
insultar (vt)	å fornærme	[ɔ fɔː'ŋærmə]
intentar (vt)	å forsøke	[ɔ fɔ'søkə]
intercambiar (vt)	å utveksle	[ɔ 'ʉtˌvɛkslə]
interesar (vt)	å interessere	[ɔ intəre'serə]
interesarse (vr)	å interessere seg	[ɔ intəre'serə sæj]
interpretar (actuar)	å spille	[ɔ 'spilə]
intervenir (vi)	å intervenere	[ɔ intərve'nerə]
inventar (máquina, etc.)	å oppfinne	[ɔ 'ɔpˌfinə]
invitar (vt)	å innby, å invitere	[ɔ 'inby], [ɔ invi'terə]
ir (~ en taxi)	å kjøre	[ɔ 'çœːrə]
ir (a pie)	å gå	[ɔ 'gɔ]
irritar (vt)	å irritere	[ɔ iri'terə]
irritarse (vr)	å bli irritert	[ɔ 'bli iri'tɛːt]
irse a la cama	å gå til sengs	[ɔ 'gɔ til 'sɛŋs]
jugar (divertirse)	å leke	[ɔ 'lekə]
lanzar (comenzar)	å starte	[ɔ 'stɑːtə]
lavar (vt)	å vaske	[ɔ 'vɑskə]
lavar la ropa	å vaske	[ɔ 'vɑskə]
leer (vi, vt)	å lese	[ɔ 'lesə]
levantarse (de la cama)	å stå opp	[ɔ 'stɔː ɔp]
liberar (ciudad, etc.)	å befri	[ɔ be'fri]
librarse de ...	å bli kvitt ...	[ɔ 'bli 'kvit ...]
limitar (vt)	å begrense	[ɔ be'grɛnsə]
limpiar (~ el horno)	å rense	[ɔ 'rɛnsə]
limpiar (zapatos, etc.)	å rengjøre	[ɔ rɛn'jørə]
llamar (le llamamos ...)	å kalle	[ɔ 'kɑlə]
llamar (por ayuda)	å tilkalle	[ɔ 'tilˌkɑlə]
llamar (vt)	å kalle	[ɔ 'kɑlə]
llegar (~ al Polo Norte)	å nå	[ɔ 'nɔː]
llegar (tren)	å ankomme	[ɔ 'ɑnˌkɔmə]
llenar (p.ej. botella)	å fylle	[ɔ 'fʏlə]
retirar (~ los platos)	å fjerne	[ɔ 'fjæːŋə]
llorar (vi)	å gråte	[ɔ 'groːtə]
lograr (un objetivo)	å oppnå	[ɔ 'ɔpnɔ]
luchar (combatir)	å kjempe	[ɔ 'çɛmpə]
luchar (sport)	å bryte	[ɔ 'brytə]
mantener (la paz)	å bevare	[ɔ be'vɑrə]
marcar (en el mapa, etc.)	å markere	[ɔ mɑr'kerə]

matar (vt)	å døde, å myrde	[ɔ 'dødə], [ɔ 'mʏːɖə]
memorizar (vt)	å memorere	[ɔ memʉ'rerə]
mencionar (vt)	å omtale, å nevne	[ɔ 'ɔmˌtalə], [ɔ 'nɛvnə]
mentir (vi)	å lyve	[ɔ 'lyvə]
merecer (vt)	å fortjene	[ɔ fɔ'tjenə]
mezclar (vt)	å blande	[ɔ 'blɑnə]
mirar (vi, vt)	å se	[ɔ 'se]
mirar a hurtadillas	å kikke	[ɔ 'çikə]
molestar (vt)	å forstyrre	[ɔ fɔ'ʂtʏrə]
mostrar (~ el camino)	å peke	[ɔ 'pekə]
mostrar (demostrar)	å vise	[ɔ 'visə]
mover (el sofá, etc.)	å flytte	[ɔ 'flʏtə]
multiplicar (mat)	å multiplisere	[ɔ mʉltipli'serə]

255. Los verbos N-R

nadar (vi)	å svømme	[ɔ 'svœmə]
negar (rechazar)	å avslå	[ɔ 'afˌslɔ]
negar (vt)	å fornekte	[ɔ fɔː'nɛktə]
negociar (vi)	å forhandle	[ɔ fɔr'hɑndlə]
nombrar (designar)	å utnevne	[ɔ 'ʉtˌnɛvnə]
notar (divisar)	å bemerke	[ɔ be'mærkə]
obedecer (vi, vt)	å underordne seg	[ɔ 'ʉnərˌɔrdnə sæj]
objetar (vt)	å innvende	[ɔ 'inˌvɛnə]
observar (vt)	å observere	[ɔ ɔbsɛr'verə]
ofender (vt)	å fornærme	[ɔ fɔː'nærmə]
oír (vt)	å høre	[ɔ 'hørə]
oler (despedir olores)	å lukte	[ɔ 'lʉktə]
oler (percibir olores)	å lukte	[ɔ 'lʉktə]
olvidar (dejar)	å glemme	[ɔ 'glemə]
olvidar (vt)	å glemme	[ɔ 'glemə]
omitir (vt)	å utelate	[ɔ 'ʉtəˌlatə]
orar (vi)	å be	[ɔ 'be]
ordenar (mil.)	å beordre	[ɔ be'ɔrdrə]
organizar (concierto, etc.)	å arrangere	[ɔ ɑrɑŋ'ʂerə]
osar (vi)	å våge	[ɔ 'voːgə]
pagar (vi, vt)	å betale	[ɔ be'talə]
pararse (vr)	å stoppe	[ɔ 'stɔpə]
parecerse (vr)	å ligne, å likne	[ɔ 'linə], [ɔ 'liknə]
participar (vi)	å delta	[ɔ 'dɛlta]
partir (~ a Londres)	å afrejse	[ɔ 'afˌræjsə]
pasar (~ el pueblo)	å passere	[ɔ pɑ'serə]
pecar (vi)	å synde	[ɔ 'sʏnə]
pedir (ayuda, etc.)	å be	[ɔ 'be]
pedir (restaurante)	å bestille	[ɔ be'stilə]
pegar (golpear)	å slå	[ɔ 'ʂlɔ]

peinarse (vr)	å kamme	[ɔ 'kamə]
pelear (vi)	å slåss	[ɔ 'ʂlɔs]
penetrar (vt)	å trenge inn	[ɔ 'trɛŋə in]
pensar (creer)	å tro	[ɔ 'trʉ]
pensar (vi, vt)	å tenke	[ɔ 'tɛnkə]
perder (paraguas, etc.)	å miste	[ɔ 'mistə]

perdonar (vt)	å tilgi	[ɔ 'til.ji]
permitir (vt)	å tillate	[ɔ 'ti‚latə]
pertenecer a ...	å tilhøre ...	[ɔ 'til‚hørə ...]
pesar (tener peso)	å veie	[ɔ 'væjə]

pescar (vi)	å fiske	[ɔ 'fiskə]
planchar (vi, vt)	å stryke	[ɔ 'strykə]
planear (vt)	å planlegge	[ɔ 'plan‚legə]
poder (v aux)	å kunne	[ɔ 'kʉnə]
poner (colocar)	å legge	[ɔ 'legə]

poner en orden	å bringe orden	[ɔ 'briŋə 'ɔrdən]
poseer (vt)	å besidde, å eie	[ɔ bɛ'sidə], [ɔ 'æjə]
preferir (vt)	å foretrekke	[ɔ 'forə‚trɛkə]

preocuparse (vr)	å uroe seg	[ɔ 'ʉːrʉə sæj]
preparar (la cena)	å lage	[ɔ 'lagə]
preparar (vt)	å forberede	[ɔ 'forbə‚redə]
presentar (~ a sus padres)	å presentere	[ɔ presen'terə]
presentar (vt) (persona)	å presentere	[ɔ presen'terə]

presentar un informe	å rapportere	[ɔ rapɔː'ʈerə]
prestar (vt)	å låne	[ɔ 'loːnə]
prever (vt)	å forutse	[ɔ 'forʉt‚sə]
privar (vt)	å berøve	[ɔ be'røvə]

probar (una teoría, etc.)	å bevise	[ɔ be'visə]
prohibir (vt)	å forby	[ɔ for'by]
prometer (vt)	å love	[ɔ 'lɔvə]
pronunciar (vt)	å uttale	[ɔ 'ʉt‚talə]

proponer (vt)	å foreslå	[ɔ 'forə‚ʂlɔ]
proteger (la naturaleza)	å beskytte	[ɔ be'ʂytə]
protestar (vi, vt)	å protestere	[ɔ prʉte'sterə]
provocar (vt)	å provosere	[ɔ prʉvʉ'serə]

proyectar (~ un edificio)	å prosjektere	[ɔ prʉʂɛk'terə]
publicitar (vt)	å reklamere	[ɔ rɛkla'merə]
quedar (una ropa, etc.)	å passe	[ɔ 'pasə]
quejarse (vr)	å klage	[ɔ 'klagə]

quemar (vt)	å brenne	[ɔ 'brɛnə]
querer (amar)	å elske	[ɔ 'ɛlskə]
querer (desear)	å ville	[ɔ 'vilə]
quitar (~ una mancha)	å fjerne	[ɔ 'fjæː‚ŋə]

quitar (cuadro de la pared)	å ta ned	[ɔ 'ta ne]
guardar (~ en su sitio)	å stue unna	[ɔ 'stʉə 'ʉna]
rajarse (vr)	å sprekke	[ɔ 'sprɛkə]

realizar (vt)	å realisere	[ɔ reali'serə]
recomendar (vt)	å anbefale	[ɔ 'anbe‚falə]
reconocer (admitir)	å erkjenne	[ɔ ær'çɛnə]
reconocer (una voz, etc.)	å gjenkjenne	[ɔ 'jen‚çɛnə]
recordar (tener en mente)	å huske	[ɔ 'huskə]

recordar algo a algn	å påminne	[ɔ 'po‚minə]
recordarse (vr)	å huske	[ɔ 'huskə]
recuperarse (vr)	å bli frisk	[ɔ 'bli 'frisk]
reflexionar (vi)	å gruble	[ɔ 'grublə]
regañar (vt)	å skjelle	[ɔ 'ʂɛ:lə]

regar (plantas)	å vanne	[ɔ 'vanə]
regresar (~ a la ciudad)	å komme tilbake	[ɔ 'kɔmə til'bakə]
rehacer (vt)	å gjøre om	[ɔ 'jørə ɔm]
reírse (vr)	å le, å skratte	[ɔ 'le], [ɔ 'skratə]

reparar (arreglar)	å reparere	[ɔ repa'rerə]
repetir (vt)	å gjenta	[ɔ 'jɛnta]
reprochar (vt)	å bebreide	[ɔ be'bræjdə]
reservar (~ una mesa)	å reservere	[ɔ resɛr'verə]

resolver (~ el problema)	å løse	[ɔ 'løsə]
resolver (~ la discusión)	å løse	[ɔ 'løsə]
respirar (vi)	å ånde	[ɔ 'ɔŋdə]
responder (vi, vt)	å svare	[ɔ 'svarə]

retener (impedir)	å avholde	[ɔ 'av‚hɔlə]
robar (vt)	å stjele	[ɔ 'stjelə]
romper (mueble, etc.)	å bryte	[ɔ 'brytə]
romperse (la cuerda)	å gå i stykker	[ɔ 'gɔ i 'stʏkər]

256. Los verbos S-V

saber (~ algo más)	å vite	[ɔ 'vitə]
sacudir (agitar)	å riste	[ɔ 'ristə]
salir (libro)	å komme ut	[ɔ 'kɔmə ut]
salir (vi)	å gå ut	[ɔ 'gɔ ut]

saludar (vt)	å hilse	[ɔ 'hilsə]
salvar (vt)	å redde	[ɔ 'rɛdə]
satisfacer (vt)	å tilfredsstille	[ɔ 'tilfrɛds‚stilə]
secar (ropa, pelo)	å tørke	[ɔ 'tœrkə]

seguir ...	å følge etter ...	[ɔ 'følə 'ɛtər ...]
seleccionar (vt)	å velge ut	[ɔ 'vɛlgə ut]
sembrar (semillas)	å så	[ɔ 'sɔ]
sentarse (vr)	å sette seg	[ɔ 'sɛtə sæj]

sentenciar (vt)	å dømme	[ɔ 'dœmə]
sentir (peligro, etc.)	å kjenne	[ɔ 'çɛnə]
ser causa de ...	å forårsake	[ɔ forɔ:'ʂake]
ser indispensable	å være nødvendig	[ɔ 'værə 'nød‚vɛndi]
ser necesario	å være behøv	[ɔ 'værə bə'høv]

| ser suficiente | å være nok | [ɔ 'værə ˌnɔk] |
| ser, estar (vi) | å være | [ɔ 'værə] |

servir (~ a los clientes)	å betjene	[ɔ be'tjenə]
significar (querer decir)	å bety	[ɔ 'bety]
significar (vt)	å bety	[ɔ 'bety]
simplificar (vt)	å forenkle	[ɔ fɔ'rɛnklə]

sobreestimar (vt)	å overvurdere	[ɔ 'ɔvərvuːˌdʲerə]
sofocar (un incendio)	å slokke	[ɔ 'ʂløkə]
soñar (durmiendo)	å drømme	[ɔ 'drœmə]
soñar (fantasear)	å drømme	[ɔ 'drœmə]

sonreír (vi)	å smile	[ɔ 'smilə]
soplar (viento)	å blåse	[ɔ 'bloːsə]
soportar (~ el dolor)	å tåle	[ɔ 'toːlə]
sorprender (vt)	å forundre	[ɔ fɔ'rundrə]

sorprenderse (vr)	å bli forundret	[ɔ 'bli fɔ'rundrət]
sospechar (vt)	å mistenke	[ɔ 'misˌtɛnkə]
subestimar (vt)	å undervurdere	[ɔ 'unərvuːˌdʲerə]
subrayar (vt)	å understreke	[ɔ 'unəˌstrekə]

sufrir (dolores, etc.)	å lide	[ɔ 'lidə]
suplicar (vt)	å bønnefalle	[ɔ 'bœnəˌfalə]
suponer (vt)	å anta, å formode	[ɔ 'anˌta], [ɔ fɔr'mudə]
suspirar (vi)	å sukke	[ɔ 'sukə]

temblar (de frío)	å skjelve	[ɔ 'ʂɛlvə]
tener (vt)	å ha	[ɔ 'ha]
tener miedo	å frykte	[ɔ 'fryktə]
terminar (vt)	å slutte	[ɔ 'ʂlutə]

tirar (cuerda)	å trekke	[ɔ 'trɛkə]
tirar (disparar)	å skyte	[ɔ 'ʂytə]
tirar (piedras, etc.)	å kaste	[ɔ 'kastə]

tocar (con la mano)	å røre	[ɔ 'rørə]
tomar (vt)	å ta	[ɔ 'ta]
tomar nota	å skrive ned	[ɔ 'skrivə ne]
trabajar (vi)	å arbeide	[ɔ 'arˌbæjdə]

traducir (vt)	å oversette	[ɔ 'ɔvəˌsɛtə]
traer (un recuerdo, etc.)	å bringe	[ɔ 'briŋə]
transformar (vt)	å transformere	[ɔ trɑnsfɔr'merə]
tratar (de hacer algo)	å prøve	[ɔ 'prøvə]

unir (vt)	å forene	[ɔ fɔ'renə]
unirse (~ al grupo)	å tilslutte seg ...	[ɔ 'tilˌʂlutə sæj ...]
usar (la cuchara, etc.)	å anvende	[ɔ 'anˌvɛnə]
vacunar (vt)	å vaksinere	[ɔ vɑksi'nerə]

vender (vt)	å selge	[ɔ 'sɛlə]
vengar (vt)	å hevne	[ɔ 'hɛvnə]
verter (agua, vino)	å helle opp	[ɔ 'hɛlə ɔp]
vivir (vi)	å leve	[ɔ 'levə]

volar (pájaro, avión)	å fly	[ɔ 'fly]
volver (~ fondo arriba)	å vende	[ɔ 'vɛnə]
volverse de espaldas	å vende seg bort	[ɔ 'vɛnə sæj buːt]
votar (vi)	å stemme	[ɔ 'stɛmə]

www.ingramcontent.com/pod-product-compliance
Lightning Source LLC
Chambersburg PA
CBHW071327090426
42738CB00012B/2812